생성형 인공지능과 함께하는 사회정서학습

마음이 건강해지는 미래교실

저자 박찬·김병석·전은경·전수연·강윤진·김지용

생성형 인공지능과 함께하는 사회정서학습:
마음이 건강해지는 미래교실

초판 1쇄 인쇄 2024년 3월 2일
초판 1쇄 발행 2024년 3월 15일

저자 박찬, 김병석, 전은경, 전수연, 강윤진, 김지용
제작투자 주식회사 메타유니버스
기획 박찬, 변문경
책임편집 문보람
디자인 오지윤(디자인 글로)
홍보 박정연
인쇄 영신사
종이 세종페이퍼
유통 다빈치books
출판등록일 2011년 10월 6일
주소 서울특별시 마포구 월드컵북로 375. 21층 7호
출판문의 curiomoon@naver.com

ISBN 979-11-92775-41-8

생성형 인공지능과 함께하는 사회정서학습

마음이 건강해지는 미래교실

저자 박찬·김병석·전은경·전수연·강윤진·김지용

목 차

자기 관리 역량

사회적 인식 역량

관계 기술 역량

책임 있는 의사 결정 역량

들어가며

현재 교육 현장은 전례 없는 변화를 맞이하고 있습니다. 코로나19 팬데믹은 예상치 못한 상황을 불러일으켰으며, 특히 학생들의 일상과 교육 방식에 큰 변화를 불러왔습니다.

코로나19로 인한 언택트 문화의 확산과 대면 수업 감소로 학생들은 사회적 관계성 발달에 어려움을 겪고 있습니다. 교육부가 실시한 '2023년 제1차 학교폭력실태조사' 결과에 따르면, 최근 10년 동안 초·중·고 학생 중 학교폭력을 경험한 비율이 최고치를 기록했습니다.

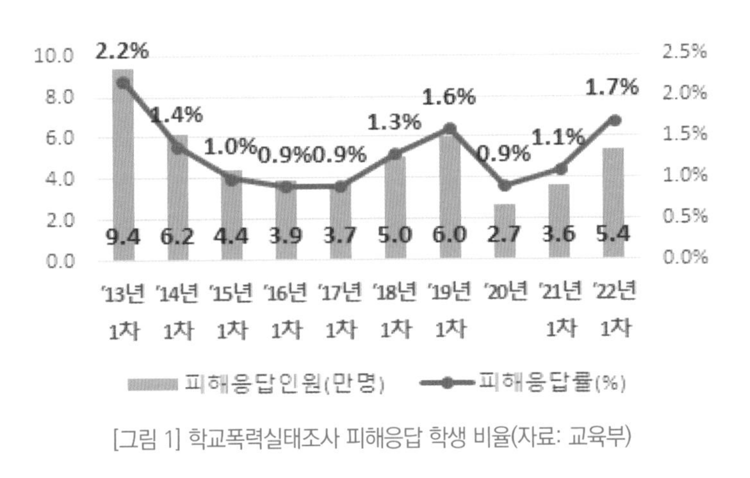

[그림 1] 학교폭력실태조사 피해응답 학생 비율(자료: 교육부)

디지털 전환으로 인한 거대한 사회적 변혁도 교육 현장에 큰 영향을 미치고 있습니다. 메타버스와 SNS, 디지털 도구의 발달로 온라인으로 만나고 소통하는 관계가 많아졌습니다. 디지털 네이티브인 알파 세대 학생들은 더 개인적인 성향을 갖게 되었고, 여러 사람과 함께 생활하면서 자신을 드러낼 기회가 적어지면서 자신에 대해 잘 이해하지 못하기도 합니다. 또한, 자신을 어떻게 관리해야 할지 배울 기회를 놓치기도 하였습니다. 이뿐 아니라 사회적 관계의 부족으로 사람들과 어떻게 관계를 맺고 어떻게 그 관계를 잘 유지해야 하는지, 갈등 상황을 어떻게 해결해야 하는지에 대해서도 연습해서 발전할 기회가 부족해졌습니다. 학생들의 마음 건강이 점점 나빠지면서 따돌림, 우울감, 학교폭력 등의 문제가 심각해지고 있습니다.

디지털 전환(Digital Transformation)은 우리 사회를 크게 변혁시키고 있으며, 이 변화는 특히 교육 현장에서 큰 파장을 일으키는 중입니다. 메타버스와 SNS, 디지털 도구의 발전으로 온라인 소통이 더욱 활발해지고 있는 가운데, 특히 디지털 네이티브(Digital Native)인 알파 세대 학생들은 이러한 디지털 환경에서 새로운 형태의 인간관계와 소통에 직면하고 있습니다.

한국교육개발원의 한국교육종단연구(남궁지영, 2022)에 따르면, 최근 사회적 환경 변화는 학생들의 사회적 관계성 발달에 일부 도전적인 영향을 미칩니다. 디지털 전환 및 코로나19에 따른 비대면, 언택트 문화의 확산은 학생들의 사회적 관계성 발달을 저해할 수 있다는 우려가 있습니다. 특히, 사회적 관계성이 취약한 학생들에 대한 지원 정책을 강화해야 할 필요성이 제기됩니다.

학교는 학생들의 발달 특성을 고려하며 물리적, 사회·심리적 환경을 조성하는 것이 중요합니다. 온라인 환경에서의 소통은 제한적인 텍스트나 이미지를 통한 것이 많아서, 학생들은 자신을 다양한 면에서 표현하고 이해하는 데 어려움을 겪고 있습니다. 또한, 사회적 관계의 부족으로 학생들은 어떻게 다양한 관계를 형성하고 유지해야 하는지에 대한 경험이 부족한 상태입니다.

이러한 상황에서 학생들은 갈등 해결 및 대인 관계 기술에 대한 훈련이 부족한 채로 성장하고 있습니다. 따돌림, 우울감, 학교폭력 등의 문제가 심각해지고 있으며, 마음 건강에 대한 우려가 커지고 있습니다. 이에 따라 교육 현장에서는 디지털 시대의 도전에 적극적으로 대응해야 할 필요성이 대두되고 있습니다.

학교는 온라인 및 오프라인 상황에서의 소통과 대인 관계 형성에 중점을 둔 교육 프로그램을 강화해야 합니다. 사회정서학습을 통해 학생들의 마음이 건강해지도록 도울 수 있는 교육 프로그램의 통합적 도입은 학생들이 자신과 타인을 잘 이해하고, 사회적 기술을 향상할 수 있는 방법으로 고려되어야 합니다. 또한, 교육자들은 디지털 네이티브인 학생들을 위한 특별한 교육 방법을 적극적으로 개발하고 이를 통해 학생들의 적응력을 높여나가야 합니다.

디지털 시대의 발전으로 교육 방법에 대한 혁신이 이뤄지고 있는 가운데, 특히 생성형 AI의 등장은 사회정서학습에 새로운 지평을 열어주고 있습니다. 이 책은 디지털 기기에 익숙하고 많은 시간을 디지털 공간에서 보내고 있는 학생들을 대상으로 사회정서역량을 현대적이고 효과적으로 구현하기 위한 새로운 시도를 제안합니다. 특히 ChatGPT의 등장 이후 누구나 쉽게 글, 이미지, 음악, 영상 등 다양한 콘텐츠를 생산할 수 있는 생성형 AI(Generative AI)를 활용하여 손쉽게 다양한 콘텐츠를 생성하고 활용할 수 있는 방법을 소개하며, 이를 통해 사회정서학습의 다양한 측면을 강화하는 데 기여합니다.

생성형 AI를 통한 사회정서학습은 기존 학교 환경에서 제한된 활동을 넘어 다양한 경험을 제공합니다. 학생들은 디지털 도구를 활용하여 사회정서학습의 핵심역량인 자기 인식, 자기 관리, 사회적 인식, 관계 기술, 책임 있는 의사 결정 역량을 향상할 수 있습니다. 또한, 생성형 AI를 활용하면 언제 어디서든 접근할 수 있는 학습 환경을 조성하여 학생들의 학습 경험을 더욱 풍부하게 만들 수 있습니다.

이 책은 학생들이 사회정서학습의 5가지 핵심역량을 강화할 수 있는 12가지 수업을 제안하고 있습니다. 이러한 혁신적인 교육 방법은 학교 안뿐만 아니라 학생들의 일상에서 디지털 기술을 적극적으로 활용하는 데 큰 도움이 될 것으로 기대됩니다. 생성형 AI를 통한 사회정서학습은 학생들에게 자기 이해, 창의성, 문제 해결 능력, 협업 능력 등을 기를 수 있는 효과적인 방법을 제공하며, 미래에 대비한 교육 방향을 모색하는 중요한 시발점이 될 것입니다. 디지털 및 인공지능 기술이 차갑고 비인간적인 도구가 아니라 학생들의 마음 건강을 키우는 착한 디지털, 따뜻한 인공지능 기술이 될 수 있도록 노력하시는 선생님들의 고민과 상상력에 도움이 되기를 바랍니다.

생성형 인공지능과 함께하는 사회정서학습 저자 일동

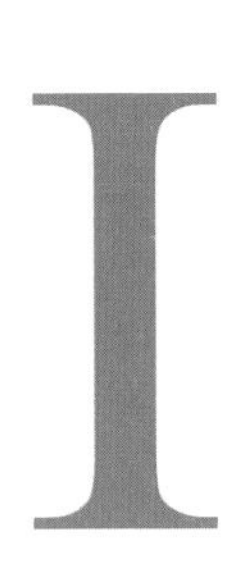

AI시대, 학생 마음 건강

생성형 인공지능과 함께하는 사회정서학습
마음이 건강해지는 미래교실

1. 사회정서학습과 마음 건강

1) 마음 건강이 필요한 아이들

요즘 학생들이 가장 좋아하고 함께하고 싶어 하는 것은 무엇일까요? 그것은 부모님이나 선생님, 친구들보다 스마트폰인 경우가 많습니다. 그리고 스마트폰과 소셜 미디어(SNS)의 과도한 사용 때문에 이전에 없던 문제도 많이 발생하고 있습니다. 비대면 활동의 증가는 실제 세계에서의 친밀한 대인 관계 형성을 어렵게 하고 자극적인 콘텐츠에 반복적으로 노출되면 정신 건강이 악화되기도 합니다.

[그림 1-1] 함께 있어도 디지털 공간에서 혼자 시간을 보내는 학생들

더불어 가정에서의 사회·정서적 교육의 부족과 학교 교육이 성적 위주, 입시 중심의 학습에 치중하면서, 감정 관리와 대인 관계 형성과 같은

마음의 능력에 관한 교육에 소홀해졌습니다. 이에 따라 학생들은 갈등 해결과 공감 능력 부족으로 인한 어려움을 겪고, 이는 학교폭력 문제의 증가로 이어지고 있습니다.

빠르게 발전하는 AI 및 디지털 기술과 코로나19 팬데믹으로 인한 비대면 활동 증가, 학업 스트레스 증가, 불확실한 미래에 대한 불안감, 사회적 고립이 심화하면서 우울증, 불안 장애, 자살 충동 등 학생들의 마음 건강 위협 요인이 증가하고 있는 것입니다.

여성가족부가 발표한 2023 청소년 통계자료에서 중·고등학생 10명 중 4명(41.3%)은 스트레스를 느끼고 있는데 이는 전년 대비 2.5% 증가한 것입니다. 성별로는 여학생(47.0%)이 남학생(36.0%)보다 높게 나타났고, 학교 급별로는 고등학생(43.0%)이 중학생(39.8%)보다 높았습니다. 또 10명 중 3명(28.7%)은 최근 1년 내 우울감을 경험한 것으로 나타났는데 이것도 전년 대비 1.9% 증가한 것입니다. 청소년의 사망 원인은 극단적 선택인 자살이 가장 많았습니다. 11년째 청소년 사망 원인 1위는 자살입니다.

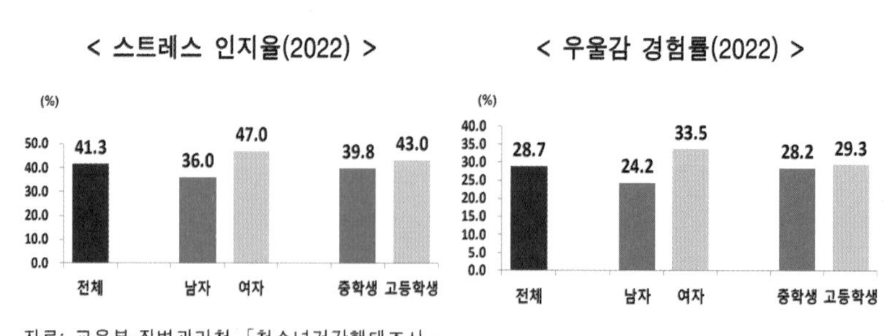

[그림 1-2] 스트레스 인지율 및 우울감 경험률

이렇듯 학생들의 마음 건강이 계속해서 나빠지고 있습니다. 지금까지 학교도 인성 교육, 생활지도를 위해 다양한 교육을 시도하고 있지만, 학교에서 제공하는 예방 교육은 종종 입시 중심의 교육 때문에 실질적인 우선순위에서 뒤처지거나 현실과는 거리가 있기도 합니다. 교육 목표를 현실과 조화롭게 맞추고, 학교와 학부모, 사회 기관 등이 함께 협력하여 실질적인 변화를 끌어내는 것이 필요합니다.

2021년 9월에 발표된 OECD 사회정서역량 조사 결과에 따르면, 코로나19의 장기화로 인해 10세에서 15세 사이의 한국 학생들의 사회정서역량이 많이 감소한 것으로 나타났습니다. OECD는 세계 10개 도시의 학생들을 대상으로 한 이 조사를 통해 '학문적 배움을 넘어서: 사회정서역량에 관한 첫 번째 조사 결과'를 발표했습니다. 이 조사의 핵심 조사 결과는 다음과 같습니다.[1]

- 10세에서 15세 사이의 사회정서역량이 감소했으며, 여학생의 경우 많은 세부 역량에서 감소 폭이 더 큰 것으로 나타났다.
- 10세에 비해 15세 학생의 창의성과 호기심 수준이 매우 낮게 나타났다. 학부모와 교사들의 창의성에 대한 평가는 성별 간 비슷한 수준으로 나타났지만, 남학생의 창의성에 대한 자기보고 평가가 여학생에 비해 높게 나타났다.

1) 서울교육정책연구소(2021). OECD 사회정서역량 조사결과 보고서 요약본.

- 평균적으로 남학생들은 더 높은 수준의 정서 통제, 사회성, 에너지를 가진 반면, 여학생들은 높은 수준의 책임감, 공감 능력과 협동심을 가진 것으로 나타났다.
- 학교에 적응도가 높은 학생들은 높은 수준의 협동심, 낙관성, 사회성을 가지는 것으로 나타났으나, 학교폭력에 노출된 학생들은 낮은 수준의 스트레스 저항성, 낙관성 및 정서 통제를 가진 것으로 나타났다.
- 남학생들은 여학생들보다 학교폭력에 더 자주 노출되었으나, 여학생보다 더 높은 학교 소속감을 가지는 것으로 나타났다.

OECD는 "가변적이고 예측 불가능한 세상에서 앞으로의 교육은 학생들의 사회정서역량을 기르는 데 초점을 맞추는 것이 중요하다"라며 "사회정서역량이 학생들의 행복한 삶의 기초가 될 뿐 아니라 교육을 통해 사회 및 노동시장에서 얻게 될 결과에 대한 좋은 예측지표가 될 수 있다"라고 보고했습니다.[2)]

우리나라 아동과 청소년들은 사회적 및 정서적 능력이 부족한 경향이 있습니다. 특히, 자기 이해, 자기 존중, 자기 조절과 같은 개인의 삶을 관리하는 능력과 타인을 이해하고 소통하는 능력이 부족한 것으로 알려집니다. 이는 교육 풍토가 지나치게 입시 중심으로 치우쳐 있어 경쟁과 성과에만 초점을 맞추면서, 다른 사람과 함께 소통하고 행복한 인간관계를 구축하는 방법에 대한 교육 기회가 부족한 결과일 수 있습니다.

2) 방신근, "OECD, 팬데믹 기간 동안 한국 청소년 '사회정서역량' 크게 감소", 교육정책뉴스, 2021.11.12.

이런 배경 가운데 교육부도 모든 학생을 위한 마음 건강 지원을 강화하기로 하였습니다. 학생들의 감정·충동 조절, 스트레스 관리 등을 위한 마음챙김 교육 프로그램을 개발하여 2025학년도부터 시범 운영하기로 했습니다. 마음챙김 교육은 학교에서 학생들의 감정·충동 조절과 스트레스 관리법 교육을 제공하는 것입니다. 학생들 스스로 긍정적인 태도와 감정 조절, 대인 관계 능력을 갖출 수 있도록 체계적으로 지원하는 것이 취지입니다. 초등학교 1학년부터 고등학교 3학년까지 전 학년을 대상으로 교육이 제공됩니다. 마음챙김 교육 프로그램은 학생이 스스로 긍정적인 태도를 갖고 감정을 관리하는 데 도움을 주는 프로그램으로, 긍정 태도(수용·친절·감사·용서), 자기 관리(감정 알아차리기 및 조절, 이완·스트레스 대처, 치유, 회복 등), 대인 관계(관점·균형, 소통 기술 등) 교육 프로그램입니다. 또한 사회정서 지원을 위해 새로운 전담 부서까지 신설하여 학생의 마음 건강 문제에 대해 근본적으로 대응하려고 노력하고 있습니다.

세계 각국의 많은 학교는 학생들의 마음 건강을 위해 이미 사회·정서적 학습을 교과 과정에 통합하여 매일 가르치는 노력을 하고 있습니다. 대표적인 것이 사회정서학습(Social-Emotional Learning; SEL)입니다. 사회정서학습은 학생들이 사회적 관계 및 사회적 문제 해결에 유능하게 대처할 수 있도록 돕기 위한 교육입니다. 미국과 영국 등 해외에서는 학생들의 사회정서역량(Social-Emotional Competence)을 키우기 위해 유·초등학교부터 사회정서학습 프로그램을 학교 교육과정에서 운영하고 있습니다. 이러한 교육을 학교에서 주도해야 하는 이유는 학생들이 대부분의 시간을 보내는 곳이 학교이기 때문입니다. 마음 건강 지원을 제공하기 위한 최적의 환경이 바로 학교일 것입니다.

2) 사회정서학습(SEL)의 정의

사회정서학습(Social-Emotional Learning)은 정서, 사회지능이론에 기반하여 학생들의 사회·정서 역량 신장을 위해 설계된 교육 방법입니다. 사회정서학습(SEL)은 사회적, 정서적, 학습이라는 3가지 개념을 포함하고 있습니다. 첫째, 사회적(Social) 측면은 가족, 또래, 교사 등 타인과의 인간관계를 긍정적으로 유지하는 데 중점을 두며, 이는 개인간(Interpersonal) 발달을 의미합니다. 둘째, 정서적(Emotional) 측면은 정서와 감정, 인지에 관련된 자기 인식 및 자기 지식의 증진에 초점을 두어 개인 내(Intrapersonal) 발달을 나타냅니다. 셋째로, 학습(Learning) 측면은 개인의 사회적이고 정서적인 측면은 수업을 통해 학습될 수 있고 실생활에 직접 연결되어 수업, 연습, 피드백 등을 통해 습관화될 수 있다는 것을 의미합니다. 즉, 사회정서학습(SEL)은 학교와 다양한 교육 상황에서 사회정서와 관련된 학습이 자연스럽게 연계되어 개인 간 및 개인 내 발달의 목적을 달성하기 위해 수업 활동, 수업 지도안, 교육과정에 적용될 수 있음을 알려줍니다.

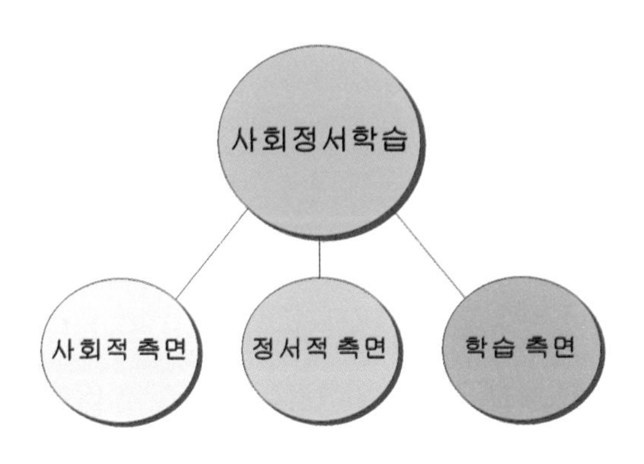

미국에서 사회정서학습(SEL)이 학교 교육에 체계적으로 도입된 것은 1994년으로 '학업, 사회·정서적 학습 협력(The Collaborative for Academic, Social, Emotional Learning; CASEL)'이라는 단체가 설립된 후부터입니다. CASEL은 학생들의 사회·정서적 능력 강화가 학업 성취뿐만 아니라 삶 전반에서 성공을 위한 중요한 역량이라는 인식이 높아짐에 따라 사회정서학습(SEL)의 중요성을 강조하고자 설립되었습니다. 이 단체는 사회정서학습(SEL) 이론을 개발하고, 학교 및 교육 시스템에서 사회정서학습(SEL)을 촉진하기 위한 프로그램을 개발하고 연구하며 컨설팅도 하는 비영리 단체입니다.

[그림 1-3] CASEL 웹페이지(www.casel.org)

미국에서는 일반적으로 CASEL에서 만든 이론을 기반으로 사회정서학습(SEL)을 설명하고 있습니다. CASEL은 사회정서학습(SEL)을 다음과 같이 정의합니다. 사회정서학습(SEL)은 교육과 인간 발전의 핵심 요소이며, 모든 청소년과 성인이 건강한 정체성을 형성하고 감정을 관리하며 개인 및 집단 목표를 달성하기 위한 지식, 기술 및 태도를 습득하고 적용하는 과정입니다.

사회정서학습(SEL)의 목적은 사회·정서적 유능성을 함양하는 것입니다. 사회·정서적 유능성을 함양하는 것은 청소년이 성장 과정에서 겪게 될 어려움을 이겨내고, 어려운 환경 속에서 건강하고 책임 있는 성인으로 성장하도록 돕는 보호 요인이 됩니다. 사회정서학습(SEL)의 이론적 배경은 다중지능과 정서지능, 뇌과학, 사회학습이론, 사회정보 처리이론 등에서 찾아볼 수 있습니다.3)

사회정서학습(SEL)은 자신의 정서를 인식 및 관리하고, 효과적으로 문제를 해결하며 다른 사람들과 긍정적인 관계를 형성하는 기술과 능력을 기르기 위한 것으로 볼 수 있으며, 개인의 행동과 인식 및 감정의 통합적인 조합과 발달을 목표로 한다고 볼 수 있습니다.

사회정서학습(SEL)은 감정을 이해하고 표현하며 상호 간에 공감하고 지원하며 책임감 있고 배려심 있는 결정을 내리는 과정에 기여합니다. 또한, 학교와 가정, 지역사회 간의 강력한 협력을 통해 교육의 공정성과 우수성을 발전시킵니다. 이를 통해 신뢰와 협력에 기반한 관계, 엄격하고 의미 있는 교육과정 그리고 지속적인 평가를 갖춘 학습 환경과 경험을 조성합니다. 사회정서학습(SEL)은 다양한 불평등 양상에 대응하며 청소년과 성인이 번영하는 학교를 공동으로 창출하면서 안전하고 건강하며 공정한 지역사회를 만들어가는 데 기여할 수 있습니다.

3) 우채영(2016). 사회정서학습(SEL)의 교육적 의의. 청소년학연구. 23(3). 163-185.

3) 사회정서학습(SEL) 핵심역량

사회정서학습(SEL)은 학습과 학교생활에서 학생들이 사회적으로 능숙하고 정서적으로 건강하게 성장할 수 있도록 돕는 교육 프로그램입니다. CASEL은 학생들의 학습과 발전을 촉진하는 기술과 환경을 배양하기 위해 'CASEL Wheel'이라고 불리는 프레임워크를 제안하고 있습니다. 이것은 학교, 가족 그리고 지역사회가 함께 협력하여 사회정서학습(SEL)을 지원하는 다양한 방법을 제시합니다. CASEL의 프레임워크에서는 자기 인식, 자기 관리, 사회적 인식, 관계 기술 그리고 책임 있는 의사 결정이라는 5가지 핵심역량을 강조하고 있습니다.

[그림 1-4] 사회정서학습(SEL) 핵심역량

사회정서학습(SEL)을 구성하는 5가지 핵심역량을 자세히 살펴보면 다음과 같습니다.

(1) 자기 인식(Self-Awareness)

자기 인식은 자신의 감정, 생각 그리고 가치를 이해하고 이것이 상황에 따라 어떻게 행동에 영향을 미치는지 인식하는 능력입니다. 이러한 능력에는 자신의 강점과 한계를 정확하게 파악하며, 확고한 자신감과 목적의식을 갖는 것이 포함되어 있습니다.

자기를 인식하는 것은 자신의 정서를 파악하고 관심사와 가치를 명확히 표현하며, 자신의 장점을 정확하게 평가할 수 있고 미래에 대한 자신감과 희망을 가지고 있다는 것을 의미합니다.

자기 인식은 여러 가지 측면에서 중요한 역할을 합니다. 우선, 자기 조절 능력의 향상은 감정과 행동을 효과적으로 관리하는 데 도움이 됩니다. 자신의 감정을 인식하고 이에 적절하게 대응함으로써 긍정적이고 건강한 심리적 상태를 유지할 수 있습니다. 또한, 자기 인식은 목표 설정과 달성에 커다란 기여를 합니다. 개인의 강점과 약점을 파악하고 현실적이며 실현 가능한 목표를 설정하는 과정에서 성공 확률이 높아집니다. 목표를 향해 끊임없이 노력하고 성공함으로써 개인의 자신감과 동기부여를 한층 높여주는 역할을 합니다. 더불어, 자기 인식은 긍정적인 인간관계 형성에도 중요한 역할을 합니다. 타인과의 관계에서 자신의 역할과 영향력을 이해하면서 상호 존중과 이해가 증진되어 건강하고 지속 가능한 관계를 형성하는 데 도움이 됩니다. 또한, 학업 성취도 향상에도 자기 인식이 큰 영향을 미칩니다. 개인의 학습 스타일과 강점을 이해하고 학습 전략을 적절히 활용함으로써 학업에서 더 나은 성과를 이뤄낼 수 있습니다.

교사는 다양한 방법을 활용하여 학생들의 자기 인식 발달을 지원할 수 있습니다. 우선, 교사는 학생들에게 자기 성찰 활동을 통해 자신의 감정, 생각, 행동을 성찰하고 이를 이해하도록 돕습니다. 이러한 활동을 통해 학생들은 자기 인식의 기초를 확립하고 발전의 기회를 찾을 수 있습니다. 또한, 강점과 약점 파악은 학생들이 자신의 능력과 한계를 이해하고 발전시킬 수 있는 핵심 요소입니다. 교사는 학생들과 소통하며 강점을 강조하고 약점을 극복하기 위한 도움을 제공하여 자기 인식을 향상시킬 수 있습니다. 가치관 탐색 활동은 학생들이 자신에게 중요한 가치관을 발견하고 이를 깊이 이해하는 데 도움이 됩니다. 교사는 학생들의 가치와 목표를 존중하며, 그들이 진정으로 소중하게 여기는 가치를 찾아내도록 돕습니다. 그리고 교사는 학생들에게 정확하고 건설적인 피드백을 제공함으로써 자기 인식을 개선하는 데 도움을 줄 수 있습니다. 학생들은 피드백을 통해 자신의 강점을 더욱 강화하고 약점을 극복하는 방향으로 성장합니다. 마지막으로, 교사는 자기 인식 관련 교육을 통해 학생들에게 자기 인식의 중요성과 개선 방법을 소개합니다. 이를 통해 학생들은 자기 인식을 지속적으로 향상시키며 미래에 대비할 수 있습니다. 교사의 지속적이고 세심한 지도는 학생들이 미래에 대비하면서 자기 인식을 향상시키는 데 큰 역할을 할 것입니다.

중요한 것은 학생들이 자기 개념(Self-Concept)을 초기에 형성함으로써 사회정서학습(SEL)의 튼튼한 기반을 다지는 것입니다. 어린 시절부터 사회정서학습(SEL)을 경험하면 감정, 행동의 유발 요인, 개인적 가치 등을 이해하는 기술을 개발하게 되어 상호작용을 효과적으로 이해하고 미래에 더 나은 선택을 할 수 있습니다.

(2) 자기 관리(Self-Management)

자기 관리는 다양한 상황에서 자신의 감정, 생각, 행동을 효과적으로 다루고 목표 달성을 위한 동기와 주체성을 발휘하는 능력을 의미합니다. 이는 만족을 지연시키고 스트레스를 관리하며, 개인 및 집단 목표를 달성하는 데 도움이 되는 능력을 포함합니다.

자기 관리는 주체적으로 자기 생각과 감정, 행동을 조절하는 능력을 말하며, 동시에 목표를 설정하고 그에 따라 노력하는 능력을 포함합니다. 개인의 감정을 잘 다루어 업무 효율을 높이고 양심을 지키며 성급한 만족을 참아가면서 꾸준히 목표를 추구하는 능력입니다.

자기 관리는 여러 측면에서 중요성을 지닙니다. 우선, 감정을 효과적으로 조절하고 스트레스를 관리하는 능력은 정신 건강을 유지하고 향상하는 데 핵심적입니다. 그뿐 아니라 목표 설정, 의사 결정, 문제 해결 능력을 향상하면 학업 성취도가 향상될 수 있습니다. 사회적인 측면에서도 자신의 감정과 행동을 조절함으로써 사회적 적응력을 향상할 수 있습니다.

자기 관리 영역에는 감정 관리, 스트레스 관리 전략 수립과 실행, 자기 훈련과 동기부여, 개인 및 집단 목표 설정, 주도권을 잡는 용기 발휘 등이 포함됩니다. 이러한 능력들은 실패와 좌절에도 불구하고 포기하지 않고 지속적으로 성장하는 데 도움이 됩니다.

교사는 학생들의 자기 관리 발달을 촉진하기 위해 다양한 전략을 활용할 수 있습니다. 먼저, 감정 표현 활용과 스트레스 관리 교육을 통해 학생들의 정서적인 안정감을 증진시킬 수 있습니다. 학생들이 감정을 인식하고 표현하는 방법을 익힘으로써 정서적인 조절 능력을 향상시킵니다. 또한 목표 설정 활동과 의사 결정 과정 교육을 통해 학생들이 자신에게 도전적인 목표를 세우고 이를 달성하는 방법을 습득하도록 도울 수 있습니다. 학생들이 목표를 효과적으로 설정하고 관리함으로써 자기 목표 달성 능력이 향상될 것입니다. 그리고 문제 해결 훈련을 통해 다양한 상황에서 문제를 해결하는 능력을 기르도록 학생들을 지도할 수 있습니다. 이로써 학생들의 자기 관리 능력이 강화되어 학업 및 일상생활에서 더 나은 성과를 이루도록 교사의 지도와 지원이 중요하게 작용할 것입니다.

모든 사람은 때때로 자신의 감정에 압도되는 순간을 경험합니다. 성인들은 주로 심호흡이나 요가와 같이 자신을 진정시키는 기술을 다양하게 활용하여 감정을 통제할 수 있습니다. 그러나 어린 학생들은 자연스러운 발달과 경험 부족으로 자기 관리 기술이 미흡한 경우가 많습니다. 따라서 어린 학생들에게 자기 관리 기술을 가르치는 것은 감정 조절에만 국한되지 않고, 도전적인 상황을 극복하고 목표를 달성하며 긍정적인 관계를 형성하는 데 필수적인 도구를 제공하는 매우 중요한 일입니다.

(3) 사회적 인식(Social Awareness)

사회적 인식은 각자의 배경, 문화, 맥락을 고려하여 자신의 출신 문화나 배경과는 다른 다양한 배경을 가진 사람들의 관점을 이해하고 공감하는 능력을 의미합니다. 이는 타인에 대한 감정적 공감과 함께 다양한 환경에서의 행동에 대한 역사적이고 사회적인 규범을 이해하며, 자신의 가정, 학교, 지역사회에 윤리적으로 참여할 수 있는 능력을 포함합니다.

사회적 인식은 여러 면에서 주요한 역할을 합니다. 첫째, 공감 능력 향상은 긍정적인 대인 관계 형성에 필수적으로 기여합니다. 둘째, 갈등 해결 능력의 향상은 다른 사람의 입장을 이해하고 건설적인 방식으로 갈등을 해결하는 과정에 도움이 됩니다. 셋째, 사회적 적응력의 향상은 주변 사회적 상황을 정확하게 파악하고 적절하게 대응할 수 있는 능력을 키웁니다. 마지막으로, 타인과의 협력과 효과적인 의사소통, 문제 해결 능력의 향상을 통해 학업 성취도를 향상할 수 있습니다. 이러한 능력은 학생들이 학교 및 사회에서 성공적으로 성장하는 데 중요한 역할을 합니다.

이러한 사회적 인식은 타인의 감정, 관점, 필요를 이해하고 공감하는 능력을 중점으로 합니다. 학생들에게 다른 사람의 평범한 어려움, 관심사, 감정 등을 생각하며 그들의 시각을 이해하고 존중하는 방법을 배우도록 권장함으로써, 타인에 대한 보다 심도 있는 이해와 다양한 관점을 존중하는 방법을 터득할 수 있습니다.

사회적 인식은 다른 사람의 느낌을 이해하고 긍정적으로 소통하며 그들의 관점을 수용할 수 있는 능력을 갖추는 것을 의미합니다. 다른 사람을 향한 연민을 통해 다양한 상황에서의 행동에 대한 역사·사회적 규범을 이해하고 수용할 수 있는 능력을 포함합니다. 이는 다른 사람의 관점을 취하고 강점을 인정하며, 공감과 연민, 감사를 표현하고 다른 사람의 감정에 관심을 가지며 다양한 사회적 규범을 식별하는 능력입니다.

교사는 학생들이 사회적 인식을 향상하도록 돕는 데 중요한 역할을 합니다. 이를 위해 교사는 수업에서 감정 표현 활용을 통해 학생들이 자신과 타인의 감정을 인식하고 표현하도록 유도할 수 있습니다. 또한, 교사는 문제 상황을 다양한 관점에서 바라보도록 격려하고 서로의 의견을 존중하는 분위기를 조성할 수 있습니다. 비언어적 소통 교육을 강조하여 표정, 몸짓, 목소리 톤 등을 이해하는 데 도움을 주고, 다양한 사회적 상황을 모의로 연습하여 적절한 대응 방법을 학습하도록 도울 수 있습니다. 이러한 다양한 방법을 통해 교사는 학생들의 공감 능력과 사회적 상황 인식 능력을 향상할 수 있습니다.

사회적 인식은 타인을 강조하고 상대방의 입장에 설 수 있으며, 개인·집단적 유사성과 차이점을 인정하고 이해할 수 있도록 하는 능력입니다. 이러한 능력을 통해 사회적 관계를 증진하고 다양성을 존중하는 사회적 환경을 조성할 수 있습니다.

(4) 관계 기술(Relationship Skills)

관계 기술은 건강하고 유익한 인간관계를 형성하고 유지하며, 다양한 개인 및 그룹과의 상황을 효과적으로 탐색하는 능력을 의미합니다. 이는 단순한 사교 활동을 넘어 명료한 의사소통, 능동적인 경청, 문제 해결을 위한 협력, 건설적인 갈등 조정, 다양한 사회·문화적 환경에서의 요구와 기회를 탐색하고 리더십을 제공하며, 필요할 때 도움을 구하거나 제공하는 능력을 포함합니다.

이러한 관계 기술은 감정을 효과적으로 다루는 것을 중요시합니다. 상호협력을 토대로 건강하고 의미 있는 관계를 형성하고 유지하며, 부당한 사회적 압력에 맞서고, 갈등의 해법을 함께 논의하여 찾아내며, 필요한 경우 도움을 구하는 것을 의미합니다. 이러한 기술에는 효과적인 의사소통, 긍정적인 관계 형성, 문화적 역량 향상, 팀워크 및 협력적인 문제 해결, 조화로운 갈등 해결, 부정적인 사회 압력 대처, 단체에서의 리더십 발휘, 타인의 권리를 존중하기 등이 포함됩니다.

관계 기술이 강화된 학생들은 긍정적인 대인 관계 속에서 안전하고 즐거운 학습 환경을 경험하며, 이는 학업 성취도 향상으로 이어질 수 있습니다. 그뿐만 아니라 정신 건강이 증진되어 우울증, 불안, 스트레스에서 벗어나는 데 도움을 받을 수 있습니다. 건강한 대인 관계는 학생들의 정신 건강에 긍정적인 영향을 미치며 사회적 적응력을 향상시킵니다. 관계 기술은 사회생활에서 필수적인 역량으로, 사회적 적응력을 향상하는 데 기여합니다.

교사는 다양한 방법을 활용하여 학생들의 관계 기술 발전을 도울 수 있습니다. 우선, 긍정적인 교실 분위기 조성이 중요합니다. 학생들 간의 상호 존중과 배려를 촉진하여 긍정적인 교실 분위기를 조성하는 노력이 필요합니다. 의사소통, 협력, 갈등 해결과 같은 관계 기술에 관한 교육을 통해 학생들의 기술을 향상할 수 있습니다. 또한 교사는 스스로를 긍정적인 관계 기술의 모범으로 제시해야 합니다. 역할 모델이 되어 학생들에게 올바른 예를 보여주는 것이 중요합니다. 마지막으로, 학생들의 관계 기술 발전을 위해 정기적인 피드백을 제공하는 것이 필요합니다. 학생들이 어떻게 발전하고 있는지에 대한 피드백은 학습과 성장에 도움이 됩니다.

성공적인 관계를 위해서는 상대방의 필요와 관점을 이해하고 고려하는 능력이 필요합니다. 학생들에게는 효과적인 의사소통, 갈등 해결, 공감 등의 관계 기술을 연습하도록 지도함으로써, 다양한 시각에서 상황을 분석하고 해석하는 능력의 중요성을 습득하게 됩니다. 결과적으로 그들은 다양한 인간관계에서 긍정적이고 건강한 소통과 상호작용을 구축하고 유지할 수 있을 것입니다.

(5) 책임 있는 의사 결정(Responsible Decision-Making)

책임 있는 의사 결정은 다양한 상황에서 학생들이 개인행동과 사회적 상호 작용에 대해 신중하게 고려하고 건설적인 선택을 하는 능력을 의미합니다. 이는 윤리적 기준과 안전 문제를 고려하고 개인·사회·집단적 안녕을 위한 행동의 이점과 결과를 평가하는 능력을 포함합니다.

책임 있는 의사 결정은 여러 측면에서 중요한 역할을 합니다. 먼저, 이러한 의사 결정은 긍정적인 결과를 초래하고 부정적인 결과를 최소화하는 데 기여합니다. 책임을 지고 신중하게 선택된 의사 결정은 더 나은 결과를 가져올 가능성을 높이며, 이는 개인과 주변 환경에 긍정적인 영향을 미칩니다. 또한, 책임 있는 의사 결정은 문제 해결 능력을 향상시킵니다. 상황을 분석하고 다양한 해결책을 고려하는 과정에서 학습된 경험과 지식이 늘어나며, 이는 미래에 발생할 수 있는 다양한 도전에 대비하는 데 도움이 됩니다. 목표 달성에도 책임 있는 의사 결정이 중요한 역할을 합니다. 목표를 달성하기 위해 필요한 계획을 세우고 실행하는 능력은 개인의 성장과 성취에 필수적입니다. 책임 있는 의사 결정을 통해 학생들은 목표를 설정하고 그에 따른 행동 계획을 수립하는 방법을 배웁니다. 책임 있는 의사 결정은 사회적 적응력을 향상시킵니다. 사회 규범과 윤리적 가치를 이해하고 존중하는 능력은 개인이 사회 구성원으로서 책임감을 가지고 행동하는 데 도움이 됩니다. 이는 건강하고 지속 가능한 사회적 관계를 형성하는 데 기여하며, 개인의 행동이 사회적으로 긍정적인 영향을 미칠 수 있도록 합니다. 총체적으로, 책임 있는 의사 결정은 개인의 성장과 사회적 참여에서 핵심적인 능력으로 작용합니다.

책임 있는 의사 결정을 가르치는 것은 학생들이 다양한 상황에서 윤리, 안전, 결과를 숙고하고 학습된 행동에 기반하여 신중하게 선택하는 방법을 습득하게 도와줍니다. 이를 통해 학생들은 선택지를 확신 있게 평가하고 결과를 예측하며, 자신의 가치와 목표에 부합하는 선택을 할 수 있게 됩니다.

책임 있는 의사 결정 내리기는 정보·데이터·사실을 분석한 후 합리적인 판단 내리기, 개인 및 사회 문제에 대한 해결책 식별하기, 자기 행동의 결과를 예상하고 평가하기 그리고 개인·가족·지역사회 건강을 위한 자신의 역할 성찰하기 등의 단계로 이루어집니다.

책임 있는 의사 결정은 다른 방식의 행동이 가져올 결과를 정확하게 고려하면서도 다른 사람을 존중하고, 자신의 결정에 대한 책임을 지는 것입니다. 윤리적 기준과 안전 문제, 사회규범, 타인에 대한 존경을 고려하여 학업과 사회적 상황에서 의사 결정 기술을 적용하고, 자신의 의사 결정이 학교와 사회의 안녕에 기여하는지에 관심을 두는 것이 중요합니다.

책임 있는 의사 결정은 학생들이 자기 자신과 다른 사람들에게 책임감 있게 행동하며, 학교와 지역사회의 안녕과 번영에 기여하는 주체적이고 성숙한 시민으로 성장하는 데 도움을 줍니다. 이러한 관점에서 책임 있는 의사 결정은 사회정서학습(SEL)에서 더 나은 미래를 위한 필수적인 역할을 수행합니다.

사회·정서적 학습(SEL)의 각 핵심역량을 함양하기 위해서는 이와 관련된 기술(Skills)에 어떤 것들이 있는지를 아는 것이 중요합니다. 다음은 CASEL 프레임워크에서 사회정서학습(SEL)의 5가지 핵심역량별 구체적 하위 기술을 정리한 것입니다.[4]

[표 1-1] 사회정서학습(SEL) 핵심역량 하위 기술

핵심역량	핵심역량 하위 기술
자기 인식 (Self-Awareness)	• 개인 및 사회 정체성 통합 • 개인, 문화 및 언어 자산 식별 • 자신의 감정 알아내기 • 정직과 진실성 보여주기 • 감정, 가치, 생각 연결하기 • 편견과 선입견 조사 • 자기 효능감 경험 • 성장 마인드 갖기 • 관심과 목적의식 개발
자기 관리 (Self-Management)	• 감정 관리 • 스트레스 관리 전략 식별 및 사용 • 자기 훈련과 자기 동기부여 • 개인과 집단 목표 설정 • 계획 및 조직 기술 사용 • 솔선수범하는 용기 보여주기 • 개인·집단적 주체성 보여주기

4) casel.org/fundamentals-of-sel/what-is-the-casel-framework

핵심역량	핵심역량 하위 기술
사회적 인식 (Social Awareness)	• 다른 사람의 관점 취하기 • 다른 사람의 강점 인식 • 공감과 연민의 표현 • 다른 사람의 감정에 관심 보이기 • 감사를 이해하고 표현 • 부당한 규범을 포함한 다양한 사회적 규범 식별 • 상황적 요구와 기회 인식 • 조직과 시스템이 행동에 미치는 영향
관계 기술 (Relationship Skills)	• 효과적인 의사소통 • 긍정적인 관계 개발 • 문화 역량 입증 • 팀워크 및 협업 문제 해결 연습 • 갈등을 건설적으로 해결 • 부정적인 사회적 압력에 저항 • 그룹에서 리더십 보이기 • 필요할 때 지원과 도움을 구하거나 제공 • 타인의 권리 옹호
책임 있는 의사 결정 (Responsible Decision-Making)	• 호기심과 열린 마음 보여주기 • 개인·사회적 문제 해결책 찾기 • 정보, 데이터, 사실을 분석 후 합리적 판단하는 법 학습 • 자신의 행동 결과 예측하고 평가 • 비판적 사고 능력이 학교 안팎에서 얼마나 유용한지 인식 • 개인, 가족, 지역사회의 안녕을 증진하기 위한 자신의 역할을 성찰 • 개인, 대인 관계, 지역사회 및 제도적 영향 평가

4) 사회정서학습(SEL) 지도 방법

사회정서학습(SEL)은 특별한 시간이나 과목으로 가르치기보다는 매일 이루어지는 수업 상황에서 교과와 통합해 상시적으로 가르치는 것이 바람직합니다. SEL 핵심역량과 하위 기술을 고립된 학습 경험이 아닌 학생의 학습 경험 전체에 주입하는 것이 중요합니다. 이러한 기술이나 특정 기술을 분리된 형태로 단독으로 가르치는 것은 다양한 환경에서 실제로 연습할 기회를 제공하지 못합니다. SEL을 교육과정의 모든 영역에 통합하면 지속적인 연습뿐만 아니라 연결을 만들고, 일상 경험에 기술을 적용할 기회도 제공됩니다.

Britannica Education은 SEL을 모든 주제 영역에서 활용할 수 있도록 통합지도를 위한 4단계를 제안하였습니다.[5)]

(1) 단계 #1: 중점을 둘 SEL 역량을 확인하고 설명하기

통합지도를 시작하려면, 수업을 계획할 때 어떤 사회정서학습(SEL) 역량을 중점적으로 다룰 것인지 결정해야 합니다. SEL의 광범위하고 상호 연결된 핵심역량인 자기 인식, 자기 관리, 사회 인식, 관계 기술 그리고 책임 있는 의사 결정 중 하나를 선택합니다.

중점을 둘 역량을 선택하면 이를 학생들과 명확하게 공유하는 것이 중요합니다. 이는 학생들이 선택된 역량이 교실 안팎에서 필요한 지식, 태도, 기술을 어떻게 지원하는지 이해할 수 있게 돕습니다. 또한, 학급

5) britannicaeducation.com/blog/4-steps-to-integrate-sel-into-your-curriculum

내에서 서로의 학습을 지원하는 공통 목표를 공유함으로써 학생들 간 협력과 소통을 강조합니다. 이를 통해 학생들은 자신의 강점과 발전 가능성을 더 잘 이해하고, 학급 내에서 서로의 성장을 존중하며 지원할 수 있는 환경을 조성할 수 있습니다.

(2) 단계 #2: 학업 목표와 주제 정하기

중점을 둘 SEL 역량을 식별하고 설명하고 나면 수업의 목표와 주제를 명확히 설정합니다. 예를 들어 빈곤, 이민, 투표, 교육과 같은 글로벌 문제는 사회 교과에서 책임 있는 의사 결정을 연습하기에 좋은 주제입니다. 이러한 문제는 문제 해결에서 협력과 상호 존중의 중요성에 대한 풍부한 토론 기회를 제공하기 때문입니다.

(3) 단계 #3: SEL 수업 목표 확인하기

중점을 둘 SEL 역량과 수업 목표를 확인한 후에는 SEL 수업 목표와 학생 성과를 확인하는 단계가 필요합니다. 예시는 다음과 같습니다.

- 그룹 환경에서 다양한 관점을 적극적으로 듣고 이해하는 능력을 나타냅니다.
- 문제를 해결하기 위해 협력하고 다양한 이벤트, 생각, 아이디어를 공유하고 토론합니다.
- 이미지에서 증거를 도출하고 세부 사항과 실제 사례를 참조하여 분석, 성찰하고 의견을 뒷받침합니다.

- 그룹에서 아이디어를 토론하고 교환할 때 이미지를 통해 추론합니다.
- 팀워크 및 관계 기술을 강화합니다.

(4) 단계 #4: 재미있고 매력적인 SEL 활동 만들기

학생들이 의미 있는 활동에 지속적으로 참여하도록 하면 SEL 역량을 강화하는 데 도움이 됩니다. SEL 목표를 지원할 수 있는 활동의 몇 가지 예는 다음과 같습니다.

- 책임 있는 의사 결정을 수업에 통합하기 위해, 교실 계약서 작성 활동을 고려할 수 있습니다. 학생들과 함께 협력하여 교실 내에서의 기대치를 공동으로 설정합니다. 이 과정은 모든 학생의 의견을 소중히 여김으로써 존중과 협력에 기반한 교실 환경을 조성하는 데 도움이 됩니다.
- SEL의 핵심역량 중 사회적 인식에 중점을 둘 경우, 교실 봉사 프로젝트는 학생들이 공감 능력을 향상하고 교실 밖의 세계와 소통할 수 있도록 돕습니다. 동료 지원, 환경 관련 프로젝트, 사회 캠페인 기획과 같은 사회봉사 활동은 교실 내에서 실시할 방법 중 하나입니다. 이를 통해 학생들은 공감 능력을 키우며 외부 세계와의 연결을 통해 더 넓은 시야와 이해를 얻을 수 있습니다.
- 갈등 해결과 관계 기술을 강화하기 위해서는 읽기 활동을 통해 소리 내어 읽어주는 것이 유용합니다. 읽기 활동을 통한 토론은 갈등 해결에 중점을 두고 관계 기술을 향상시킬 수 있는 효과적인 방법입니다. 읽은 내용에 대한 대화나 토론을 통해 학생들은 서로의 갈

등 해결 경험을 나눌 수 있습니다. 이러한 활동을 통해 학생들은 서로 다른 관점과 방법을 이해하고 존중하는 데 도움을 받게 될 것입니다.

교실 활동을 설계할 때 명확한 목표를 설정하고 그 목표에 집중한다면 거의 모든 교실 활동이 SEL 핵심역량을 통합하는 기회가 됩니다.

SEL을 수업에 통합하면 여러 가지 긍정적인 결과를 얻을 수 있습니다.

먼저, 텍스트, 이미지, 미디어를 활용하여 학생들을 다양한 이야기와 관점에 연결할 수 있습니다. 이를 통해 학생들은 다양성을 경험하고 존중하는 태도를 길러갈 수 있습니다.

또한, 학생들의 목소리를 존중하고 장려함으로써 자기 아이디어, 관점, 이야기를 동료들과 주변 세계와 공유하는 플랫폼을 제공합니다. 이는 학생들의 창의성과 자신감을 증진하는 데 도움이 됩니다.

수업에서 탐구, 분석, 연구, 비판적 사고 능력을 촉진함으로써 학생들의 종합적인 학습을 높일 수 있습니다. 이는 다양한 학문 영역에서 학생들의 능력을 향상시키는 중요한 요소입니다.

이뿐 아니라, 학생들에게 서로 성공적으로 상호 작용할 수 있는 기술을 제공함으로써 학습 환경을 개선하고 긍정적인 관계를 유지할 수 있도록 돕습니다.

더불어, SEL은 학생들이 자신, 타인, 학교에 대한 긍정적인 태도와 신념을 형성할 수 있도록 합니다. 이는 학생들의 성장과 사회적 적응력을 증진시키는 데에 중요한 역할을 합니다.

그리고 학생들이 공감하고 표현하도록 도움으로써 상호 간의 이해와 협력을 촉진합니다. 학생들이 자신의 감정을 이해하고 관리하는 방법을 배우게 됩니다.

마지막으로, 학생들이 긍정적인 목표를 설정하고 달성하도록 격려함으로써 자신에 대한 자부심을 높이고 학업 성취도를 향상할 수 있습니다.

2. AI 활용 교육

1) 생성형 AI 시대

지금은 작고하신 이어령 교수님이 살아 계실 때 '인공지능이 인간을 지배할 것인가?'라는 질문을 받았습니다. 이 질문은 인공지능이 만들어낼 디스토피아(Dystopia)를 우려하는 사람들이 품고 있는 인류의 미래에 대한 불안에서 비롯된 것이었습니다. 이어령 교수님은 이에 대해 비유로 설명하셨습니다. "말하고 인간이 경주하면 반드시 인간은 집니다. 그래서 말과 직접 경주하는 것이 아니라, 말을 올라타야 이길 수 있습니다. 말에 올라타서 재갈을 물리고 달리면, 그때 인간이 말보다 나아지는 것입니다."

다시 말해, 인공지능을 이기려는 것이 아니라 올바르게 활용하고 통제하는 능력이 중요하며, 이를 통해 미래를 안전하게 만들어나갈 수 있다는 메시지를 전하셨습니다.

OpenAI의 대화형 인공지능인 ChatGPT가 2022년 말 출시 후 빠르게 화제를 모으면서 서비스를 시작한 지 두 달 만에 월간 활성 사용자가 1억 명을 돌파했습니다. ChatGPT와 같이 기존 데이터를 기반으로 이용자의 특정 요구에 따라 결과를 능동적으로 새롭고 독창적인 콘텐츠를 만드는 AI를 생성형 AI라고 합니다. ChatGPT 이후 최근 생성형 AI 기술은 급격히 발전하며 다양한 분야에서 활용되고 있습니다. OpenAI의 GPT-4, 마이크로소프트의 코파일럿, Google AI의 제미나이 등 최신 모델들은 이전 세대 모델들보다 훨씬 강력하고 다양한 기능을 갖추고 있으며, 우리 삶의 여러 영역에 큰 변화를 가져올 것으로 기대됩니다.

생성형 AI 기술은 예술, 음악, 소프트웨어 코드 작성, 글쓰기 등에서 혁신적이고 독창적인 콘텐츠를 창출하는 기술입니다. 사용자가 프롬프트를 제시하면, 인공지능은 전 세계의 다양한 데이터에서 학습한 지식을 바탕으로 독특하며 창의적인 결과물을 만들어냅니다. 생성형 AI는 대규모 언어 모델, 신경망 그리고 머신러닝 기술을 활용하여 인간의 창의성을 모방하고, 새로운 콘텐츠를 능동적으로 생산하는 데 기여합니다.

생성형 AI의 등장 이전, 인공지능을 활용하려면 프로그래밍 언어를 습득하여 인공지능에게 명령을 전달하고 결과를 얻어내는 과정이 필수였습니다. 다시 말해, 인간은 인공지능과 소통하기 위해 코드를 작성하고 인공지능 언어를 이해해야 했던 것입니다. 그러나 생성형 AI의 등장으로 이러한 접근 방식이 급격히 변화했습니다. 이제는 인공지능이 인간의 언어를 이해하고 응답할 수 있게 되었습니다. 이는 곧, 더 이상 프로그래밍 언어를 학습할 필요 없이 간단한 프롬프트만 작성하여 자연스럽게 대화할 수 있다는 의미입니다. 마치 인간이 인간과 소통하듯, 인간과 인공지능이 자연스럽게 대화하면서 원하는 결과물을 얻을 수 있게 되었습니다. 이러한 변화로 누구나 자신의 학문, 업무, 일상에서 인공지능을 적극적으로 활용할 수 있는 새로운 시대가 열렸습니다. 프로그래밍에 대한 부담이 감소하면서 더 많은 사람이 인공지능을 효과적으로 활용하여 더 나은 결과물을 얻을 수 있게 되었습니다.

생성형 AI는 텍스트, 이미지, 음악, 코드 등 다양한 콘텐츠를 생성하는 데 사용할 수 있는 강력한 도구입니다. 생성형 AI는 예술과 디자인 분야에서 창의적인 작업을 돕고 있습니다.

텍스트 생성 AI인 ChatGPT, MS 코파일럿, 구글 제미나이 등은 소설, 시나리오, 드라마 대본을 작성하는 데 도움을 줄 수 있고 뉴스 기사나 블로그 게시 글도 빠르게 작성할 수 있습니다. 또한, 고객 응대 챗봇을 만드는 데 큰 도움을 주어 고객 응대 시간을 단축하고 고객의 필요에 맞는 챗봇을 제작하여 활용할 수 있습니다.

이미지 생성 AI인 달리-3, 미드저니, 파이어플라이, 스테이블 디퓨전은 특정 작가의 화풍을 모방하여 사진을 재생성하거나 예술 작품의 스타일에 기반한 일러스트를 생성하는 데 활용됩니다. 제품 디자인의 아이디어를 신속하게 시각화하고 다양한 디자인 옵션을 비교하는 데에도 도움이 됩니다.

음악 생성형 AI인 Soundraw, Magenta, OpenAI의 MuseNet, AIVA, Suno 등은 음악 작곡에 사용되며, 특정 장르나 화음을 학습하여 새로운 멜로디를 창작하는 데에 활용됩니다.

코드 생성 AI인 Github Copilot, OpenAI Codex는 소프트웨어 개발이나 웹사이트 디자인 및 개발을 위한 코드를 자동으로 생성하여 시간을 단축할 수 있습니다. 생성형 AI는 효율성을 증진하며 창의성을 높이는 데에 큰 역할을 합니다.

2) 생성형 AI 활용 교육

생성형 AI 기술은 교육 분야에 혁신적인 방안을 제시합니다. 이를 통해 학습 자료, 교육 콘텐츠, 퀴즈 및 시험 문제를 생성할 수 있고 학습자에게 맞춤형 학습 경험을 제공할 수 있습니다. 생성형 AI를 통해 학생과 교사들은 새로운 학습 경험과 업무 효율성을 기대할 수 있습니다.

(1) 텍스트 생성형 AI 활용

텍스트 생성형 AI를 다양하게 활용할 수 있습니다. 학생들이 배운 내용에 대한 평가 문항을 제작하거나 수업에 대한 아이디어를 요청하여 수업을 계획하는 데 도움을 받을 수 있습니다. 학생들에게 들려줄 이야기를 만들어서 때에 맞게 들려줄 수도 있습니다.

P2 초등학생에게 발명에 대한 호기심과 동기를 갖게 하기 위한 이야기를 만들고 싶다. 학생의 생활에서 생기는 문제를 발명아이디어로 해결하는 재미있는 이야기를 만들어줘

어느 작은 마을에 가장 친한 친구인 릴리와 샘이 살았어요. 둘은 함께 놀고 새로운 것을 탐험하는 것을 좋아했습니다. 어느 날 공원에서 놀던 중 많은 사람이 쓰레기를 쓰레기통에 버리지 않고 바닥에 버리는 것을 발견했습니다. 릴리와 샘은 쓰레기가 환경과 그곳에 사는 동물들에게 미치는 해로운 영향에 대해 걱정했습니다.

그들은 이 문제에 대한 해결책을 찾기로 결심했습니다. 그들은 사람들이 쓰레기통을 사용하도록 장려할 방법에 대해 브레인스토밍하고 연구하기 시작했습니다. 그들은 쓰레기통이 더 재미있고 매력적이라면 사람들이 쓰레기통을 더 많이 사용할 것이라는 사실을 깨달았습니다. 릴리와 샘은 쓰레기통에 쓰레기를 던지는 게임을 만들기로 했습니다. 그들은 쓰레기통에 과녁을 디자인하고 친구들과 함께 게임을 시작했습니다. 너무 재미있어서 공원에 있던 다른 아이들도 눈치를 채고 동참하기 시작했습니다.

곧 릴리와 샘의 아이디어는 마을 전체로 퍼져 나갔고 사람들은 쓰레기통을 더 자주 사용하기 시작했습니다. 마을은 더 깨끗해졌고 동물들은 유해한 쓰레기로부터 안전해졌습니다.

이들의 혁신과 창의성은 지역사회에 긍정적인 영향을 미쳤습니다. 릴리와 샘은 자신들의 창의력을 활용해 마을의 다른 문제를 해결하고 다른 사람들도 같은 일을 하도록 영감을 줄 수 있다는 것을 깨달았습니다.
릴리와 샘의 이야기는 작은 아이디어라도 우리 삶과 주변 세계에 큰 영향을 미칠 수 있다는 교훈을 줍니다. 약간의 창의력만 있다면 우리가 직면한 문제에 대한 혁신적인 해결책을 찾을 수 있습니다. 우리가 상상력을 발휘하고 새롭고 창의적인 아이디어를 떠올려 세상을 더 나은 곳으로 만들도록 격려하는 것이 중요합니다.

<빙 이미지 크리에이터로 제작>

(2) 이미지 생성형 AI 활용

학생들과 회원 가입이나 로그인의 제약 없이 이미지를 생성하여 사용할 수 있는 방법으로 패들렛을 활용할 수 있습니다.

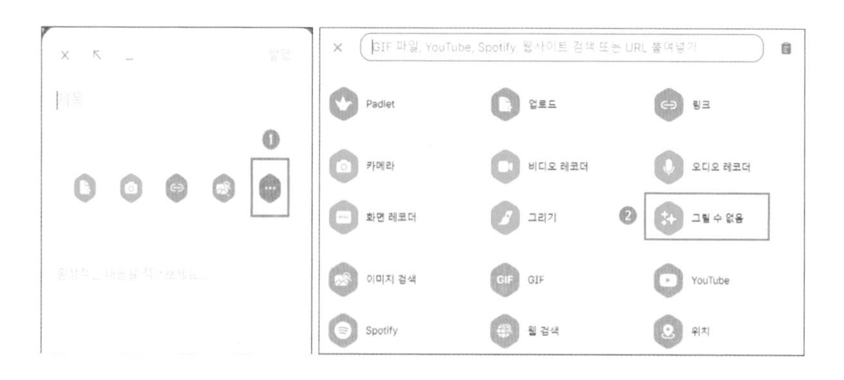

[그림 1-5] 패들렛에서 이미지 생성형 AI 사용하기

패들렛에서 이미지를 생성하기 위해서는 영어로 프롬프트를 작성하는 것이 좋으므로 번역기를 이용합니다.

이미지 생성 AI를 활용할 때, 미드저니는 유료 서비스이며 영어로 프롬프트를 작성해야 하고 사용자 인터페이스(UI)가 사용하기에 불편하다는 특성이 있습니다. 그러나 대안으로 빙 이미지 크리에이터와 파이어플라이를 고려할 수 있습니다.

빙 이미지 크리에이터(www.bing.com/images/create)는 달리-3 엔진을 기반으로 하여 높은 품질의 이미지를 제작하여 사용자에게 제공합니다. 매일 빠르게 이미지를 생성할 수 있는 토큰이 무료로 제공되며,

사용자가 직관적으로 활용할 수 있는 UI를 제공하고 있습니다. 프롬프트를 한글로 작성해도 가능해서 사용하기 편리합니다.

[그림 1-6] 빙 이미지 크리에이터에서 이미지 생성하기

또한, 파이어플라이(firefly.adobe.com)는 어도비의 데이터를 학습한 생성형 AI로 이미지 품질이 뛰어나며 무료로 이용 가능합니다. 또한 다양한 예시와 프롬프트를 제공하여 사용자들이 제공된 이미지를 변형해서 자신이 원하는 이미지를 쉽게 생성하고 편집해서 사용할 수 있습니다.

[그림 1-7] 파이어플라이에서 이미지 생성하기

캔바(www.canva.com)를 사용하는 것도 매우 좋습니다. 캔바에도 AI를 활용하여 이미지를 생성하고 편집하는 기능이 있어서 쉽게 교육에 활용할 수 있습니다. 또한 교사 인증을 받으면 유료 기능을 무료로 사용할 수 있습니다.

이미지가 필요한 상황에서 이미지를 검색하고 저작권으로 인해 사용이 제한되는 문제를 생성형 AI를 통해 극복할 수 있습니다.

(3) 음악 생성형 AI

교육에 사용하기 위해서는 무료인 생성형 AI를 활용하는 것이 좋습니다. 이 중에서 AIVA(www.aiva.ai)를 활용할 수 있습니다. AIVA는 EDM, 재즈, 클래식 등 다양한 장르의 배경 음악을 클릭 몇 번으로 쉽고 빠르게 만들어 주는 AI입니다. 자신이 가지고 있는 음악을 활용해서 새로운 음악을 만들기도 하고 사용자가 지정한 스타일이나 코드 진행에 따라 AI가 배경 음악을 만들어 줍니다. AI가 만든 음악은 MP3나 MIDI 형식으로 다운로드할 수 있고 한 달에 3곡까지 무료로 받을 수 있습니다.

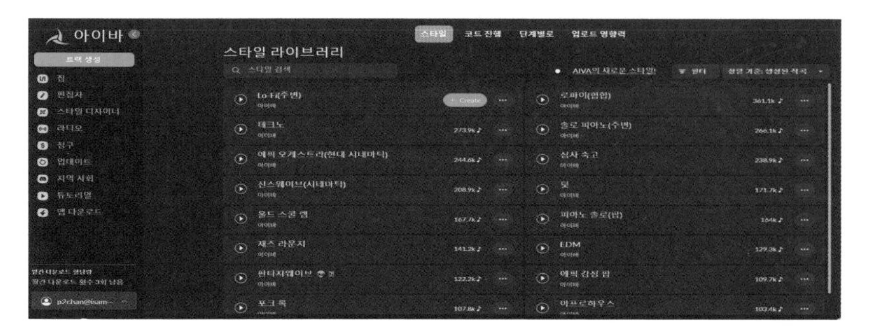

[그림 1-8] AIVA 스타일에서 작곡하기

AIVA가 배경음악을 만들어 준다면, Suno AI(www.suno.ai)는 작사와 작곡까지 사용자가 설정하여 만들 수 있습니다.

Suno AI는 한글로 가사를 만들어 노래를 부르고 함께 감상할 수도 있어 학생들에게 흥미로운 경험을 선사합니다. 프롬프트를 통해 다양한 주제의 노래를 작사하고 작곡할 수 있으며, 자체적으로 가사를 쓰고 노래를 완성하는 창의성을 발휘할 수 있습니다.

생태환경교육, 진로교육, 학교폭력예방교육, 인권교육, 생명존중교육, 디지털교육, 교과교육 등 다양한 주제에 맞춰 노래를 제작하고 이를 통해 학생들에게 해당 주제에 대한 새로운 시각과 이해를 제공할 수 있습니다. 이 노래들은 학습을 더욱 흥미롭게 만들어 주고, 학생들끼리 공유하며 소통하는 기회를 제공할 것입니다.

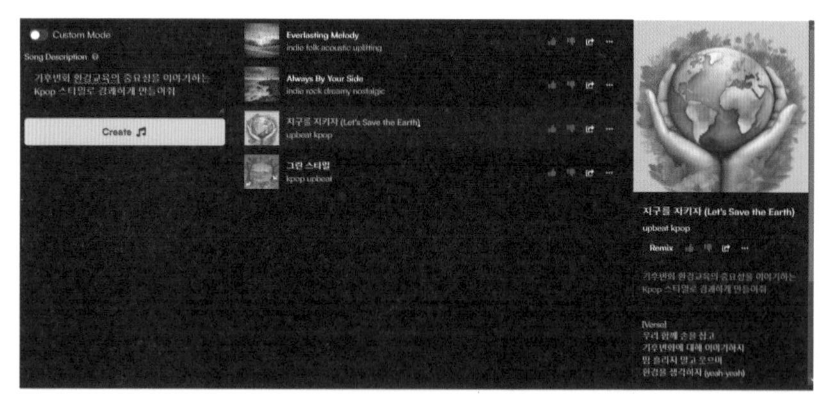

[그림 1-9] Suno에서 노래 제작하기

생성형 AI를 활용한다면 교육의 다양한 측면에서 창의성과 흥미를 유발하고 학습 경험을 더욱 풍부하게 만들어 줄 것입니다.

AI로 사회정서학습(SEL) 역량 높이기

자기 인식 역량

1. 나와 친구의 성격유형 인식하기

들어가며

코로나19를 겪으면서 교육 현장에 다양한 교육 방법이 적용되고 기술적인 발전은 있었지만 학생들의 사회성 발달이 저하되는 부작용이 있었습니다. 대면 수업이 줄어들고 원격 수업이 주로 이루어지면서 직접적인 소통 기회를 상실함으로써 친구들과의 대화, 토론, 협력적인 학습 경험이 제한되었습니다. 또한, 사회적 거리 두기와 교내 방역 지침 등으로 인해 모임과 행사가 제한됨으로써 학예회를 비롯하여 운동회, 현장 체험학습 등이 이루어지지 않았습니다. 이는 학생들이 집단 활동을 통해 자신을 표현하고 사회적으로 성장하는 기회를 축소시켰습니다. 게다가 마스크 착용과 사회적 거리 두기로 인해 얼굴 표정이 제한되고 타인과의 신체적 접촉을 피하는 상황이 발생함으로써 타인의 표정을 읽고 이해하는 능력이 저하되었으며, 이는 감정 인식과 공감 능력 등 사회적인 측면에서의 발달에 영향을 주게 되었습니다.

자신의 성격과 친구의 성격을 인식하는 것은 사람마다 성격 특성이 다름을 이해하고 받아들이는 데 도움이 되며 자기 계발과 타인과의 관계 형성에 긍정적인 영향을 미칩니다. 성격유형 인식을 통해 자신의 강점과 약점, 성향 등을 알 수 있으며 이로 인해 자신의 특성을 더욱 잘 이해하고, 자신의 가치를 높게 평가하여 자아 존중감과 자기 수용에 긍정적인 영향을 줍니다. 또한, 친구의 성격유형 인식을 통해 타인과의 원활한 소통과 협력에 도움을 주며, 좋은 친구나 동료 관계를 형성하는 데 도움이 됩니다.

1) 성격 검사의 종류

(1) NEO 성격 검사

NEO 성격 검사는 심리학적 성격 검사 중 하나이며 개인의 성격 특성을 측정하는 도구 중 하나로, 네오 퍼스널리티 인벤토리(NEO Personality Inventory)의 약자입니다. 이 검사는 성격심리학자인 폴 코스타와 로버트 맥크레의 연구를 기반으로 개발되었습니다.

NEO 성격 검사는 5가지 주요한 성격 요인인 개방성, 섬세함, 외향성, 친화성, 신경성을 측정합니다. 이 5가지 요인은 성격의 다양한 측면을 포괄하고 있으며, 각각의 요인은 세부적인 성격 특성을 나타냅니다.

- 개방성(Openness): 상상력, 창의성, 호기심, 예술적 감성 등을 포함한 개방적인 태도와 관련됩니다.
- 성실성(Conscientiousness): 목표 지향성, 규칙 준수, 자기 규제 등을 포함한 꼼꼼하고 철저한 성격 특성과 관련됩니다.
- 외향성(Extraversion): 사교성, 활동성, 자신감 등을 포함한 외향적인 성격 특성과 관련됩니다.
- 친화성(Agreeableness): 협조성, 상냥함, 타인 배려 등을 포함한 친화적인 성격 특성과 관련됩니다.
- 신경성(Neuroticism): 감정적 불안, 자기통제 부족, 우울 등을 포함한 신경적인 성격 특성과 관련됩니다.

NEO 성격 검사는 일반적으로 자기 평가 형식으로 진행되며, 특정 상황에서 나타나는 성격 특성을 파악하는 데 사용됩니다. 결과는 개별적인 성격 특성의 점수와 해당 성격 요인에 대한 상대적인 위치를 보여주는 그래프로 나타낼 수 있습니다. 이를 통해 개인은 자신의 성격 특성을 이해하고, 자기 발전이나 직업 선택 등에 활용할 수 있습니다.

NEO 성격 검사는 성격 심리학, 직업 상담, 연구 등 다양한 분야에서 활용되고 있으며, 개인의 성격 특성을 이해하는 데 도움을 주는 유용한 도구입니다.

(2) 기질 및 성격 검사(TCI)

기질 및 성격 검사(TCI; Temperament and Character Inventory)는 기질과 성격의 특성을 측정하고 분석하는 도구입니다. 이 검사는 로버트 클로닌저와 클라우스 루트의 연구를 기반으로 개발되었습니다.

TCI 검사는 성격을 기질과 성격의 2가지 차원으로 분류합니다. 기질은 개인이 태어날 때부터 가지고 있는 생물학·유전적 성향을 의미하며, 성격은 기질을 기반으로 개인이 경험과 학습을 통해 형성된 특성을 나타냅니다.

TCI 검사는 다음과 같은 기질과 성격 요인을 측정합니다.

가. 기질 요인

- 위험회피성(Novelty Seeking): 새로운 경험을 추구하는 정도와

탐색적인 성향을 나타냅니다.

- 보상의존성(Reward Dependence): 타인의 인정과 보상에 대한 의존성과 신경성을 나타냅니다.
- 위축성(Harm Avoidance): 위험과 불안에 대한 민감성과 회피성을 나타냅니다.
- 지각적 특수성(Persistence): 목표 달성을 위한 노력과 인내력을 나타냅니다.

나. 성격 요인

- 자기지배성(Self-Directedness): 자기 조절과 자기 관리 능력을 나타냅니다.
- 협조성(Cooperativeness): 타인과의 협력과 사회적 관계 형성에 대한 태도를 나타냅니다.
- 자기개방성(Self-Transcendence): 자기 이해와 세계관을 넘어서는 정신적인 태도를 나타냅니다.

TCI 검사는 개인이 기질과 성격의 어떤 특성을 가지고 있는지를 파악하기 위해 사용됩니다. 결과는 개별적인 특성의 점수와 해당 요인에 대한 상대적인 위치를 보여주는 그래프로 나타낼 수 있습니다. 이를 통해 개인은 자신의 성격 특성을 이해하고 자기 발전, 심리 상담, 직업 선택 등에 활용할 수 있습니다.

(3) 성격유형검사(MBTI)

성격유형검사(MBTI; Myers-Briggs Type Indicator)는 개인의 성격유형을 파악하는 도구로 널리 사용되는 검사입니다. 이 검사는 캐서린 브릭스와 이사벨 마이어스에 의해 개발되었습니다.

MBTI는 개인의 선호하는 인지 방식, 정보 수집 방식, 결정 방식, 생활양식 등을 기반으로 16가지의 성격유형을 분류합니다. 이를 통해 개인은 자신의 성격 특성을 이해하고 다른 사람들과의 관계, 직업 선택, 학습 방식 등 다양한 측면에서 더 나은 결정을 내릴 수 있습니다.

MBTI 검사는 4가지 기본적인 차원을 측정합니다.

가. 인지 방식

- 외향(E) vs 내향(I): 주의를 바깥 세계로 끌거나 내면세계로 돌리는 경향을 나타냅니다.
- 감각(S) vs 직관(N): 세부 사실에 주의를 기울이거나 패턴과 가능성에 주의를 기울이는 경향을 나타냅니다.

나. 정보 수집 방식

- 사실주의(S) vs 직관적(N): 구체적이고 현실적인 정보를 선호하거나 추상적이고 상상력에 기반한 정보를 선호하는 경향을 나타냅니다.

다. 결정 방식

- 사고(T) vs 감정(F): 논리와 분석을 중시하거나 감정과 가치를 중시하는 경향을 나타냅니다.

라. 생활양식

- 계획(J) vs 적응(P): 구체적인 계획과 조직을 선호하거나 융통성과 적응력을 선호하는 경향을 나타냅니다.

MBTI 검사는 개인이 이 4가지 차원에서 어떤 성향을 가지고 있는지를 파악합니다. 각 차원에서 선호하는 옵션을 조합하여 16가지의 성격 유형을 결정합니다. 예를 들어 'ISTJ'는 내향·감각·사실주의·계획적 성향을 나타냅니다.

MBTI는 개인의 성격 특성을 이해하고 자기 계발에 활용할 수 있는 도구로서 널리 사용되지만, 각 성격유형은 개인의 특성을 일반적으로 설명하기 위한 모델일 뿐이며 개인의 경험과 맥락에 따라 행동이 달라질 수 있습니다.

(4) 다면적 인성검사(MMPI)

다면적 인성검사(MMPI; Minnesota Multiphasic Personality Inventory)는 심리학적인 성격 평가 도구 중 하나로 널리 사용되는 검사입니다. 이 검사는 개인의 심리적인 상태와 성격 특성, 정신 건강 상태를 평가하기 위해 개발되었습니다.

MMPI는 다양한 질문으로 구성되어 있으며, 이를 통해 개인의 성격 특성, 정서적 상태, 사회적 태도, 정신 건강에 대한 정보를 수집합니다. 이러한 정보는 다양한 카테고리와 척도를 기반으로 평가되며, 검사 결과는 개인의 성격 특성과 정신 건강 상태를 분석하는 데 사용됩니다. 그러나 문항이 높은 수준의 독해력을 요구하므로 초등학생보다는 중학생 이상을 대상으로 검사하는 것이 좋습니다.

MMPI는 다음과 같은 주요 카테고리와 척도를 포함하고 있습니다.

- 심리 증상 척도: 우울, 불안, 편집 증상 등의 심리적 증상을 평가합니다.
- 건강 척도: 신체적 증상과 건강 관련 문제를 평가합니다.
- 사회적인 태도 척도: 대인 관계, 사회적 태도, 사회적 문제에 대한 태도 등을 평가합니다.
- 정신 건강 척도: 정신질환과 관련된 요인을 평가합니다.

MMPI 검사 결과는 다양한 척도와 프로필 형태로 제공됩니다. 이를 통해 심리학자나 정신과 의사는 개인의 성격 특성과 정신 건강 상태를 분석하고, 적절한 치료 및 상담 방향을 결정할 수 있습니다. 또한, MMPI는 임상 연구나 정신 건강 분야에서도 널리 활용되며, 집단 간의 비교와 연구 결과의 일반화에도 사용됩니다.

MMPI는 심층적인 성격 평가를 위한 도구로서 유용하며, 정확하고 신뢰할 수 있는 결과를 얻기 위해서는 자격을 가진 전문가의 지도 아래 실시되어야 합니다.

(5) 성격강점검사(CST)

성격강점검사(CST; Character Strengths Test)는 개인의 성격 강점을 파악하기 위해 사용되는 도구입니다. 이 검사는 마틴 셀리그만과 크리스토퍼 피터슨에 의해 개발되었으며, 긍정심리학의 관점에서 개인의 성장과 발전을 촉진하기 위해 활용됩니다.

CST는 개인의 성격에서 긍정적인 강점과 능력을 식별하고 측정하는 데 중점을 두고 있습니다. 이를 통해 개인은 자신의 강점을 인식하고 이를 활용하여 더 풍요로운 삶을 살아갈 수 있습니다. CST는 24가지 성격 강점 요소를 평가하며, 이는 다음과 같은 카테고리로 구성됩니다.

- 지성 강점: 호기심, 창의성, 지식 획득 등의 지적인 능력과 특성을 평가합니다.
- 용기 강점: 용기, 희생, 인내 등의 용기와 결단력을 평가합니다.
- 인간관계 강점: 사회적인 기술, 관용성, 사랑 등의 인간관계 능력과 특성을 평가합니다.
- 정의 강점: 공정성, 리더십, 시민적 의무 등의 정의와 도덕적 가치를 평가합니다.
- 순수 강점: 성실함, 겸손함, 절제력 등의 순수하고 긍정적인 성품과 특성을 평가합니다.

CST는 개인이 자신의 강점을 발견하고, 이를 활용하여 긍정적인 변화와 개인적인 성취를 이룰 수 있도록 도와줍니다. 이를 통해 개인은 자아 인식과 자기 계발에 이점을 얻을 수 있습니다. CST는 개인적인 성장과 잠재력을 발전시키는 데 유용한 도구로 활용될 수 있으며, 긍정심리학과 관련된 분야에서 널리 사용되고 있습니다.

CST는 자체 진단을 위한 도구로 활용될 수 있지만, 전문가의 지도 아래 사용되는 것이 좋습니다.

2) 자신의 성격유형 인식하기

앞에서 서술한 바와 같이 성격유형 검사 도구는 다양하지만 학생들에게 대중적으로 알려져 있고 온라인으로 쉽게 검사할 수 있는 MBTI를 이용하는 것이 좋습니다. MBTI 검사는 심리상담센터 등에서 전문가를 통해 알아보는 것이 가장 정확합니다. 공식적으로 인증된 검사지를 통해 보다 다양한 문항으로 자신의 성격을 파악할 수 있으며, 전문가와의 상담을 통해 자신의 성격유형을 보다 정확하게 진단할 수 있습니다. 다만, 유료이며 교실과 같은 상황에서 교육적인 목적으로 활용하기에는 많은 제한이 있습니다.

이에 대한 대안으로 온라인 플랫폼을 이용하여 진단을 받아볼 수 있습니다. 온라인 플랫폼의 경우 접근이 용이하며 자체적인 결과를 즉시 제공하므로 교실과 같이 제한된 상황에서 교육적인 목적으로 활용하기에 적합합니다. 또한, 무료로 이용 가능하므로 다수의 학생들을 대상으로 적용하는 것도 가능합니다. 다만, 온라인으로 제공되는 문항은 전문가용이 아니고 일반용이라는 사실을 유념해야 하며, 전문가와의 상담이 제공되지 않으므로 깊이 있는 성격유형 진단에는 한계가 있습니다.

무료 온라인 진단검사를 위해 www.16personalities.com/ko에 접속합니다.

[그림 2-1] 성격유형검사 메인 화면

검사 실시 버튼을 클릭하면 검사 페이지가 나오게 되는데 6문항씩 총 10개의 페이지로 구성되어 있으며, 문항당 7개 척도 중 해당되는 칸에 체크를 하도록 되어 있습니다. 자신의 성격유형을 알 수 있도록 솔직하게 답변하는 것이 중요하고, 중간값보다는 동의나 비동의 중에 가까운 쪽으로 치우친 값을 답변하는 것이 좋습니다.

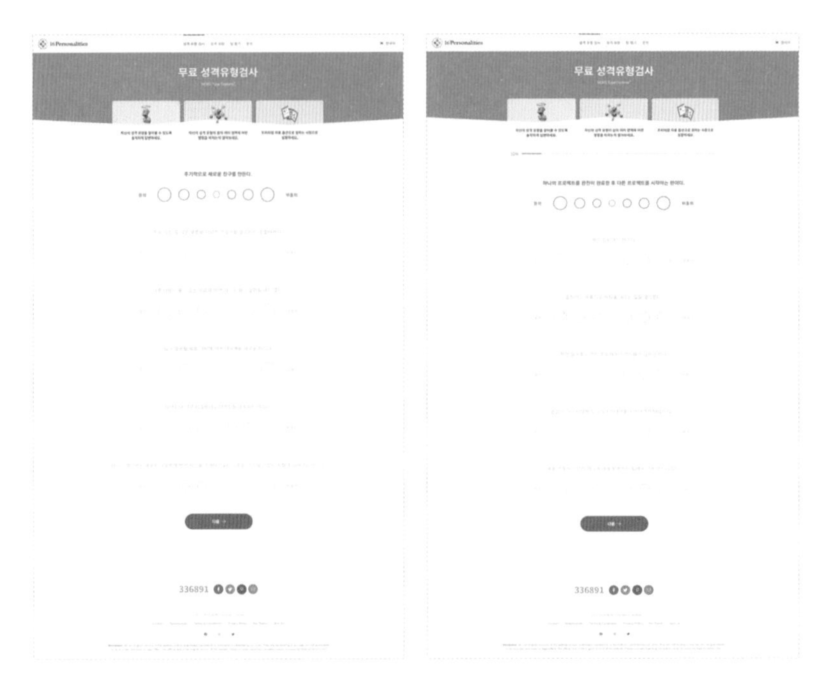

[그림 2-2] 무료 성격유형 검사 문항 예시

60개의 문항에 모두 답을 하면 결과가 자동으로 나오게 됩니다. 16개의 성격유형 중 하나로 분류를 하며 에너지(외향형/내향형), 정신(직관형/관찰형), 본성(사고형/감정형), 전술(계획형/탐구형), 자아(확신형/민감형)의 5개 분야에 대하여 어떤 성향에 가까운지 간단한 그래프로 보여줍니다.

이메일 주소를 작성하면 결과를 이메일로도 발송하여 줍니다. 마지막 페이지에서는 자신의 성격유형에 대한 보다 자세한 프로필을 볼 수 있습니다. 단순히 16개의 성격에 대한 프로필이므로 세부적인 부분에서는 맞지 않을 수 있습니다.

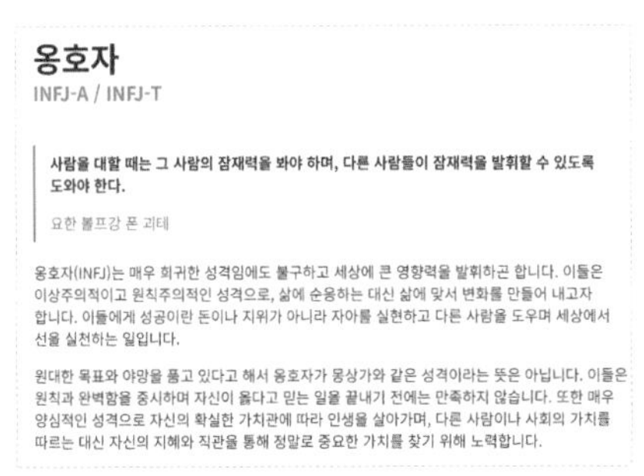

[그림 2-3] 무료 성격유형검사 결과 예시

3) 자신의 성격유형 소개 자료 만들기

성격유형 검사는 그 자체로도 자신의 성격을 인식하는 데 도움이 되지만, 자신의 성격을 다른 친구들에게 소개하고 친구들의 성격을 파악하는 활동을 통해 유대감이 증진되며 사회정서역량이 증대될 수 있습니다. 이를 위하여 자신의 성격유형 소개 자료를 만들어보고 친구들과 공유하는 활동을 하는 것이 좋습니다.

자신의 성격유형을 소개하는 방법으로는 학습지를 이용하는 방법이 있습니다. 성격유형을 소개할 만한 질문에 답하고 학습지에 게시하거나 발표하는 방법으로 자신의 성격을 소개해 볼 수 있습니다.

프레젠테이션을 이용하여 자신의 성격을 소개할 수도 있습니다. 파워포인트나 구글 슬라이드와 같은 도구를 이용하여 자신의 성격을 소개합니다. 프레젠테이션 도구를 잘 다루지 못하거나 경험이 없는 학생들에게는 과제가 너무 막연하여 어려울 수 있으므로 초등학교 고학년 이상에게 적용하는 것이 좋겠습니다.

인터뷰를 통하여 자신의 성격을 소개하는 방법도 있습니다. 성격을 파악할 수 있을 만한 질문을 여럿 준비하고 사회자 역할을 담당한 학생이 질문을 하면 대답하는 방법으로 자신의 성격을 친구들에게 소개할 수 있습니다. 초등학교 저학년 학생들에게도 적용할 수 있으며, 학생들의 흥미를 높여 주의를 집중시킨다는 장점이 있습니다. 다만, 시간이 오래 소요되어 소인수 학급에 적합하며 사회자 역할을 담당하는 학생의 역량이 충분해야 합니다.

이곳에서는 Canva라는 디자인 도구를 사용하여 자신의 성격유형 설명서를 작성하는 방법을 소개합니다. Canva는 누구나 무료로 이용이 가능하고, 교사로 인증을 받고 수업을 생성하여 학생들을 초대하면 유료 사용자들의 기능도 무료로 사용할 수 있습니다.

(1) 가입 및 교사 인증하기

Canva 홈페이지(www.canva.com)에 접속하여 무료로 가입하기 버튼을 클릭하여 가입 절차를 수행합니다. 이용약관에 동의한 후 구글이나 페이스북 계정, 개인 이메일 인증 등 다양한 방법으로 가입할 수 있습니다. 회원 가입 후 Canva 사용처에 답하는 질문이 나오는데 교사를 선택합니다. 이후 근무처와 같은 질문에 답하여 가입을 완료합니다. 상단 메뉴에서 교육 → 교사 및 학교 메뉴로 이동 후 인증받기 버튼을 클릭합니다.

[그림 2-4] Canva 교사 인증 방법

교사 인증을 위한 창이 뜨면 학교명, 학교 주소 등을 입력합니다. 교사임을 인증할 수 있는 자료를 추가해야 합니다. 인증 자료로는 학교명이 있는 업무 분장표나 공무원증 등이 사용 가능한데, 이 경우에는 인증을 위한 시간이 다소 소요되며 재직증명서의 경우 빠른 시간 내에 인증이 됩니다.

(2) 수업 생성하고 학생 초대하기

교사 인증 후 수업을 생성하여 학생을 초대하면 초대된 학생은 교사와 동일하게 유료 서비스도 무료로 받을 수 있게 됩니다. 이를 위해 우선 수업을 생성해야 합니다. 교사로 인증이 되면 화면 왼쪽 하단에 +수업 만들기 메뉴가 보입니다. 이 버튼을 눌러 수업 이름을 선택하고 수업과 관련한 내용을 입력하면 수업만들기가 완료됩니다.

수업만들기를 완료한 후 학생들이 자신의 성격유형 설명서를 제작할 수 있는 과제를 제시합니다. 좌측 메뉴의 수업 과제 메뉴에 들어가서 새 활동을 새 디자인으로 만듭니다. 프레젠테이션을 비롯하여 다양한 디자인 템플릿이 나오는데 수업 목표에 어울리는 적당한 것을 선택합니다. 여기에서는 워크시트를 선택하였습니다.

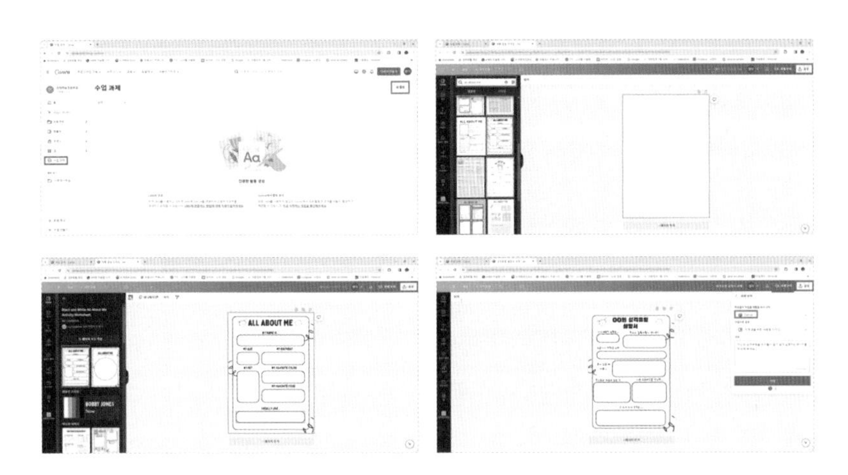

[그림 2-5] Canva에서 수업 생성하고 과제 제시하기

초등학생들은 아무것도 없는 상태에서 자신의 성격을 소개하는 자료를 생성하는 것을 어려워할 수 있습니다. 자신의 성격을 소개할 수 있는 질문을 워크시트에 넣어서 제공하면 학생들이 질문에 답하면서 자신의 성격을 되돌아보고 친구들에게 설명할 수 있습니다. 교사가 워크시트를 새로 제작하여도 되지만 Canva에는 다양한 종류의 템플릿이 있으므로 이를 이용하는 것도 하나의 방법입니다. 디자인 메뉴에서 "all about me"를 검색하면 자신을 소개하는 다양한 워크시트를 볼 수 있습니다. 적당한 것을 선택한 후 디자인을 수업 목표에 맞게 수정합니다. 이때 학생들이 자신의 성격을 드러낼 수 있는 발문을 넣으면 좋습니다.

이렇게 제작한 워크시트를 과제로 부여합니다. 우측 상단에 과제부여 메뉴를 선택하고 학생들이 작업을 제출할 위치를 선택합니다. Canva에서 작업할 수도 있고 구글 클래스룸이나 마이크로소프트 팀즈와 같은

LMS 시스템을 선택할 수도 있습니다. 이와 같이 LMS 시스템으로 공유를 하려면 LMS가 구축되어 있어야 합니다. LMS를 운영하지 않는다면 Canva를 선택하는 것이 좋습니다. 누구를 위한 활동인지 선택할 때에는 교사가 생성한 학급명을 입력하여 선택한 후 게시 버튼을 눌러 게시합니다. 공유 시 학생들이 수정할 수 있도록 권한을 부여해야 합니다.

학생을 초대하기 위하여 초대 링크를 받아 공유함으로써 학생들이 접속하도록 할 수 있고 코드나 이메일로 초대할 수도 있습니다. 구글 클래스룸을 운영한다면 구글 클래스룸을 이용하여 초대할 수도 있습니다.

(3) 링크를 통하여 수업에 접속하고 소개 자료 만들어 제출하기

학생들은 교사가 보낸 링크 또는 다양한 방법을 통하여 교사가 생성한 Canva의 수업에 접속할 수 있습니다. 아직 회원으로 가입되지 않은 학생들은 교사가 회원 가입을 할 때와 마찬가지로 이용약관에 동의하고 몇 가지 절차를 통해 회원 가입을 해야 합니다. 회원 가입이 완료되면 구독을 환영한다는 메시지가 보이는데, 자동으로 교사가 생성한 학교로 배정이 되었음을 의미합니다.

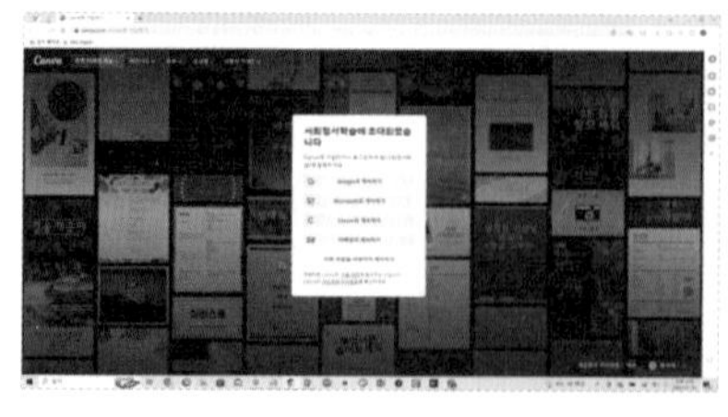

[그림 2-6] 초대 링크를 수락하여 학교 페이지 접속하기

Canva의 메인 화면에서 좌측 메뉴의 프로젝트 → '모든 프로젝트' 또는 '나와 공유됨' 메뉴를 선택하면 교사가 공유한 문서가 보입니다. 문서를 열고 '이 템플릿 사용하기' 버튼을 눌러 사본을 생성합니다. 사본이 생성되면 내용을 수정할 수 있습니다.

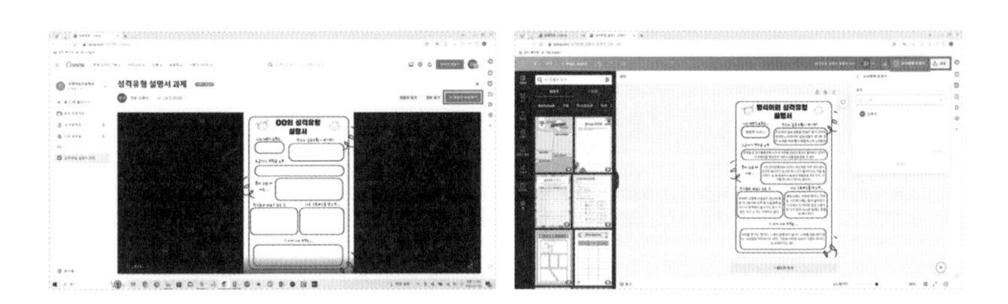

[그림 2-7] 사본 생성하여 과제 수행하기

교사가 제공한 내용의 빈 칸을 작성하거나 디자인을 수정합니다. 작성이 완료되면 파일 → 다운로드에서 PDF나 이미지로 내려받을 수 있습니다. 이렇게 내려받은 파일은 학급 홈페이지나 패들렛을 이용하여 학급 친구들에게 공유할 수 있고 또는 출력하여 학급 게시판에 게시할 수 있습니다.

파일의 형태로 내려받을 수도 있지만 바로 교사에게 제출하는 것도 가능합니다. 우측 상단의 교사에게 보내기 버튼을 누르면 교사를 선택할 수 있는데, 과제를 제시한 교사를 선택하여 보내기 버튼을 눌러 교사에게 제출합니다. 교사의 화면에서 수업과제 메뉴로 들어가면 학생들이 제출한 과제가 보입니다. 학생들의 과제를 열어 검토할 수 있으며 검토한 결과를 다시 학생에게 돌려보낼 수도 있습니다.

[그림 2-8] 교사 화면에서 학생들이 제출한 과제 검토하기

자신과 친구들의 성격유형을 인식하는 활동을 통해 우선 학생들은 자기 자신에 대해 보다 깊이 있게 이해를 하게 됩니다. 성격유형을 검사하고 그 결과를 읽어보는 것만으로도 타인이 자신의 성격에 대하여 알려주는 것과 같이 객관화해 받아들이는 경향이 있습니다. 또한, Canva에서 제시한 방법처럼 자신의 성격을 써보는 활동을 통해 자신의 성격을 좀 더 깊이 있게 들여다보는 계기가 됩니다. 이를 통해 자신의 성격적인 경향을 이해하고 개선하거나 발전시킬 수 있게 됩니다.

아울러, 상대방의 성격유형을 이해하고 존중함으로써 상호 간의 소통과 이해를 높이게 되어 다른 사람과의 관계를 좋게 만들어 줍니다. 친구의 성격에 대한 폭넓은 이해는 갈등과 다툼을 낮추는 효과가 있으며, 교실 안정감으로 수업 개선에도 긍정적인 영향을 미치게 됩니다.

장기적으로는 직업 선택과 관련하여 유용한 정보를 제공할 수 있다는 장점이 있습니다. 각 성격유형은 특정 직무나 환경에서 더욱 효과적이며 만족할 수 있는 경향이 있으므로 자신에게 적합한 직업을 선택하고 성취감을 높일 수 있습니다. 자신의 성격유형에 적합한 진로를 선택하는 데 길잡이 역할을 하게 됩니다.

4) 성격유형 인식이 사회정서학습에 미치는 영향

자신과 친구들의 성격유형을 인식하는 것은 사회정서학습에 많은 영향을 줄 수 있습니다. 성격유형을 인식하는 것은 상호 간의 이해와 소통을 촉진하며 갈등을 해결하는 단초를 제공합니다.

성격유형을 인식하면 자신과 친구들의 행동과 반응에 대한 이해가 높아집니다. 예를 들어, 어떤 사람은 외향적이고 활동적인 성격을 가지고 있을 수 있고, 다른 사람은 내성적이고 조용한 성격을 가질 수 있습니다. 이러한 차이를 이해하면 서로 간의 행동에 대한 오해를 최소화하고 공감할 수 있습니다. 상대방의 성격적 특성을 이해하면 그들의 감정이나 행동에 대해 더 깊이 공감하고 배려할 수 있습니다.

성격유형을 알게 되면 상황에 따라 유연하게 대처할 수 있습니다. 예를 들어, 외향적인 사람과의 대화 방식은 활발하고 개방적일 수 있지만, 내성적인 사람과의 대화는 조금 더 차분하고 신중한 접근이 필요합니다. 성격유형을 이해하면 상대방에게 맞춘 의사소통 방식을 선택하고, 그들의 선호도를 고려하여 상황에 적절한 대응을 할 수 있습니다. 이는 갈등을 예방하고 원활한 관계를 형성하는 데 도움을 줍니다.

또한, 성격유형을 알면 효과적인 협력이 가능해지고 리더십을 구축할 수도 있습니다. 각자의 성격적 특성과 강점을 파악하여 팀원들의 역할을 분담하고, 서로 도와주며 협력할 수 있습니다. 예를 들어, 창의적인 아이디어를 내는 사람과 실행력이 뛰어난 사람이 협력한다면 효과적인 결과를 얻을 수 있습니다. 리더는 팀원들의 성격을 고려하여 적절한 지침과 의사소통 방식을 선택할 수 있습니다. 이는 팀의 성과를 향상시키고 긍정적인 작업 환경을 조성하는 데 도움을 줍니다.

성격유형을 이해하면 자신의 강점과 약점을 파악할 수 있습니다. 이를 통해 개인적인 성장과 발전을 위한 방향을 설정할 수 있습니다. 예를 들어, 내성적인 성격을 가진 사람이 사회적 상황에서 불안을 느낀다면, 자신의 성격을 이해하고 극복하는 방법을 찾을 수 있습니다. 또한, 다양한 성격유형을 경험하고 이해함으로써 자신의 세계관을 넓히고 세련된 사회적 기술을 향상시킬 수 있습니다. 이는 개인적인 성장과 사회적인 성공을 이루는 데 도움을 줍니다.

학생들은 자신과 친구들의 성격유형을 인식함을 통해 사회정서학습에서 상호 간의 이해와 공감을 높이고, 유연한 대처와 협력, 리더십 능력을 향상시킵니다. 또한, 개인적인 발전과 성장을 위한 기반을 마련하는 데에도 도움이 됩니다. 이러한 이점들을 통해 더 건강하고 긍정적인 사회적 관계를 형성하고 유지할 수 있습니다.

2. 흥미유형 탐색 및 자기소개 하기

들어가며

사람들은 자신에 대해 잘 안다고 생각하지만 정작 자신이 어떤 특성의 사람인지, 무엇을 좋아하고 잘하는지 정확하게 파악하지 못하여 자신에 대해 올바로 인식하지 못하는 경향이 있습니다. 자신에 대한 올바른 이해를 위해 다양한 검사를 할 수 있는데, 학생들이 쉽게 접근할 수 있는 검사로 흥미유형 검사가 있습니다. 흥미유형 검사는 자신의 흥미를 파악하여 진로 선택, 취미 개발, 자기 계발 등에 도움을 주는 검사입니다. 흥미유형 검사를 통해 자신의 흥미를 파악하면 관심 영역에 대한 통찰력을 얻을 수 있습니다. 또한, 자신의 흥미를 바탕으로 자기 계발 계획을 세우고 목표를 달성하는 데에도 유용합니다.

흥미유형 검사 결과를 토대로 자신의 특성이 무엇인지 파악하고 정리하는 과정이 필요합니다. 그런데 단순히 텍스트로 정리된 것은 기억하기도 어렵고 전달력이 떨어지기 때문에 이것을 이미지로 표현하면 좋습니다. 그러나 이미지로 표현할 때 미술적 표현 기능의 한계로 자기 생각을 표현하기 어려운 학생들을 위해 오토드로우(AutoDraw)라는 인공지능 도구를 활용하면 좋습니다. 인공지능 도구를 활용해서 만든 자기소개 자료를 친구들과 공유하고 발표하는 시간을 통해 자신감과 자기 효능감을 발전시키게 될 것이고, 이를 통해 자신의 감정, 생각, 가치를 이해하는 능력과 그것이 행동에 어떻게 영향을 미치는지 이해하는 능력인 자기 인식 역량이 키워질 것입니다.

1) 흥미유형 탐색하기

(1) 흥미유형 검사

흥미유형 검사는 개인의 특성과 흥미를 파악하기 위해 사용되는 검사 도구입니다. 이 검사는 특정한 관심사나 활동에 대한 흥미를 측정하여 개인이 어떤 유형의 활동이나 직업에 흥미를 느끼는지 알려줍니다. 흥미유형 검사는 다양한 방법으로 진행될 수 있으며, 일반적으로 질문이나 상황에 대한 반응을 통해 개인의 흥미를 파악합니다. 이러한 검사는 자기 이해를 높이고 미래의 경로를 결정하는 데 유용할 수 있습니다.

사람들의 흥미유형과 성격유형을 파악하는 대표적인 검사로 홀랜드(Holland) 검사가 있습니다. 홀랜드 검사는 자신의 흥미유형을 탐색하는 검사로, 6가지 유형으로 나뉩니다. 6가지 유형은 현실형, 탐구형, 예술형, 사회형, 기업형, 관습형입니다.

(2) 흥미유형 검사하기

흥미유형 검사를 학생들의 학교 급에 맞추어서 온라인으로 할 수 있는 사이트로는 커리어넷이 있습니다. 커리어넷의 흥미유형 검사를 통해 나온 결과를 토대로 자신에게 적합한 직업이나 경력 개발 방향을 선택할 수 있습니다. 이러한 유형의 검사는 직업 선택이나 진로 교육에 도움이 되는 정보를 제공합니다. 검사를 통해 나온 결과는 사용자의 성향과 흥미에 따라 다르며, 그에 따라 다양한 직업군이 추천됩니다.

초등학생은 주니어 커리어넷(www.career.go.kr/jr)에서 저학년과 고학년으로 나누어서 진로 흥미 탐색을 할 수 있습니다. 중·고등학생은 커리어넷(www.career.go.kr)에서 진로 흥미 검사를 할 수 있습니다. 검사는 회원 가입과 로그인 절차 없이 비회원으로 진행할 수 있고 회원으로 가입하여 진행할 수도 있습니다. 학생들의 수준과 상황에 맞추어 회원 가입 여부를 선택하여 진행하면 좋습니다.

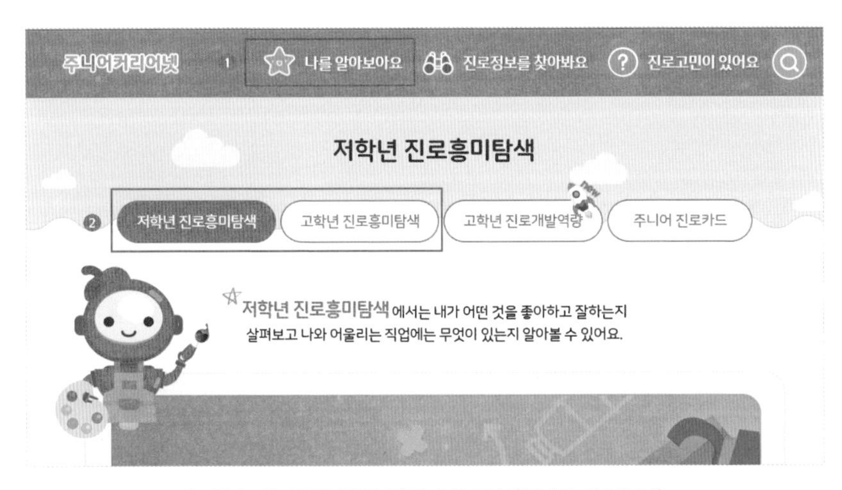

[그림 2-9] 초등학생용 진로 흥미 검사(주니어 커리어넷)

초등학생의 저학년용은 직업의 중요성에 대해 먼저 알아보고, 자기 이해를 위해 18개의 질문에 3단계 답을 하게 됩니다. 검사 결과로 뚝딱이, 탐험이, 멋쟁이, 친절이, 씩씩이, 성실이 총 6가지 흥미유형 중 어디에 속하는지와 어떤 것을 좋아하는지 알려주고, 그 유형에 잘 맞는 직업을 추천해 줍니다. 고학년용은 48개의 문항에 대해 7단계 답을 하면서 두드러진 흥미유형 2가지를 알려줍니다.

[그림 2-10] 초등학생 저학년용 진로 흥미 검사 결과

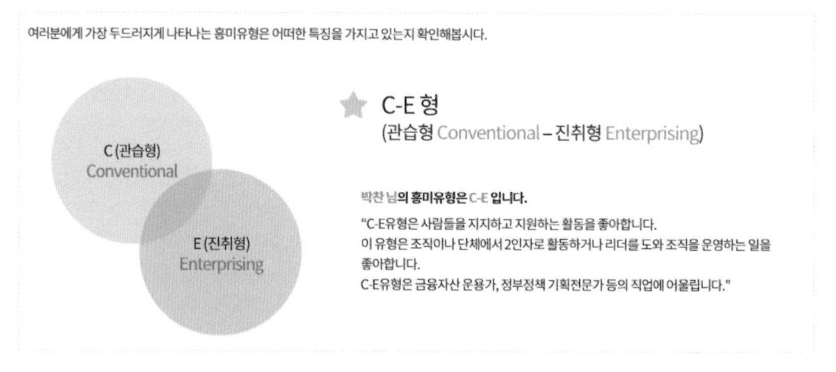

[그림 2-11] 초등학생 고학년용 진로 흥미 검사 결과

중·고등학생이 할 수 있는 진로심리검사는 직업적성검사, 직업성숙도검사, 직업흥미검사(H), 직업가치관검사, 직업흥미검사(K), 진로개발역량검사가 제공됩니다. 이 중 홀랜드 이론을 바탕으로 만들어진 진로 흥미 검사는 직업흥미검사(H)입니다. 직업흥미검사(H)는 홀랜드 이론을 바탕으로 흥미를 6개로 분류하였고 직업군을 17개로 분류하여 선호하는 직업군을 알아볼 수 있게 만들었습니다. 검사 예상 소요 시간은 약 20분이며 중학생은 141개 문항, 고등학생은 130개 문항에 답해야 합니

다. 검사 후 흥미 영역과 선호 직업군별 흥미 정도를 나타내는 프로파일이 제공됩니다. 그중 상대적으로 높은 흥미를 보이는 직업 영역이 제시되고, 관련 직업이 추천됩니다.

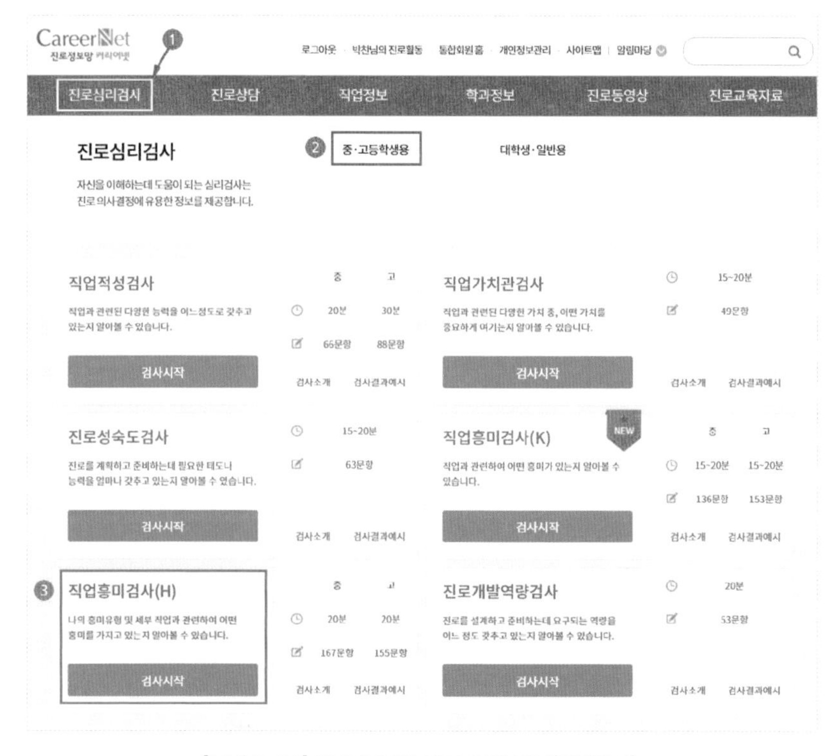

[그림 2-12] 중·고등학생 진로 흥미 검사(커리어넷)

홀랜드 이론에 근거한 검사 결과 6가지 진로 흥미유형별 특성과 유형별 추천 직업은 다음과 같습니다.

[표 2-1] 진로 흥미유형 특성 및 추천 직업

흥미유형	특성	추천 직업
현실형(R)	실제적이고 손으로 무언가를 만드는 데 흥미를 느낀다. 이들은 기술적인 능력과 실용적인 문제 해결 능력을 갖추고 있다.	엔지니어, 기계공, 항공 조종사, 건축가, 소방관, 경찰관, 군인
탐구형(I)	독창적이고 창의적인 활동에 흥미를 느낀다. 이들은 아이디어를 발전시키고 새로운 방법을 찾는 데 능숙하다.	과학자, 연구원, 의사, 약사, 간호사, 교사, 상담사
예술형(A)	예술과 창작에 흥미를 느낀다. 이들은 표현과 감정을 자유롭게 표현하는 능력을 갖추고 있다.	화가, 조각가, 음악가, 배우, 작가, 디자이너, 광고 기획자
사회형(S)	다른 사람들과의 상호작용과 도움을 주는 데 흥미를 느낀다. 이들은 다른 사람들을 이해하고 지원하는 능력을 갖추고 있다.	사회복지사, 상담사, 교사, 간호사, 의사, 변호사, 정치인
진취형(E)	리더십과 영향력을 행사하는 데 흥미를 느낀다. 이들은 타인을 이끄는 능력과 설득력을 가지고 있다.	경영자, 기업가, 마케팅 전문가, 영업사원, 회계사, 변호사, 재무 전문가
관습형(C)	체계적이고 정확한 일에 흥미를 느낀다. 이들은 규칙을 따르고 조직적으로 일하는 데 능숙하다.	사무원, 회계사, 변호사, 재무 전문가, 행정가, 비서, 사서

2) 자신의 특성 정리하기

자신의 흥미유형을 커리어넷의 진로 흥미 검사로 알아보았다면 이것을 쉽게 기억하고 다른 사람들에게 소개할 수 있도록 정리하는 것이 좋습니다. 자신의 흥미와 관심, 강점, 장래 희망 등으로 자신의 특성을 정리할 수 있습니다.

마인드맵의 유형 중 버블맵을 활용하면 자신의 특성을 정리하기 좋습니다. 버블맵은 주제와 관련된 단어, 문구, 이미지 등을 버블로 표현하고, 버블을 연결선으로 연결하여 관계를 나타냅니다. 버블맵은 간단하고 직관적인 특징을 가지고 있어, 아이디어를 정리하거나 문제를 해결하는 데 효과적으로 사용됩니다.

단어 중심으로 간단하게 정리하되 학생들 수준에 따라 마인드맵으로 직접 정리해도 좋습니다. 모든 버블에 내용을 적는 것이 어려운 학생이나 더 많은 내용을 추가하기를 원하는 학생들에게 모두 허용적으로 정리할 수 있도록 합니다.

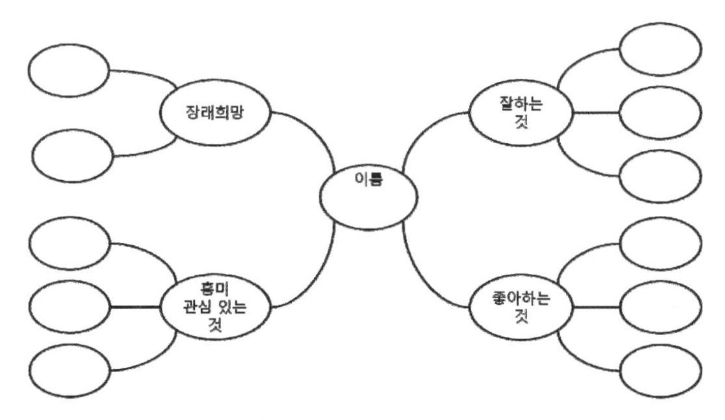

[그림 2-13] 버블맵으로 자신의 특성 정리하기

3) 오토드로우로 자기소개 하기

자신의 특성에 대해 탐색한 것이나 알고 있는 것을 이미지로 표현하면 좋습니다. 이미지는 텍스트보다 더 강력한 시각적 효과를 가지고 있기 때문에 정보를 더 빠르게 전달하고 자기 생각과 감정을 더 효과적으로 표현하는 데 도움이 됩니다. 또한, 이미지는 텍스트보다 더 창의적이고 독창적인 표현을 할 수 있습니다. 자신의 특성을 이미지로 표현함으로써 자신을 더 잘 이해하고, 자신감을 가질 수 있습니다.

자신의 특성을 이미지로 표현하는 것은 다른 사람과 소통하는 데에도 도움이 됩니다. 이미지는 다른 사람과 자기 생각과 감정을 공유하는 데 효과적인 방법이기 때문입니다.

자기 생각을 이미지로 표현하는 데 도움을 주는 인공지능 도구로 오토드로우(AutoDraw)가 있습니다. 오토드로우는 구글에서 개발한 인공지능 기반의 그림 그리기 도구입니다. 스마트폰, 태블릿, PC 등 다양한 디바이스에서 오토드로우를 사용하여 간단한 낙서와 같은 그림만으로도 섬세하고 사실적인 그림을 완성할 수 있습니다.

오토드로우를 교육에 활용하면서 가장 큰 장점은 회원 가입이나 로그인 없이 무료로 쉽게 사용할 수 있어 학생들이 더욱 쉽게 사용할 수 있는 접근성이 좋은 도구라는 점입니다. 초보자도 쉽게 사용할 수 있습니다. 선생님의 설명이 없어도 초등학생도 쉽게 사용할 수 있습니다. 간단한 스케치만으로도 사용자가 원하는 그림을 추천해 주기 때문에 그림을 그리는 방법을 몰라도 쉽게 사용할 수 있고, 완성된 그림을 다운로드할 수 있어 쉽게 공유할 수 있습니다.

오토드로우를 사용하기 위해 오토드로우 사이트(www.autodraw.com)를 입력하거나 검색창에서 '오토드로우'로 검색하여 사이트에 접속합니다. 오토드로우는 별도의 프로그램을 설치할 필요 없이 사이트에 접속하여 바로 사용하는 웹 기반 프로그램입니다.

오토드로우의 여러 메뉴 중 오토드로우 기능이 선택된 상태(① 메뉴 선택)에서 캔버스에 간단한 그림을 그리면 인공지능이 딥러닝을 통해서 사용자의 그림과 연관된 다양한 그림을 위쪽에 추천해 줍니다.

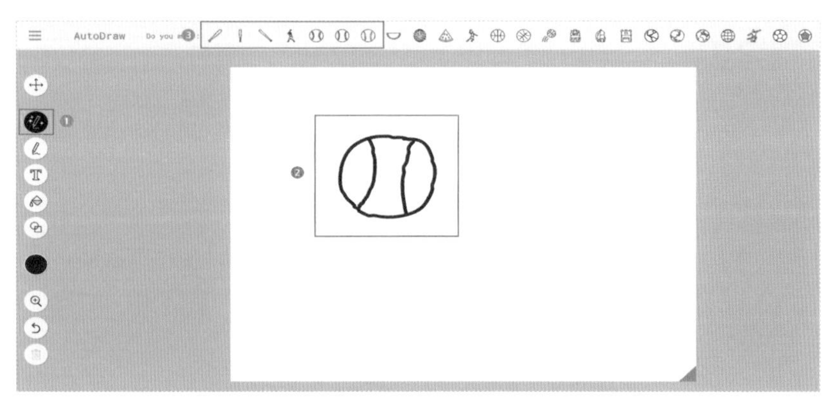

[그림 2-14] 오토드로우 기능으로 그림 그리고 그림 추천받기

원하는 그림을 선택하고 크기와 위치 등을 조정할 수 있으며, 왼쪽 메뉴에서 Fill 기능을 선택하면 그림의 폐곡선 영역을 다양한 색으로 색칠할 수도 있습니다. 글자를 삽입하는 방법은 Text 기능을 선택하여 글씨를 입력하거나 드로우 상태에서 자신이 직접 글씨를 그려서 넣을 수 있습니다.

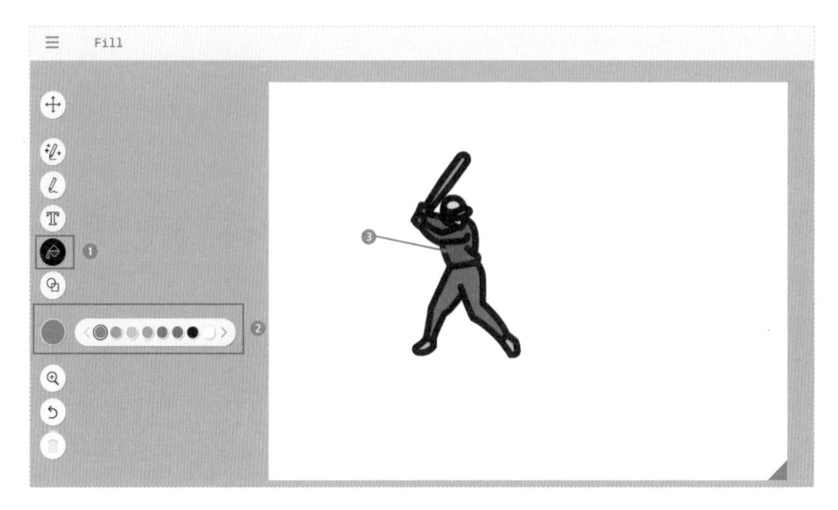

[그림 2-15] Fill 기능으로 그림 색칠하기

오토드로우를 사용하지 않고 학생들이 인포그래픽의 중요성을 이해하고 자신에 대해 소개하는 자료를 직접 만들어보도록 하였습니다.

[그림 2-16] 직접 그린 그림으로 자기소개 자료 만들기

그림을 잘 못 그리는 학생들은 효과적으로 자기 생각을 표현하는 데 어려움을 겪습니다. 그림을 그리기 위해 많은 시간이 걸릴 뿐 아니라 결과물도 좋지 못해 스스로 실망하기도 합니다.

이런 학생들이 오토드로우로 자기를 소개하는 자료를 만들면 짧은 시간 안에 완성도 높은 결과물을 만들 수 있습니다. 자기 생각을 표현하는 데에서 기능의 한계를 인공지능의 도움을 받아 극복할 수 있습니다. 자신을 소개하는 자료를 좋아하는 것, 잘하는 것, 하고 싶은 것 등 다양한 방식으로 제작합니다.

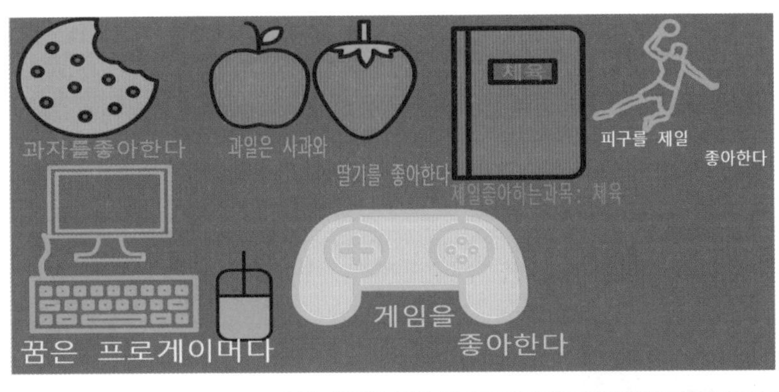

[그림 2-17] 오토드로우로 자기소개 하기

커리어넷에서 실시한 진로 흥미 탐색 검사 결과를 오토드로우로 정리하는 것도 좋습니다. [그림 2-18]은 진로 흥미유형 검사 결과가 RC형인 학생의 추천 직업을 오토드로우로 정리한 사례입니다. 이미지로 정리하면 기억에 오래 남고 정보 전달력이 뛰어납니다.

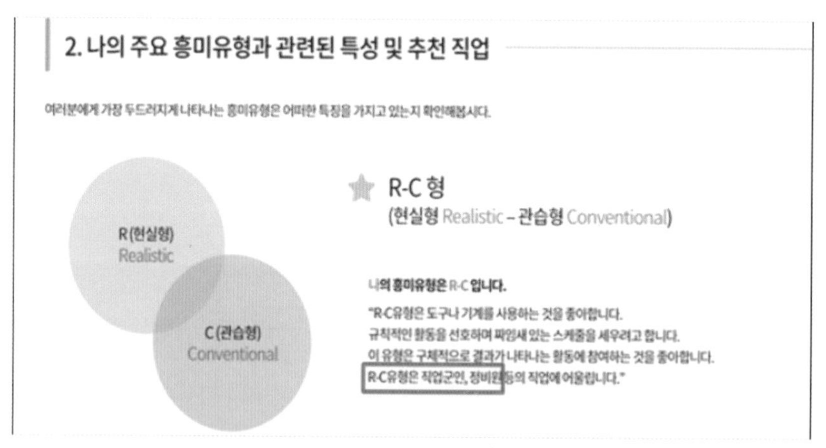

[그림 2-18] 진로 흥미 검사 결과 오토드로우로 이미지화하기

4) 자기소개 자료 공유하기

자기를 소개하는 자료를 학급 누리집이나 패들렛과 같은 곳에 공유할 수 있습니다.

[그림 2-19] 자기소개 자료 공유하기

친구들에게 자기소개 자료를 공유하고 발표하는 활동은 사회정서 측면에서 여러 가지 긍정적인 효과를 얻을 수 있습니다. 먼저 자기소개 자료를 공유하면서 창의적이고 새로운 방식으로 자신을 표현한 친구들의 아이디어를 보며 배움의 기회를 가질 수 있습니다. 그리고 자신과 다른 학생들의 공통점과 차이점을 알고 서로에게 관심을 가질 수 있습니다. 이것은 친구들과 친밀감 및 사회적 연결을 강화합니다. 또한, 여러 사람 앞에서 자신이 만든 자료로 자기소개를 하면서 자기표현 능력을 향상할 수 있습니다. 아울러 다양한 배경과 관심을 가진 친구에 대한 존중과 이해가 높아지게 됩니다.

5) 흥미유형 탐색이 사회정서학습에 미치는 영향

자기 흥미유형을 파악하고 이것을 그림으로 표현하며 발표하는 활동은 학생들에게 다양한 긍정적 영향을 미칩니다. 이러한 활동은 학생들이 자기 인식을 강화하고 타인과 소통할 때 필요한 능력을 키우는 데 도움이 됩니다.

자기 인식의 측면에서는 학생들이 자신의 흥미와 성향을 명확하게 이해하게 됩니다. 다양한 흥미 활동을 통해 자아를 탐색하고 강점과 약점을 인식함으로써 개인적 성장에 도움을 주며, 긍정적인 자아상을 형성하는 데 도움을 줍니다. 또한, 발표를 통해 학생들은 자기 생각과 감정을 자유롭게 표현할 기회를 가지게 되어 자신감이 증가할 수 있습니다.

이러한 활동은 학생들 간에 타인의 이해와 존중을 촉진합니다. 흥미를 공유하고 발표하면서 학생들은 서로를 더 잘 이해하게 되며, 다양성에 대한 이해와 협력적인 태도를 키워줍니다. 비슷한 흥미를 가진 친구들과 소통하고 교류함으로써 사회적 관계도 발전할 수 있습니다.

그뿐 아니라 자기 흥미유형을 이해하는 과정은 진로 및 학습 방향성을 제시하는 데에도 도움이 됩니다. 학생들은 자신의 흥미와 관련된 분야를 더 깊이 알아가고자 하는 동기부여를 얻을 수 있으며, 미래에 대한 목표를 설정하고 실현하기 위한 계획을 세울 수 있습니다.

또한 그림으로 표현하고 발표하는 과정은 창의성을 촉진합니다. 시각적 표현을 통해 학생들은 창의적인 아이디어 발전과 문제 해결 능력을 키우게 되어 미래에 직면할 다양한 도전에 대처하는 데 도움을 줍니다.

자기 인식 역량

3. AI로 내 감정과 친해지기

들어가며

우리는 매일 다양한 감정을 느끼며 살아갑니다. 주변의 친구가 "지금 기분이 어때?"라고 물었을 때, 내 기분이 어떤지 정확히 설명하지 못하는 경우가 간혹 있습니다. 누군가는 "네 기분을 왜 몰라?"라고 한심한 듯 말하기도 하지만 생각보다 내 진짜 감정을 아는 것은 쉽지 않습니다. 원만한 인간관계를 유지하기 위해 많은 사람들이 자신의 감정을 숨기거나 억제하기 때문에 정작 자신이 느끼는 감정을 잘 모르기도 하고 혹은 그 감정을 제대로 표현하지 못하거나 과도하게 표현하기도 합니다.

따라서 나의 상황을 제대로 파악하고 그 속에서 내가 느끼는 감정을 알아차리는 것은 매우 중요합니다. 건강한 마음은 바로 내 감정을 잘 알아차리고 내 속의 다양한 감정을 수용할 수 있을 때 생깁니다. 그것이 부정적이든 긍정적이든 모두 잘 느낄 수 있어야 내 감정을 존중할 수 있고, 나아가 다른 사람의 감정을 이해하고 공감할 수 있어 평화로운 인간관계를 맺을 수 있습니다.

이번 시간에는 내 감정과 마주하고 받아들이는 것이 어렵게 느껴질 때, 애니메이티드 드로잉(Animated Drawings)이라는 인공지능 프로그램을 활용하여 자신을 표현해 보는 활동을 통해 내 감정과 조금 더 친해지는 시간을 가져보도록 하겠습니다.

1) 여러 가지 감정 살펴보기

사람들은 의외로 자신의 감정과 친해지지 못하는 경우가 많습니다. 자신의 감정을 잘 모르거나 무시 혹은 억압하는 경우가 많기 때문입니다. 만약 사람의 마음속을 투명하게 들여다볼 수 있다면 어떤 일이 일어날까요?

영화 〈인사이드 아웃〉은 사람의 마음속에서 일어나는 일들을 재미있게 상상한 영화입니다. 주인공 소녀 라일리의 머릿속에 살고 있는 감정을 기쁨이, 슬픔이, 버럭이, 까칠이, 소심이 등 5가지 살아 있는 캐릭터로 설정하여, 우리 생각과 행동을 좌우하는 감정의 역할을 실감 나게 잘 표현하였습니다. 이는 영화의 과학 자문을 맡았던 폴 에크만이 주장한 인간의 기본 감정인 기쁨, 슬픔, 분노, 혐오, 두려움을 각각 5가지 캐릭터로 형상화한 것입니다.

이 영화는 감정의 중요성을 강조합니다. 주인공의 다양한 감정을 탐구하며, 어떤 감정도 '좋다'거나 '나쁘다'라고 판단되는 것이 아니라 각각의 감정이 우리 삶에서 중요하고 유용한 역할을 한다는 점을 상기시켜 줍니다. 어떤 감정이든 우리가 느끼는 모든 감정을 인정하고 수용하는 과정을 통해 '진짜 나'를 이해하며 나를 성장시킬 수 있음을 보여줍니다.

위와 같이 감정은 다양한 얼굴을 가지고 있습니다. 일상생활에서 기분을 물으면 기쁨, 슬픔, 두려움, 걱정 등과 같은 흔히 한 단어로 간단하게 감정을 답하곤 합니다. 그러나 간단한 단어로 나의 복잡한 감정 상태를 표현하기에는 매우 부족해 보입니다. 나의 복잡하고 미세한 감정들을 표현할 수 있는 더 많은 감정 단어가 필요합니다. 물론 사람마다 감정의 결이 조금씩 다르고 상황에 따라 감정을 표현하는 방법이 다를 수 있지만, 감정 단어를 익히며 나의 감정 상태를 알아보는 시간은 꼭 필요합니다. 다양한 감정에 이름을 붙여주며 감정의 실체를 찾아가는 활동을 통해 감정의 미묘한 차이를 구별한다면 나의 감정을 더 잘 이해하는 데 도움이 될 것입니다.

감정의 종류를 알아보겠습니다. 먼저 하버드대학교의 심리학자 수전 데이비드의 감정 분류(goo.gl/2AsTCF)를 살펴보면, 그는 분노, 슬픔, 걱정, 상처, 당황, 행복 등 6가지 감정을 각각 9개로 세분화하였습니다.

angry 분노	Sad 슬픔	Anxious 불안	Hurt 상처	Embarrassed 당황	Happy 기쁨
Grumpy 툴툴대는	Disappointed 실망한	Afraid 두려운	Jealous 질투하는	Isolated 격리된	Thankful 감사하는
Frustrated 좌절한	Mournful 비통한	Stressed 스트레스 받는	Betrayed 배신당한	Self-conscious 시선 의식하는	Trusting 믿는
Annoyed 짜증내는	Regretful 후회되는	Vulnerable 취약한	Isolated 격리된	Lonely 외로운	Comfortable 편안한
Defensive 방어적인	Depressed 우울한	Confused 헷갈리는	Shocked 충격 받은	Inferior 열등한	Content 만족한
Spiteful 악의적인	Paralyzed 마비된	Bewildered 당혹스러운	Deprived 궁핍한	Guilty 죄책감의	Excited 흥분한
Impatient 안달하는	Pessimistic 염세적인	Skeptical 회의적인	Victimized 희생된	Ashamed 부끄러운	Relaxed 느긋한
Disgusted 구역질 나는	Tearful 눈물이 나는	Worried 걱정스러운	Aggrieved 억울한	Repugnant 혐오스러운	Relieved 안도하는
Offended 노여워하는	Dismayed 낭패한	Cautious 조심스러운	Tormented 괴로워하는	Pathetic 한심한	Elated 신이 난
Irritated 성가신	Disillusioned 환멸을 느끼는	Nervous 신경 쓰이는	Abandoned 버려진	Confused 헷갈리는	Confident 자신하는

[그림 2-20] 수전 데이비드의 감정 분류
(www.mk.co.kr/news/columnists/8224699)

이 외에도 분류하는 방법은 많이 있지만 일반적인 느낌을 표현하는 감정 분류를 한 가지 더 제시하고자 합니다. 제시된 감정 분류는 학교에서 많이 사용되는 감정 분류 방법으로, 이에 근거하여 학생들에게 자신이 느끼는 감정과 비슷한 감정을 찾아보게 합니다. 감정 분류를 바탕으로 지금 내 감정과 유사한 감정 단어를 찾다 보면 내 감정이 보내는 신호를 손쉽게 파악할 수 있을 것입니다. 이를 통해 '진짜 나'의 내면세계에 한 발짝 더 가깝게, 더 깊이 다가갈 수 있는 기회를 가질 수 있습니다.

<일반적인 느낌 표현>

감격스럽다	걱정스럽다	고맙다	괜찮다	괴롭다
궁금하다	귀엽다	그립다	기쁘다	나쁘다
놀라다	다행스럽다	달콤하다	답답하다	당황스럽다
두렵다	따분하다	무겁다	무섭다	미안하다
밉다	반갑다	벅차다	보고 싶다	부끄럽다
부담스럽다	불쌍하다	불안하다	불쾌하다	불편하다
불행하다	뿌듯하다	사랑하다	산뜻하다	상쾌하다
상큼하다	서럽다	설레다	속상하다	슬프다
신기하다	신나다	심술 나다	쓸쓸하다	아프다
안쓰럽다	안타깝다	야속하다	어이없다	억울하다
얼떨떨하다	예쁘다	외롭다	용감하다	우습다
울적하다	원망하다	유쾌하다	자랑스럽다	정겹다
조마조마	좋다	즐겁다	짜증스럽다	찝찝하다
찡하다	창피하다	철렁하다	초조하다	통쾌하다
편안하다	평화롭다	행복하다	허무하다	허전하다
허탈하다	화나다	후련하다	훈훈하다	흐뭇하다

[그림 2-21] 일반적인 느낌 표현
(blog.naver.com/e85aopl3g7c/223289244254)

2) 나의 감정이 표현된 캐릭터 그리기

사회·정서적 능력을 키우기 위해서는 자신의 감정을 인식하고 이해하는 과정이 중요합니다. 자신의 감정을 잘 구별하고, 자신의 감정을 적절하게 잘 표현할 수 있어야만 다른 사람의 감정을 이해하고 공감할 수 있습니다.

(1) 감정 카드로 나의 감정 찾아보기

감정 카드는 우리가 느끼는 감정 단어와 이미지가 조합되어 있는 카드입니다. 주로 일상에서 학생들의 감정을 적절한 언어로 표현하거나 다른 사람의 감정을 이해하는 데 유용합니다.

[그림 2-22] 예시 자료: 옥이샘 감정툰 카드(oktoon.net/284)

먼저 '감정 카드'를 가지고 감정 나누기 게임을 먼저 합니다. 이 활동은 '나의 감정 알아보기' 활동으로, 모둠 활동(2~4명)으로 이루어집니다. 게임 방법은

① 감정 카드를 모두 펼쳐 놓습니다.

② 먼저 모둠원 중 한 명이 자신과 가장 관련 있는 카드를 하나 고릅니다.

③ 그 카드를 고른 이유나 경험 등을 설명합니다. 그리고 이때 느꼈던 나의 감정을 정확히 표현해 줍니다.

④ 고른 카드가 부정적 상황이라면, 그 감정을 극복할 수 있는 긍정적인 감정 카드 하나를 더 고릅니다.

⑤ 한 명씩 돌아가며 모든 구성원이 같은 과정을 반복합니다.

(2) 나만의 감정 캐릭터 그리기

앞의 활동에서 내가 표현하고 싶은 감정을 찾았다면 이번에는 내가 느낀 감정을 표현하기 위해 다양한 얼굴 표정을 그려봅니다. 얼굴 표정은 '사람의 감정을 보여주는 창'이므로 여러 번 연습하여 내 감정과 가장 잘 어울리는 표정을 찾습니다. 그리고 캐릭터를 그릴 때 자신의 모습이 잘 드러날 수 있도록 최대한 인간의 몸과 비슷하게 그려줍니다. 우리가 사용하는 인공지능 툴은 동물이나 식물 혹은 물건 등의 다양한 형태도 인식할 수 있어 여러 유형의 캐릭터로도 표현할 수 있습니다. 다만, 내가 그린 캐릭터를 가지고 인공지능 프로그램을 적용할 것이므로 몇 가지 유의 사항을 지키며 내 캐릭터를 그려줍니다.

- 팔을 몸통 옆에 붙이지 않으며, 팔다리는 각각 서로 떨어지게 그립니다.
- 옷을 그릴 때 몸통과 팔다리를 잘 구분할 수 있도록 그립니다.
- 몸통 옆면, 양쪽 팔다리의 길이를 비슷하게, 균형감 있게 그립니다.
- 캐릭터가 눈에 잘 띄도록 그림은 밝고 색감은 선명한 것이 좋습니다.
- 배경은 아무것도 없는 흰 도화지를 사용하는 게 좋습니다.

[그림 2-23] 나만의 캐릭터 그리기 예시 자료

위의 예시 자료 (가)와 (나)는 학생들이 그린 자료이고, (다)는 예시 자료입니다. 공통점은 팔을 몸통 측면에 붙이지 않았으며, 팔과 다리가 서로 붙어 있지 않다는 것입니다. (가)와 (다)처럼 그리면 인공지능을 적용했을 때 내 캐릭터가 자연스럽게 잘 움직입니다. 그러나 (나)의 경우 몸통과 팔이 부분적으로 붙어 있어 한 덩어리로 인식되므로 팔과 몸통 부분의 움직임이 부자연스러울 수 있습니다.

3) 애니메이티드 드로잉(Animated Drawings)

'애니메이티드 드로잉'(Animated Drawings)은 '메타'가 공개한 인공지능 도구입니다. 이 도구는 어린이들이 낙서처럼 그린 그림을 AI가 자동으로 움직이는 캐릭터로 만드는 기능을 제공합니다.

이 도구는 따로 프로그램을 설치할 필요도 없고, 학생들이 그린 그림을 찍은 사진 파일만 있으면 되기 때문에 사용하기 편리합니다. 또한, 학생들이 그린 그림을 분석해 골격 관절을 인식하는 기술 등 다양한 기술이 더해져 그림을 움직이게 만들어 줍니다.

이제 애니메이션을 만드는 과정에 대해 알아보겠습니다.

(1) 사이트 접속하기

검색창에서 '애니메이티드 드로잉'을 검색하고 'Animated Drawings'를 클릭해 해당 사이트를 열어줍니다. 별도의 로그인이나 회원 가입은 필요 없으며, 해당 페이지에서 'Get Started'를 눌러 시작합니다.

[그림 2-24] 애니메이티드 드로잉 시작하기

(2) 그림 업로드하기

이제 앞에서 그린 내 캐릭터 그림 파일을 올려야 합니다. 하얀 배경에 캐릭터를 중심으로 그려진 그림 파일을 가지고 옵니다. 파일이 준비되었으면 'Upload Photo' 버튼을 클릭하여 해당 이미지를 업로드하면 됩니다.

올리기 전에 다음과 같은 사항을 점검하여 주면 좋습니다.

- 선, 주름, 찢어진 부분이 없는 흰색 종이의 캐릭터가 그려져 있는지 확인합니다.
- 그림의 조명이 밝은지 확인합니다. 그림자를 최소화하려면, 카메라를 더 멀리 들고 그림을 확대하여 사진을 찍습니다. 어두우면 예쁘지 않습니다.

- 식별 가능한 정보, 불쾌감 주는 콘텐츠 또는 저작권을 침해하는 그림은 포함하지 않습니다.
- 데모 이미지 또는 예시 이미지도 사용할 수 있습니다.

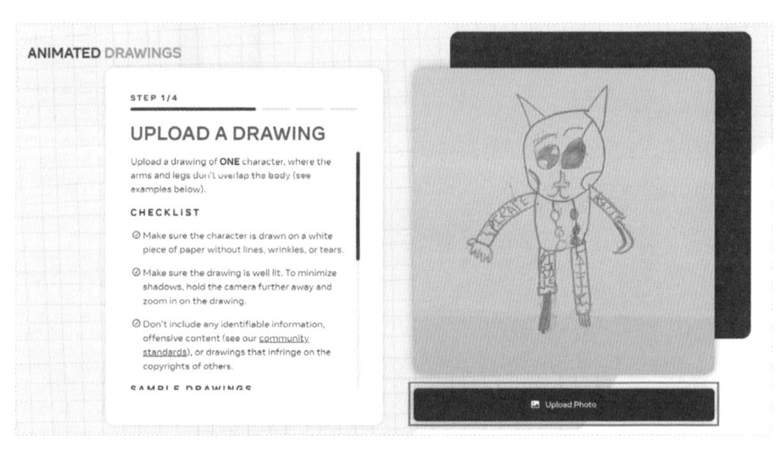

[그림 2-25] 그림 업로드 버튼 클릭하기

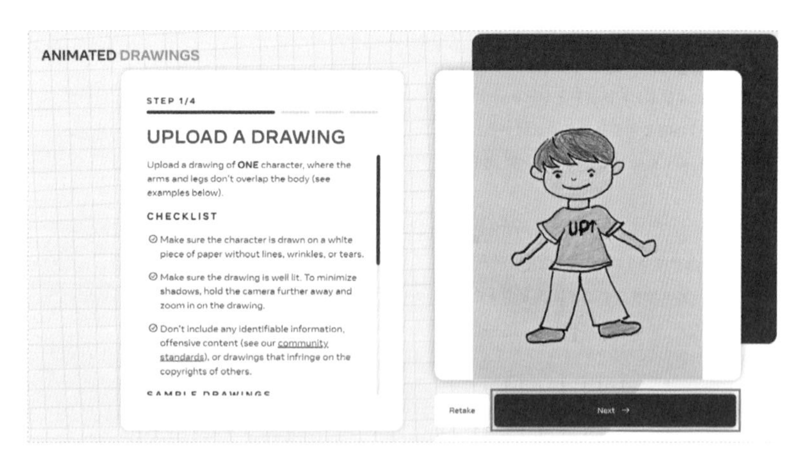

[그림 2-26] 내 그림 업로드하기

그림을 업로드한 후에 그림을 연구 자료로 사용하겠다는 내용에 동의합니다.

[그림 2-27] 동의서에 동의하기

(3) 이미지 속 캐릭터 지정하기

캐릭터를 원하는 부분까지 박스 크기로 지정하고 'NEXT'를 클릭합니다.

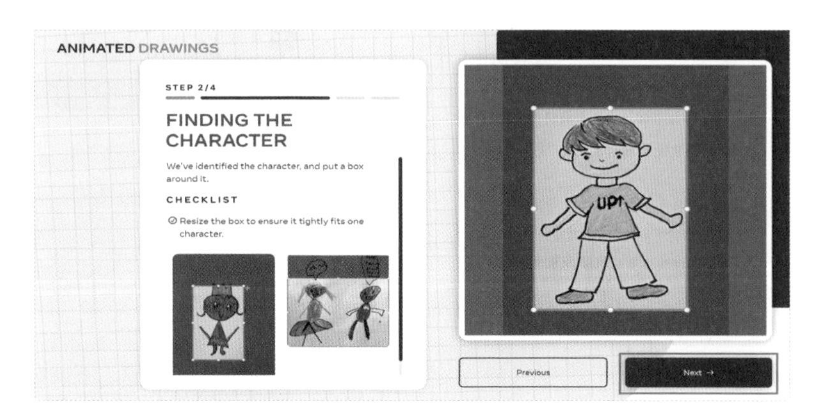

[그림 2-28] 원하는 크기로 조절하기

(4) 캐릭터 수정하기

그림 아래의 도구 버튼을 이용하여 필요한 부분을 추가하거나 필요 없는 부분을 제거할 수 있습니다. 연필 도구를 클릭해 추가하고자 하는 부분을 선으로 그리거나 반대로 지우개 도구를 사용하여 불필요한 부분을 제거합니다. 동그라미의 크기는 그리거나 제거하는 부분의 크기에 따라 선택하여 사용합니다. 만약 두 다리가 붙어 있다면 한 덩어리로 인식되어 움직임이 이상해질 수 있으니 자연스러운 움직임을 위해서는 수정 작업을 꼼꼼하게 잘해야 합니다.

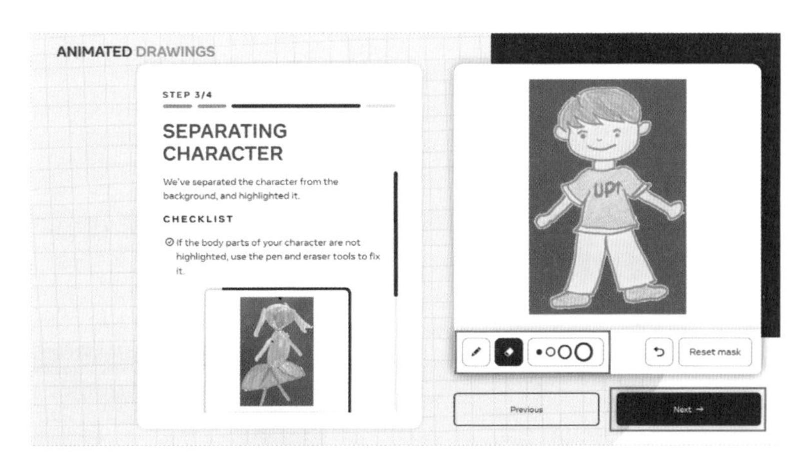

[그림 2-29] 캐릭터 수정하기(추가 및 제거)

(5) 움직이는 그림 관절 조정하기

그림도 움직이기 위해서는 사람처럼 관절이 필요합니다. 관절은 캐릭터의 얼굴과 몸에 골고루 퍼져 있으며, 관절의 연결점 위에 마우스를 놓으면 관절의 위치가 표시됩니다. 캐릭터가 자연스럽게 움직이기 위해서는 얼굴의 중심과 몸의 관절 위치를 지정해 주는 작업이 필요합니다. 툴에서 자동으로 관절의 위치를 지정해 주지만 필요한 경우 관절의 위치와 각도를 조절할 수 있습니다.

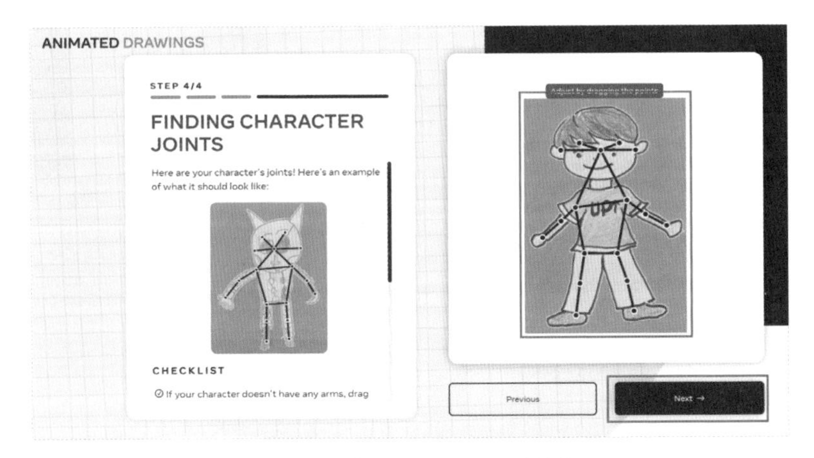

[그림 2-30] 관절의 움직임 지정하기

(6) 원하는 애니메이션 선택하기

왼쪽 화면에 캐릭터를 움직이게 하는 여러 가지 애니메이션이 있습니다. 내 캐릭터의 감정과 잘 어울리는 애니메이션을 선택하면 캐릭터가 해당 애니메이션에 맞게 움직이게 됩니다. 내 캐릭터가 춤을 추고, 걷고, 점프하고, 재밌는 동작을 하는 등 귀여운 모습을 보면서 내 캐릭터가 살아 움직이는 것 같은 재미있고 신기한 경험을 할 수 있습니다. 다양한 애니메이션이 있으니까 'Fix' 버튼을 눌러 수정해 가면서 내 마음에 드는 움직이는 캐릭터를 완성합니다.

한 번의 작업에 영상 하나를 만들 수 있으나 시간이 비교적 짧게 걸리므로 여러 번의 작업을 통해 마음에 드는 캐릭터를 만드는 것도 재미있을 것 같습니다.

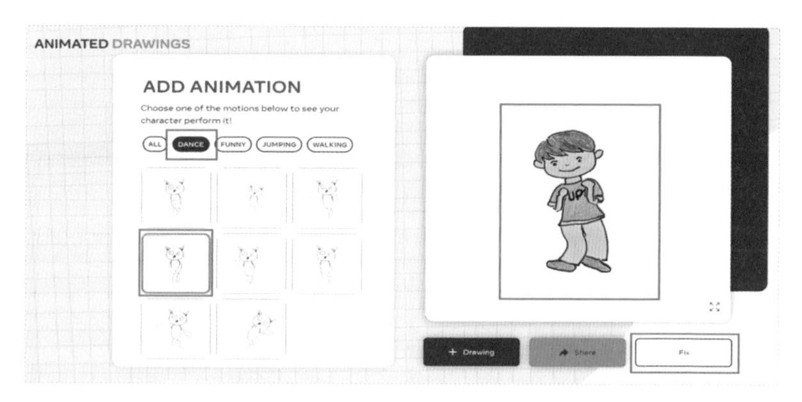

[그림 2-31] 애니메이션 선택하기

(7) MP4로 저장하기

내 캐릭터를 MP4 파일로 저장하려면 먼저 화면 오른쪽 하단 확장 버튼 클릭 → 영상 오른쪽 하단 더 보기 버튼 클릭 → 다운로드 버튼을 클릭하면 됩니다.

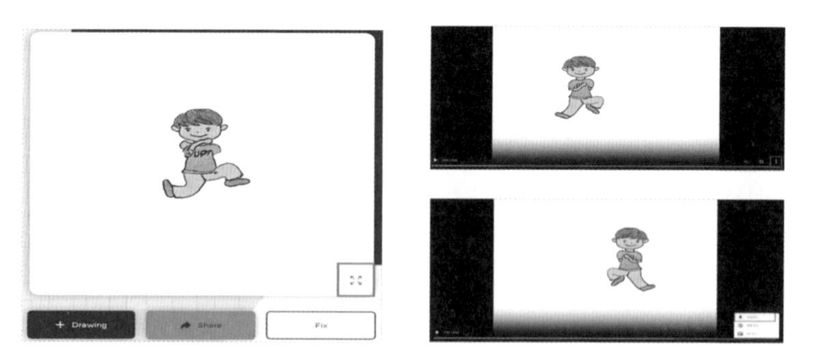

[그림 2-32] mp4 파일로 움직이는 캐릭터 저장하기

(8) 링크 공유하기

아래 그림처럼 완성된 애니메이션의 링크를 복사해서 다른 사람에게 보낼 수도 있습니다. ‘Share’ 버튼 클릭 → 공유 창에서 ‘링크 복사’ 하여 공유합니다.

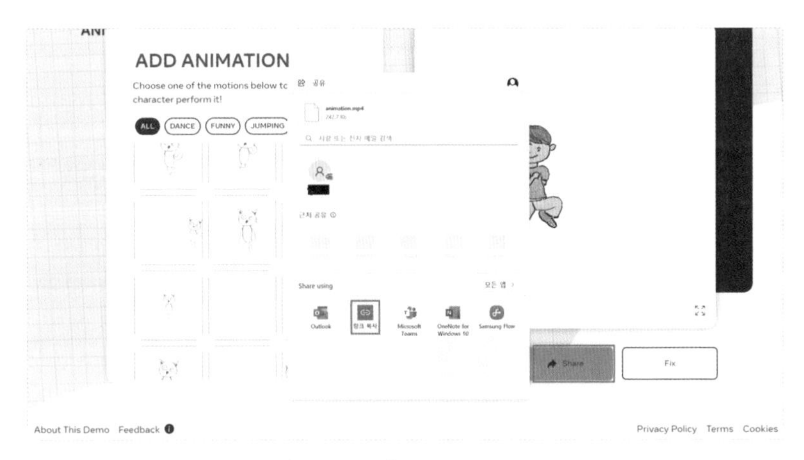

[그림 2-33] 링크 공유하기

4) 나만의 움직이는 캐릭터 공유하기

나만의 움직이는 캐릭터 작품을 학급 패들렛에 올려서 공유합니다. 내가 만든 캐릭터를 공유하면서 나 자신과 친구들에게 더 많은 관심을 가지는 계기가 되고, 친구들의 캐릭터를 하나하나 살펴보면서 그 친구가 어떤 사람인지 생각해 보는 기회를 제공할 수 있습니다. 또한, 서로의 작품에 댓글을 남기며 작품에 대한 칭찬과 의견을 나누고 실시간 소통을 할 수 있는 장점도 있습니다. 이를 통해 학생들은 자신의 감정을 인식하고 표현하는 능력뿐만 아니라 다른 사람의 감정을 이해하고 공감하는 능력을 향상시킬 수 있습니다.

[그림 2-34]의 패들렛에 공유된 작품들은 초등학교 3학년 학생들 작품입니다. 먼저 학생들에게 감정카드를 주고 자신의 감정을 찾아보는 활동을 하였습니다. 편안한 분위기 속에 진행되어 처음에 자신의 감정을 말하는 데 머뭇거리던 학생들도 나중에는 자신의 감정을 편하게 말할 수 있었습니다. 이후 자신의 감정 캐릭터를 그릴 때 평소 연습장에 끄적거리던 낙서처럼 간단하게 그리게 하였습니다. 이는 그림에 대한 부담을 줄여주었을 뿐만 아니라, 이 그림이 어떻게 움직이는 그림이 될지에 대한 흥미를 불러일으켜 자신의 캐릭터가 움직였을 때 학생들이 즐겁게 환호하는 모습을 볼 수 있었습니다. 간단하고 쉬운 활동이지만 학생들이 자신의 감정을 표현하는 데 적절한 도구가 되고 이를 통해 자신과 친구들에 대해 더 큰 관심을 갖게 되는 시간이 되었습니다.

[그림 2-34] 나만의 움직이는 캐릭터 공유하기

5) AI 감정 캐릭터 만들기가 사회정서학습에 미치는 영향

애니메이티드 드로잉으로 자신의 감정 캐릭터를 만드는 활동은 사회정서학습에 다양하고 긍정적인 영향을 미칠 수 있습니다.

우선 캐릭터를 만들 때 나의 다양한 감정을 알아보고 표현하는 과정에서 자연스럽게 내 감정을 인식하고 이해하는 능력이 향상될 수 있습니다. 이는 자신뿐만 아니라 다른 사람들의 감정을 이해하는 데에도 도움이 됩니다.

또한, 감정 캐릭터를 만드는 과정에서 창의성이 발현될 수 있습니다. 나의 감정을 잘 드러나도록 어떻게 그려야 할지 고민하고 나만의 스타일로 그리는 과정에서 창의성과 예술성이 발현됩니다.

그리고 캐릭터를 통해 자신의 감정을 표현하면서 나를 표현하는 능력이 강화되고 자아 인식 능력 또한 증진될 수 있습니다. 감정을 캐릭터로 만드는 과정에서 내 감정을 더 깊숙이 들여다보는 통찰력을 얻을 수 있고, 이를 통해 나의 감정과 행동을 조절하는 측면에서도 성장할 수 있습니다.

마지막으로, 다른 사람들과 나만의 감정 캐릭터를 공유하고 의견을 나누는 것은 사회적 의사소통과 공감 능력을 향상시킬 수 있습니다. 이는 서로 다른 사회적 배경과 문화를 지닌 다양한 사람들과 서로의 감정과 경험을 공유하면서 서로 연결되고 서로 이해하며 소통하는 데 도움을 줍니다.

자기 관리 역량

4. Notion으로 기록하는 습관 만들기

들어가며

연말연시에 서점이나 온라인 마켓 상위에 항상 등장하는 것이 있습니다. 무엇일까요? 바로 다이어리입니다. 많은 프랜차이즈 카페에서는 연말 행사를 통해 제작 다이어리를 제공하고 있으며, 이를 구하기 위해 음료의 값보다 더 비싼 가격을 주고 다이어리를 구매하는 이들도 적지 않습니다. 사람들은 각각의 이유로 다이어리를 구매합니다. 일상을 기록하기 위함도 있고 업무의 효율성을 높이고 기억해야 하는 내용을 잊지 않기 위해 기록하기 위함도 있습니다.

여전히 종이로 된 다이어리를 찾는 이들도 많지만, 요즘은 애플리케이션을 통해 메모하고 기록하는 사람의 수도 많아졌습니다. 온라인으로 기록하는 것의 장점은 무엇일까요? 첫째, 언제 어디서나 휴대폰을 통하여 기록한 것을 찾아볼 수 있습니다. 둘째, 사진이나 영상을 함께 기록하는 데 매우 용이합니다. 셋째, 언제 어디서나 기록이 가능합니다. 넷째, 분실이나 파손의 위험이 없습니다. 페이퍼리스(Paperless) 문화가 확대되고 있는 만큼 디지털 네이티브(Digital Natives)인 학생들은 온라인에 자신의 일상을 기록하고 관리하는 것에 익숙합니다. 그러나 SNS에 자신의 일상을 기록하고 공유하는 것과는 달리, 자신의 할 일을 계획하고 실천 내용을 기록하며 이를 돌아보는 과정에는 서툴고 어려움을 느끼는 학생이 많습니다. 자신에게 적절한 목표를 세우고 이를 실천하고 기록하는 과정은 해야 할 일을 달성하는 것뿐만 아니라 올바른 자기 관리 습관을 기를 수 있는 방법이기도 합니다. 온라인 플랫폼 Notion을 사용하여 자신의 일정을 기록하고 메모하는 습관을 통해 자기 관리 역량을 함양해 볼 수 있습니다.

1) ChatGPT와 생활 목표 설정하기

(1) 생활 목표 설정의 중요성

올해의 목표 혹은 여름방학 계획 등을 작성하다 보면 의외로 목표를 설정하는 데 어려움을 겪는 학생들이 많습니다. 공부 열심히 하기, 운동하기 등 추상적인 계획을 설정하는 경우가 대부분이고, 자신의 실천을 돌아보는 활동을 할 때면 자신의 목표가 무엇이었는지조차 기억하지 못하는 경우도 있습니다. 목표를 실천하기 위해서는 무엇보다 실천할 수 있고 구체적인 목표를 설정하는 것이 중요합니다. 실천 가능한 목표를 정하면 실천하고자 하는 도전 의식이 생기고, 실천을 기록하고 되돌아보는 과정을 통해 스스로를 이해하고 더 나아가 자기 관리 습관을 지닐 수 있습니다. 이와 같은 연습이 된 학생은 자신의 인생을 계획하고 통제할 힘을 가지게 되며 자신에 대한 높은 이해도와 자신감으로 이어지게 됩니다. ChatGPT를 활용해 자신의 목표를 구체적으로 정해 보도록 하겠습니다.

(2) ChatGPT를 활용하여 생활 목표 설정하기

ChatGPT를 활용하여 생활 목표를 설정해 보겠습니다. ChatGPT 연령 제한에 따라 18세 미만이거나 부모님의 동의를 받지 않은 14~18세 미만의 학생은 뤼튼을 사용해야 합니다. 뤼튼의 사용 방법은 '사회적 인식 역량: 세계문화지도 만들기' 챕터에 안내가 되어 있으므로 ChatGPT에서 사용했던 프롬프트를 뤼튼에서도 동일하게 사용하면 됩니다. 검색엔진에서 ChatGPT를 검색하여 오픈AI의 ChatGPT 서비스 홈페이지 (openai.com/blog/chatgpt)에 접속합니다.

[그림 2-35] ChatGPT 번역 및 로그인

① 상태 바 상단의 언어 번역 버튼을 클릭하여 한국어로 번역합니다.

② 로그인 버튼을 클릭합니다.

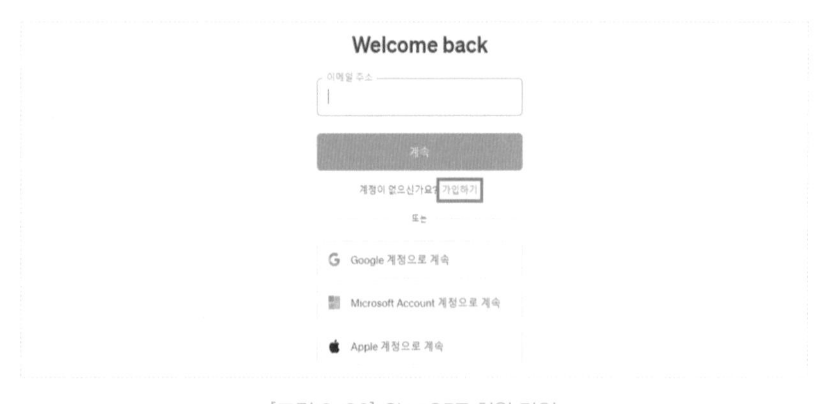

[그림 2-36] ChatGPT 회원 가입

로그인 버튼을 클릭하여 회원 가입을 합니다. 구글 계정, 마이크로소프트 계정, 애플 계정으로 로그인이 가능하며, 새롭게 회원 가입도 가능합니다.

OpenAI
채팅GPT →
대화형 인터페이스에서 주력 언어 모델과 상호 작용
API →
OpenAI 모델을 애플리케이션이나 비즈니스에 통합

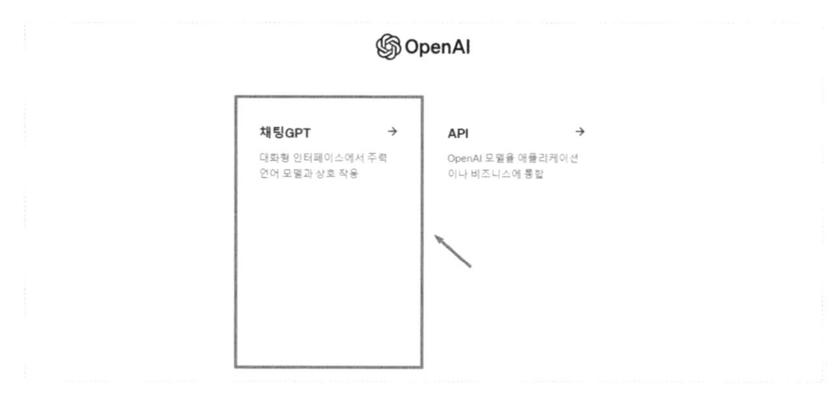

[그림 2-37] 채팅GPT

로그인하면 다음의 화면으로 전환됩니다. 채팅GPT와 API 중 채팅GPT를 선택합니다.

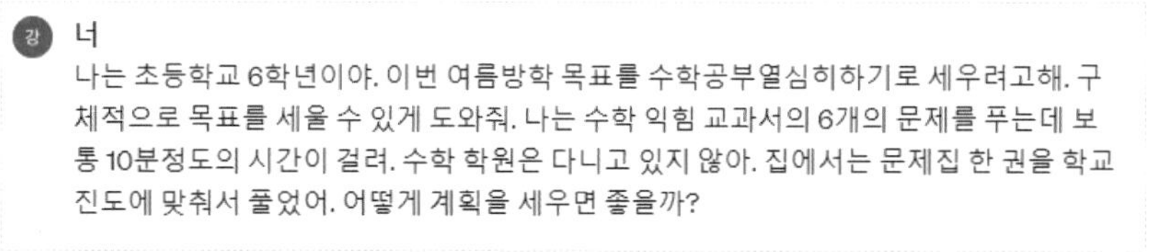

너
나는 초등학교 6학년이야. 이번 여름방학 목표를 수학공부열심히하기로 세우려고해. 구체적으로 목표를 세울 수 있게 도와줘. 나는 수학 익힘 교과서의 6개의 문제를 푸는데 보통 10분정도의 시간이 걸려. 수학 학원은 다니고 있지 않아. 집에서는 문제집 한 권을 학교 진도에 맞춰서 풀었어. 어떻게 계획을 세우면 좋을까?

[그림 2-38] 예시 프롬프트: 공부 열심히 하기

ChatGPT와 실천 목표를 설정하기 위한 대화를 시작합니다. 우선, 대화하는 사람의 학년과 배경에 대한 설명이 필요합니다. 그래야 사용

자에게 최적화된 답변을 제공해 줍니다. '공부 열심히 하기' 계획을 구체화하는 과정의 예시 프롬프트는 다음과 같습니다.

자신의 학년과 목표를 이야기합니다. 목표와 관련된 과목의 성적이나 문제를 푸는 데 걸리는 시간, 학습 방법 등 자세하게 자신의 상황을 적습니다.

좋아, 수학 공부 목표를 세우고 계획을 짜는 데 도움을 드리겠습니다. 아래는 몇 가지 단계별 계획입니다.

1. 목표 설정:
 - **장기 목표:** 여름방학 동안 수학 실력 향상을 목표로 세워보세요.
 - **단기 목표:** 예를 들어, 각 주에 얼마나 많은 문제를 풀 것인지 결정해보세요.

2. 주 단위 계획:
 - **주당 목표 설정:** 예를 들어, 주당 50문제 정도 푸는 것으로 시작해보세요.
 - **난이도 조절:** 처음에는 현재 수준에 맞게 문제를 선택하되, 점차 어려운 문제에 도전해보세요.

3. 일일 계획:
 - **시간 분배:** 하루에 얼마나 시간을 할애할 수 있는지 고려해보세요. 학습량에 따라 1~2시간 정도가 적당할 것입니다.
 - **문제 푸는 시간:** 문제집을 풀 때, 10분 정도의 시간이 걸리므로, 하루에 6-12문제 정도를 목표로 해보세요.

4. 집중과 휴식 균형:
 - **집중 시간 조절:** 집중이 힘들 때는 짧은 휴식을 취하고, 다시 집중하세요.
 - **규칙적인 휴식:** 오랜 시간동안 학습하기 전에 짧은 휴식을 취하는 것이 좋습니다.

5. 자가평가:
 - **주기적인 검토:** 일주일에 한 번씩 진행 상황을 확인하고, 필요에 따라 계획을 조절하세요.
 - **틀린 문제 분석:** 틀린 문제들을 다시 풀어보고, 왜 틀렸는지 깊이 이해하세요.

6. 동기 부여:
 - **목표 달성 시 상점:** 주기적인 목표를 달성할 때마다 작은 보상을 주어 동기부여를 높이세요.
 - **진행 상황 기록:** 진행 상황을 기록하면서 성취감을 느껴보세요.

7. 도움을 청하세요:
 - **모르는 문제:** 이해가 안 가는 부분이나 어려운 문제가 있으면 선생님, 친구, 혹은 온라인 자원을 활용해 도움을 청하세요.

위의 가이드라인을 참고하여 자신만의 계획 ↓ ‖우면서, 수학 공부에 대한 목표를 달성하는 데 도움이 될 것입니다. 행운을 빕니다!

[그림 2-39] 예시 답변: 공부 열심히 하기

위와 같은 답변이 나옵니다. ChatGPT를 통해 주당 몇 문제 풀기, 하루 몇 문제 풀기, 00시~00시 수학 문제 풀기 등으로 계획을 구체화할 수 있습니다.

너
사용자
나는 초등학교 6학년이야. 올해는 좀 더 건강한 신체를 만들기 위해 노력하려고 해. 나는 밖에 나가는 걸 좋아하지 않아. 덥고 추운 날 운동을 하러 나가는 일이 어려워지더라고. 또 공을 가지고 하는 활동이 별로 즐겁지 않은 것 같아. 나에게 맞는 운동 종목을 추천해줄래?

[그림 2-40] 예시 프롬프트: 매일 운동하기

다른 예시로 매일 운동하기를 목표로 선택했을 때 이를 구체화하는 예시 프롬프트를 살펴보도록 하겠습니다. 마찬가지로 자신의 나이와 선호하는 운동 환경, 조건 등을 제시해야 합니다.

물론이죠! 밖에 나가지 않고도 실내에서 즐길 수 있는 다양한 운동이 있습니다. 아래는 실내에서 즐길 수 있는 운동 종목 몇 가지를 추천해드립니다.

1. **홈 트레이닝:**
 - 간단한 홈 트레이닝 루틴을 만들어보세요. 팔굽혀펴기, 윗몸일으키기, 스쿼트 등을 포함시켜 전신 근육을 강화할 수 있습니다.

2. **유튜브 운동 동영상:**
 - 유튜브에는 다양한 홈 운동 동영상이 있습니다. 초보자용이나 집에서 할 수 있는 운동에 대한 영상을 찾아보세요.

3. **댄스 또는 율동운동:**
 - 음악에 맞춰 댄스 또는 율동운동을 시도해보세요. 즐겁게 움직이면서 동시에 유연성을 향상시킬 수 있습니다.

4. **실내 사이클링:**
 - 실내 자전거를 이용하여 실내 사이클링을 즐길 수 있습니다. 실내 사이클링 앱이나 동영상을 활용하여 다양한 코스를 탐험해보세요.

[그림 2-41] 예시 답변: 매일 운동하기

이미지는 답변의 일부입니다. 자신에게 맞는 운동 종목을 추천받을 수 있으며 다음의 추가 프롬프트로 원하는 정보를 얻을 수 있습니다.

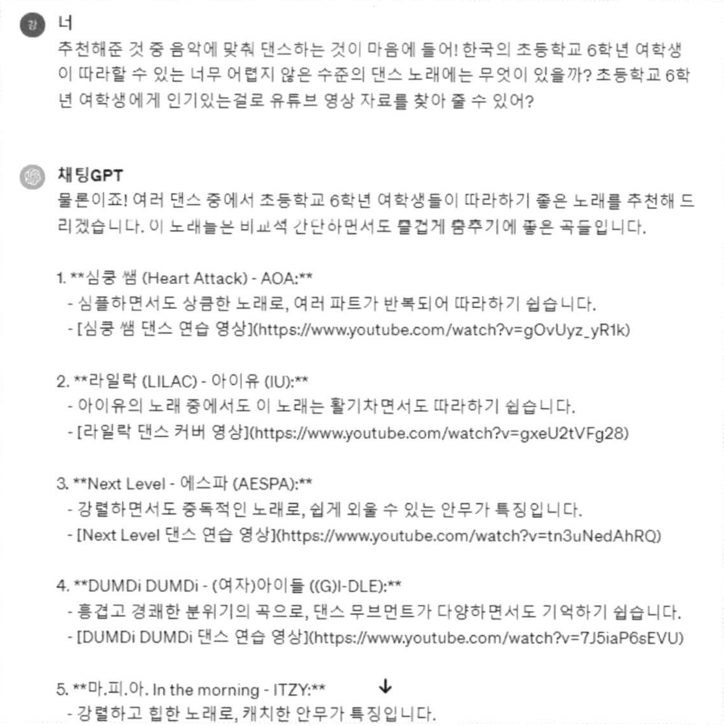

너
추천해준 것 중 음악에 맞춰 댄스하는 것이 마음에 들어! 한국의 초등학교 6학년 여학생이 따라할 수 있는 너무 어렵지 않은 수준의 댄스 노래에는 무엇이 있을까? 초등학교 6학년 여학생에게 인기있는걸로 유튜브 영상 자료를 찾아 줄 수 있어?

채팅GPT
물론이죠! 여러 댄스 중에서 초등학교 6학년 여학생들이 따라하기 좋은 노래를 추천해 드리겠습니다. 이 노래들은 비교적 간단하면서도 즐겁게 춤추기에 좋은 곡들입니다.

1. **심쿵 쌤 (Heart Attack) - AOA:**
 - 심플하면서도 상큼한 노래로, 여러 파트가 반복되어 따라하기 쉽습니다.
 - [심쿵 쌤 댄스 연습 영상](https://www.youtube.com/watch?v=gOvUyz_yR1k)

2. **라일락 (LILAC) - 아이유 (IU):**
 - 아이유의 노래 중에서도 이 노래는 활기차면서도 따라하기 쉽습니다.
 - [라일락 댄스 커버 영상](https://www.youtube.com/watch?v=gxeU2tVFg28)

3. **Next Level - 에스파 (AESPA):**
 - 강렬하면서도 중독적인 노래로, 쉽게 외울 수 있는 안무가 특징입니다.
 - [Next Level 댄스 연습 영상](https://www.youtube.com/watch?v=tn3uNedAhRQ)

4. **DUMDi DUMDi - (여자)아이들 ((G)I-DLE):**
 - 흥겹고 경쾌한 분위기의 곡으로, 댄스 무브먼트가 다양하면서도 기억하기 쉽습니다.
 - [DUMDi DUMDi 댄스 연습 영상](https://www.youtube.com/watch?v=7J5iaP6sEVU)

5. **마.피.아. In the morning - ITZY:**
 - 강렬하고 힙한 노래로, 캐치한 안무가 특징입니다.

[그림 2-42] 예시 추가 질문 및 답변: 매일 운동하기

앞의 프롬프트 예시에서 확인한 것처럼, 학생이 GPT 혹은 인공지능 챗봇과 자신의 계획을 구체화하기 위해서는 자신의 나이, 수준, 취향 등 자신에 대한 다양한 정보를 많이 입력할수록 보다 적합한 추천을 받을 수 있습니다. 교사는 이를 Notion의 달력에 입력하여 관리하기 위해서 요일이나 주당 목표 횟수 등을 구체적으로 설정하도록 지도합니다.

2) Notion 캘린더 활용하기

[그림 2-43] Notion 로그인

검색엔진에 Notion을 검색하여 사이트에 접속합니다. 아래의 사이트 우측 상단에 있는 로그인 버튼을 눌러 회원 가입 후 로그인합니다.

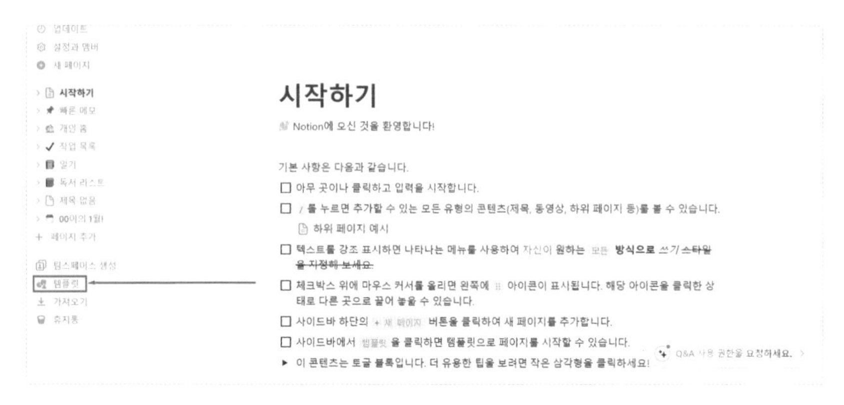

[그림 2-44] 템플릿 선택하기

좌측 카테고리 중 '템플릿'을 선택합니다.

[그림 2-45] 캘린더 템플릿 선택

템플릿 중 마케팅 카테고리 내의 'SNS 캘린더'를 선택하고, 템플릿 사용하기를 선택합니다.

[그림 2-46] 캘린더 설정

① 템플릿이 좌측 카테고리에 활성화된 것을 확인할 수 있습니다.

② 기본으로 캘린더의 제목은 SNS 캘린더라고 설정되어 있습니다. 이를 더블클릭하여 수정하고자 하는 이름으로 바꾸어줍니다(예: 동글이의 1월!).

③ '캘린더 보기'를 선택합니다.

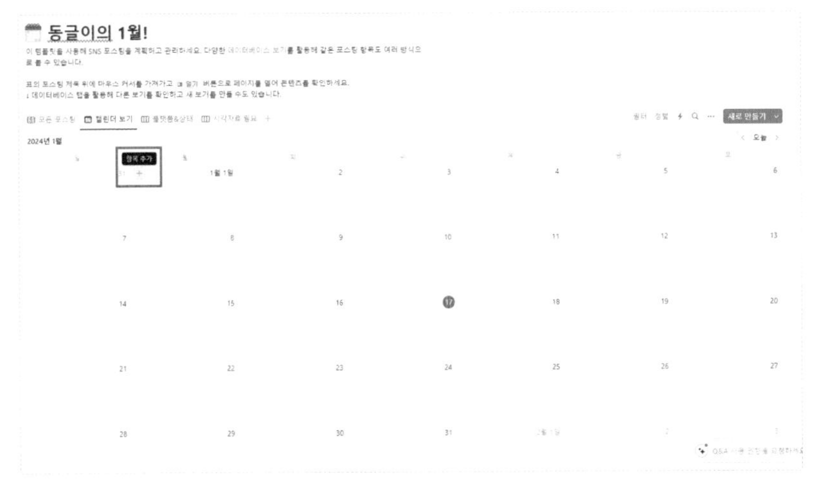

[그림 2-47] 항목 추가

캘린더 보기를 선택하면 다음과 같이 달력 양식의 화면이 나타납니다. 각 날짜에 마우스 커서를 가까이 가져가면 네모 칸 안 좌측 상단의 '+(항목 추가)' 버튼이 활성화됩니다.

[그림 2-48] 계획 내용 작성 전

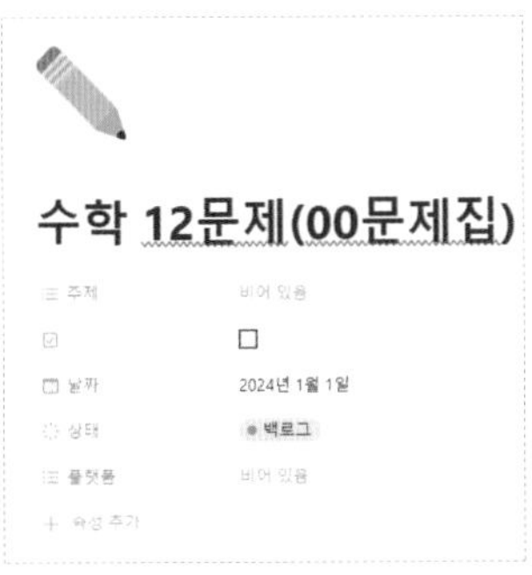

[그림 2-49] 계획 내용 작성 후

항목 추가 버튼을 누르면 [그림 2-48]과 같은 화면이 나타납니다. 해당 날짜에 본인이 설정한 목표를 입력합니다. ①에는 자신의 목표 내용을 적습니다(예: 수학 문제 12개 풀기). ②에서는 자신의 목표에 어울리는 아이콘을 선택합니다. 아이콘은 선택하지 않아도 무관합니다. ③의 '시각자료 필요'라는 글자를 더블클릭하여 글자를 지워줍니다. 이렇게 계획 내용을 작성하면 항목의 내용이 변경됩니다.

[그림 2-50] 항목 복제

회색으로 비활성화되어 있는 배경 중 아무 곳이나 클릭하면 달력에 해당 내용이 입력되어 있는 것을 확인할 수 있습니다. 같은 방법으로 자신의 계획을 모두 입력합니다. 이때 미리 작성한 것과 동일한 내용을 입력해야 하는 경우 오른쪽 마우스를 클릭한 뒤 복제를 선택하면 같은 내용이 복제되고, 이를 마우스로 드래그하여 원하는 날짜로 이동하는 것도 가능합니다.

[그림 2-51] 캘린더 완성

다음과 같이 한 달의 일정을 한눈에 파악할 수 있으며 자신이 실천한 것에는 체크박스를 선택해 체크함으로써 실천 정도까지 확인이 가능합니다.

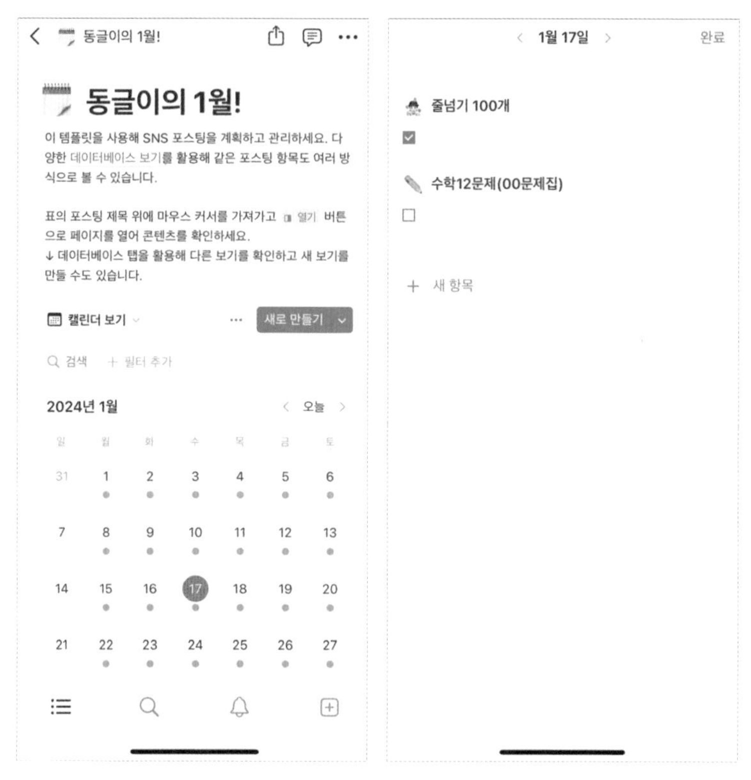

[그림 2-52] 휴대폰: 달력　　　[그림 2-53] 휴대폰: 날짜

또한 휴대폰 애플리케이션 Notion을 다운로드하면 휴대폰에서도 내용이 연동되어 확인과 작성이 가능해 사용이 편리합니다. 휴대폰의 실행 화면에서는 달력의 내용까지는 노출되지 않으며, 날짜에 항목이 있는 경우 회색 동그라미로 표시가 됩니다. 날짜를 클릭하면 오른쪽과 같이 해당 날짜에 입력되어 있는 내용이 나타나며 마찬가지로 체크박스를 통해 체크가 가능합니다.

3) 자기 관리 역량 함양하기

2023년 한 대학교 교내 공지에 '자기의 일은 스스로 하자! 학사 관련 문의는 학부모님이 아닌 본인이 직접 해주세요!'라는 문구가 게시되어 온라인 커뮤니티를 뜨겁게 달궜습니다. 대학생 자녀의 수강 신청, 대학 생활 관련 문의나 민원을 학부모가 대신하는 경우가 많아지며 게시된 공지입니다. 누리꾼들은 더 나아가 군대 심지어는 회사에서도 이러한 경우를 경험하는 일이 있다는 내용을 공유하였습니다.

만 19세가 된다고 해서 갑자기 자라 자기 일에 책임을 질 수 있는 어른이 될 수는 없습니다. 위와 같은 일이 발생하지 않고 우리 아이들을 독립적인 성인으로 성장시키기 위해서는 무엇보다 자신의 생각과 감정, 행동을 조절하고 목표를 설정하며 그 방향으로 노력하는 능력인 자기 관리 능력의 함양이 필수적입니다.

학생은 ChatGPT와 함께 자신의 목표를 설정하는 과정에서 필요할 때 도움을 요청하는 기술, 장애물을 극복하고 장기적인 목표를 위한 전략을 구상하는 기술을 사용할 수 있습니다. 또, Notion으로 한 달 목표를 설정하고 이를 돌아보는 과정에서 계획을 수립하며 목표를 향해 노력하는 기술, 자신의 목표를 모니터링하는 기술, 끈기나 결단력 또는 인내력을 나타내는 기술 등을 사용할 수 있습니다.

학생에게 자기 관리의 경험을 하게 하는 것과 교사의 도움 없이 스스로 목표 설정부터 성찰까지 가능하게 하는 것에 초점을 두고 수업 자료를 구상하였습니다. 디지털 네이티브인 학생들이 언제 어디서나 자기 관리에 접근 가능하게 하여 지속적인 실천을 높이고자 하였으며 모든 것이 기록되어 한 달의 기록, 일 년의 기록, 몇 년의 기록까지도 돌아볼 수 있다는 것을 고려하였습니다. 더 나아가 다양한 이모티콘과 단정한 글씨체로 정리된 한 주 혹은 한 달의 계획과 실천은 화면 캡처를 통해 타인과 공유하거나 발표, 기록하는 것도 가능합니다.

5. 감정을 AI 음악으로 표현하기

1) 음악과 감정 표현

[그림 2-54] 음악과 감정 표현(Bing Image Creator)

음악은 감정을 표현하는 강력한 배출구입니다. 자신의 감정과 공명하는 음악을 들으면서 개인은 자신의 감정 상태를 더 깊이 이해하고 표현할 수 있습니다. 부정적인 감정을 느낄 때 마음을 진정시키는 음악을 들으면 스트레스 수준이 낮아지고, 경쾌한 음악을 들으면 기분이 좋아지고 동기가 부여됩니다.

음악은 뇌의 대뇌변연계에서 조절하는 감정 유도와 행동 표출, 욕구 등에 관여하는 것으로 알려져 있습니다. 하버드대학교 연구에서는 음악을 들으면 약물을 복용하거나 특정 욕구를 느낄 때 반응하는 두뇌 부위와 동일 영역을 자극해 심신에 영향을 미친다고 말합니다. 음악을 들을 때 뇌에서 발생하는 알파파는 심신에 안정을 선사하고 스트레스 해소를 도우며, 행복 호르몬 엔도르핀과 스트레스 호르몬 코르티솔 분비를 조절해 줍니다. 음악이 스트레스와 뇌 피로 해소, 집중력, 수행력 및 기억력 향상에 효과적이라는 것은 이미 다양한 연구를 통해 입증되었습니다.

이러한 음악의 효과를 치료에 활용하기도 합니다. 미국 음악치료학회(National Association for Music Therapy)는 음악 치료에 대해 '정신과 신체 건강을 복원, 유지, 향상하기 위하여 치료적 목적으로 음악을 사용하는 과정'이라고 정의합니다. 음악 치료는 음악을 듣거나 만들고, 음악으로 자신의 감정과 신체 상태 등을 표현하는 것을 모두 포함합니다.[6)]

AI는 개인의 감정, 취향, 상황에 맞는 음악을 즉석에서 작곡·작사해 줄 수 있어서 음악을 통한 개인의 정서 관리에 도움을 줄 수 있습니다. AI가 생성한 음악을 통해 새로운 음악 스타일을 실험하고 탐색할 수 있으며, 이러한 개방성은 음악적 지평을 넓히고 호기심을 불러일으킵니다. 자신이 처한 상황과 감정을 문장으로 쓰고 AI를 활용하여 작사·작곡하는 경험을 통해 음악으로 정서를 표현하고 스트레스를 관리, 해소할 수 있을 것입니다.

6) 출처: www.hidoc.co.kr/healthstory/news/C0000375845 하이닥 뉴스 2018.04.13. 최정연.

2) Suno AI로 음악 만들기

suno.ai
https://www.suno.ai
Suno AI
웹 **Suno** is building a future where anyone can make great music. Whether you're a shower singer or a charting artist, we break barriers between you and the song you dream of making. No ...

[그림 2-55] Suno AI 사이트 접속하기

Suno AI는 텍스트 프롬프트를 통해 다양한 장르, 스타일의 음악을 작곡·작사해 주는 인공지능입니다. 무료 계정으로는 매일 50 크레딧이 제공되며 하루 10개의 음악을 생성할 수 있습니다.

[그림 2-56] Suno AI 메인 화면

www.suno.ai로 접속하여 오른쪽 상단의 'Make a song'을 클릭하면 Suno AI 페이지가 열립니다. 디스코드, 구글, 마이크로소프트 계정 중 하나를 선택하여 쉽게 계정을 생성하고 로그인할 수 있습니다.

[그림 2-57] Suno AI 음악 탐색 화면

사이트에 입장하면 나오는 Trending 페이지 또는 Explore 탭에는 다른 사용자가 만든 인기 음악 목록이 있습니다. 이 화면에서 'Create' 탭을 클릭하여 계정 로그인 후 직접 음악을 제작합니다.

음악 제작에는 크게 2가지 방법이 있습니다. 만들고자 하는 음악의 스타일, 주제를 프롬프트로 입력하면 AI가 자동으로 작사·작곡을 해주는 기본 모드, 내가 직접 작사한 가사와 음악 스타일, 제목을 각각 입력하여 작곡에 활용할 수 있는 커스텀 모드입니다. 2가지 방법을 활용하여 음악을 작곡해 보겠습니다.

(1) 프롬프트 만들기

프롬프트란 아이디어를 생성하거나 대화를 시작하기 위해 제공되는 진술 또는 질문을 말합니다. AI 모델을 사용할 때 프롬프트는 모델을 지시하고 응답을 안내하며 AI 모델은 프롬프트를 기반으로 응답을 생성합니다.

프롬프트는 간단히 한 문장으로 나타내거나 더 복잡한 단락으로 나타낼 수도 있고, 질문을 하거나 특정 작업을 수행하도록 요청하는 등 다양한 목적으로 사용할 수 있습니다. 좋은 프롬프트를 만들기 위해서는 AI가 요청을 이해할 수 있도록 필요한 세부 정보를 명확하고 간결하게 작성하는 것이 좋습니다.

AI로 음악을 생성하기 위해 AI에 내가 원하는 음악의 주제, 분위기, 음악 스타일 등을 요청하는 문장을 쓰는 것이 프롬프트 작성에 해당합니다. 학생들이 프롬프트를 쉽게 작성하기 위해서는 내가 처한 상황과 감정을 문장으로 자세히 표현하는 것이 좋습니다. 만약 프롬프트 작성이 어렵게 느껴진다면 감정을 나타내는 단어와 다양한 음악 장르를 표현하는 용어를 참고해서 지금 나의 상황, 감정과 듣고 싶은 음악에 어울리는 프롬프트로 조합할 수도 있습니다.

[표 2-2] 프롬프트 작성을 위한 감정 단어 예시

감정 상태	단어 예시
긍정적	가치 있는, 감사함, 단호한, 기운 넘침, 낙관적, 동기 부여됨, 경외심, 성공적, 성취감, 탁월함, 자랑스러움, 자신감 있는, 집중함, 창의적, 평화로움, 소속감, 행복함, 호기심, 흥분함, 기쁨, 만족함, 침착함, 쾌활함, 편안함
부정적	짜증이 난, 혼란, 불안함, 수심에 잠긴, 예민한, 내성적인, 지루함, 충격 받음, 피곤함, 회의감, 다침, 무관심, 부끄러운, 불안함, 스트레스, 슬픔, 실망, 압도당한, 염려함, 외로움, 좌절, 막힌, 질투하는, 가망 없음, 겁먹은, 비참함, 쓸모없는, 지침, 화남

[표 2-3] 프롬프트 작성을 위한 음악 장르 예시

음악 장르 예시
팝(대중음악), 록(클래식 록, 펑크록 등), 재즈, 힙합, 일렉트로닉, 컨트리, R&B, 클래식, 레게, 라틴, K-Pop, 브릿팝, 가스펠, 메탈, 펑크, 포크, 블루스, 클래식 크로스오버, 댄스, 각 나라의 전통 음악 등

[표 2-4] 프롬프트 작성을 위한 문장 예시

프롬프트 작성을 위한 문장 예시 (나의 상황과 감정 + 원하는 감정 변화 + 듣고 싶은 음악)
아침에 늦잠을 자서 지각을 할까 봐 마음이 조마조마했다 + 마음이 편안해지고 싶다 + 잔잔한 클래식 음악
수학 시험 성적이 좋지 않아서 기분이 우울하다 + 밝고 긍정적인 기분이 되고 싶다 + 신나는 K-Pop
지난 주말 캠핑을 다녀와서 피곤하지만 기분은 좋다 + 기운차고 힘이 나고 싶다 + 전자기타 소리가 선명한 록 음악
이유 없이 짜증이 나는데 어떻게 해야 할지 모르겠다 + 불쾌한 기분을 가라앉히고 싶다 + 드럼 소리가 강조된 경쾌한 브릿팝

[표 2-5] 완성된 프롬프트 예시

완성된 프롬프트 예시
아침에 늦잠을 자서 몸도 무겁고 선생님께 혼이 나서 우울한 기분을 편안하고 밝게 만들어 줄 수 있는 신나는 K-Pop

(2) 프롬프트 입력하여 음악 생성하기

프롬프트를 완성했다면, 이어서 Suno AI에서 기본 모드로 음악을 만들어보겠습니다. Create 탭을 클릭하면 나오는 작업 창에서 Custom Mode는 비활성 상태로 두고 'Song Description'에 음악을 만들기 위한 프롬프트를 입력한 뒤 'Create' 버튼을 클릭합니다.

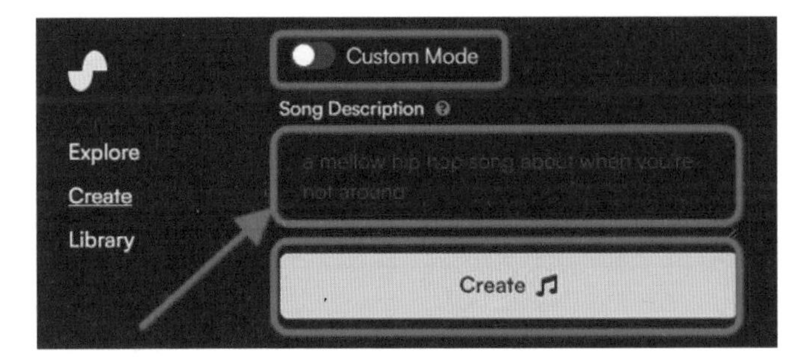

[그림 2-58] 프롬프트 입력하고 음악 생성하기

[그림 2-59] 생성된 음악 확인하기

잠시 후 작사·작곡된 2개의 음악이 목록에 더해진 것을 확인할 수 있습니다. 각각의 음악을 클릭하면 오른쪽 창에서 가사를 볼 수 있고 아래쪽 재생 바에서 음악을 재생하거나 정지할 수 있습니다.

(3) 음악 다운로드, 공유하기

완성된 음악을 공유하기 위해서는 먼저 공유 설정을 해야 합니다. Link Only는 내가 공유한 링크를 받은 사람에게만 음악을 공유하는 것이고, Public은 불특정 다수에게 내가 만든 음악을 공개하는 것입니다.

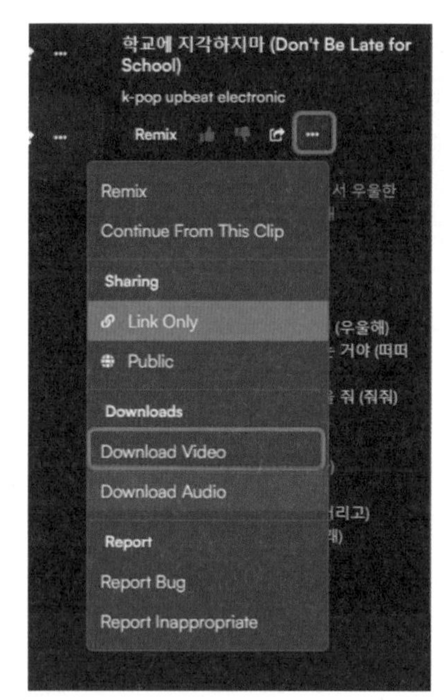

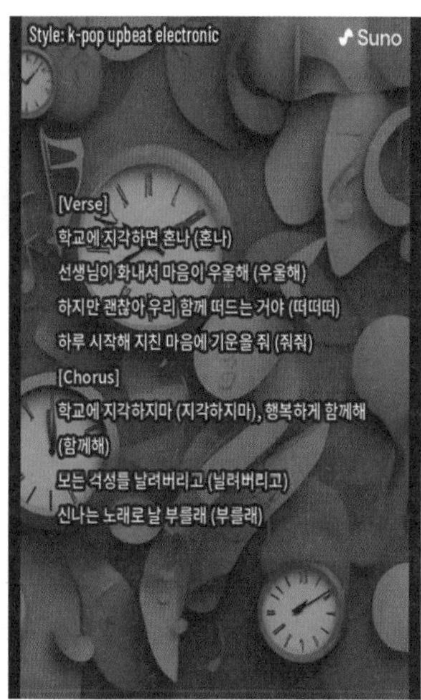

[그림 2-60] 공유 설정하고 비디오 다운로드하기 [그림 2-61] 다운로드한 비디오로 음악 감상하기

공유 설정 뒤 내보내기 버튼을 클릭하면 클립보드에 링크가 자동으로 복사됩니다. 링크를 통해 사이트에서 음악을 감상하거나 Downloads 탭에서 MP4 비디오 또는 MP3 오디오로 다운로드할 수 있으며 비디오의 경우 가사를 보며 음악을 감상할 수 있습니다.

(4) 음악 이어 만들기

Suno AI는 가사 길이에 따라 1분에서 1분 20초의 짧은 음악을 만들어 줍니다. 만약 내가 원하는 가사가 이 분량에 다 담기지 않아서 더 긴 노래를 만들고 싶다면, 앞서 만든 음악에 이어 뒷부분을 만들 수 있습니다.

[그림 2-62] 선택한 클립에서 이어지는 음악 생성하기

먼저, 생성된 음악 중 원하는 클립에서 'Continue From This Clip'을 클릭합니다. 아래와 같이 먼저 선택된 클립의 작업 창이 Custom Mode로 열리는데, 앞부분 가사는 지운 뒤 이어질 가사를 직접 쓰거나 Genarate Lylics를 눌러서 생성해 줍니다.

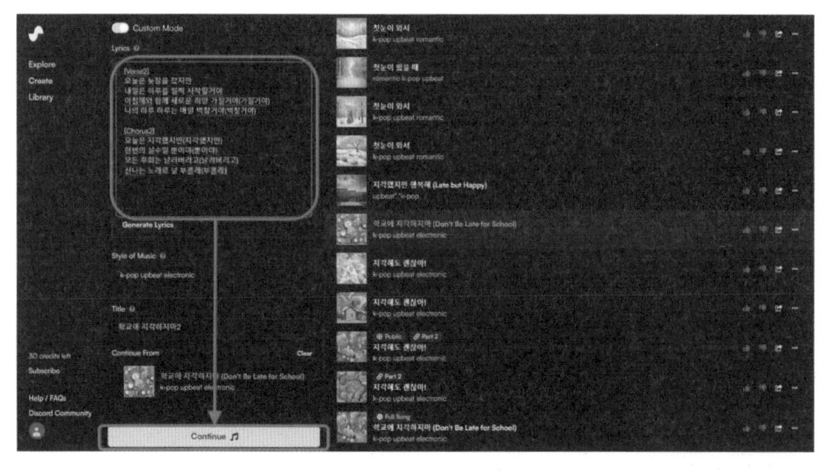

[그림 2-63] Part 2 이어서 생성하기

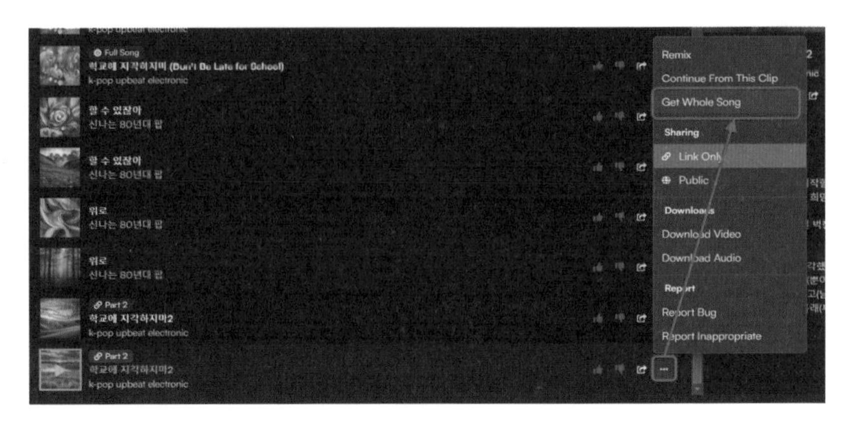

[그림 2-64] 하나의 곡으로 만들기

'Continue'를 클릭하면 같은 음악의 Part 2가 생성됩니다. 원곡과 Part 2를 이어서 하나의 곡으로 만들기 위해서는 Get Whole Song 기능을 활용할 수 있습니다. 더 보기(…)를 클릭하고 'Get Whole Song'을 클릭하면 잠시 후 두 파트가 하나의 곡으로 이어진 Full Song이 생성됩니다. 만약 이렇게 이어서 음악을 만들었음에도 뒷부분이 잘리거나 더 긴 곡을 만들고 싶다면 이 과정을 한 번 더 반복할 수 있습니다.

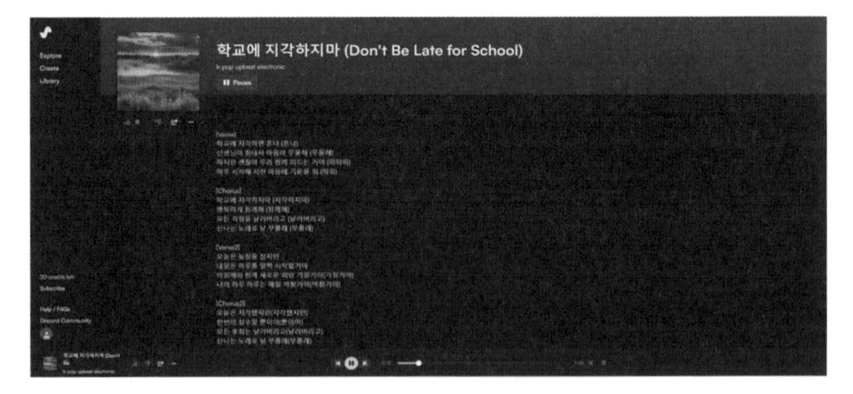

[그림 2-65] 완성된 Full Song 재생하기

(5) Custom Mode로 음악 만들기

하나의 프롬프트 창에 프롬프트를 입력하고 인공지능에 작사·작곡을 모두 맡기는 방법 외에, 내가 직접 작사한 곡으로 작곡하는 Custom Mode를 활용할 수도 있습니다. 상단의 'Custom Mode' 버튼을 클릭하여 활성화하면 가사, 음악 스타일, 제목을 각각 입력할 수 있는 칸이 나옵니다.

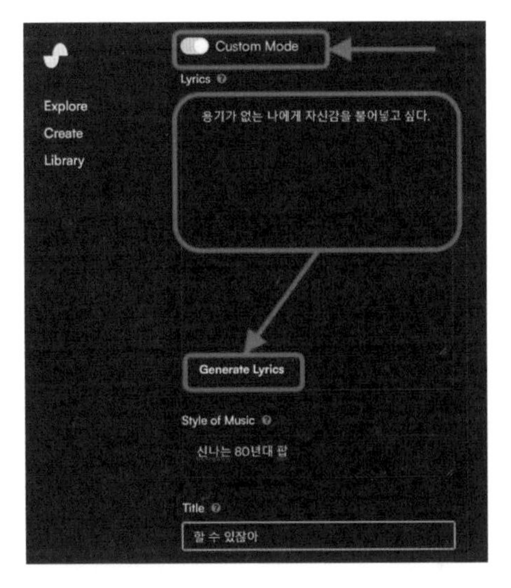

[그림 2-66] Custom Mode로 음악 생성하기

이때 가사를 모두 작성하기 부담스럽다면 몇 줄만 쓴 뒤 Generate Lyrics를 눌러 인공지능의 도움을 받습니다. 이렇게 인공지능의 도움으로 생성한 가사를 직접 수정하거나 뒷부분을 이어 쓴 뒤 Create를 클릭하여 완성된 곡을 감상합니다. 내가 쓴 일기나 시 등을 가사로 바꾸어 음악을 만들고 싶은 경우 Custom Mode를 유용하게 활용할 수 있습니다.

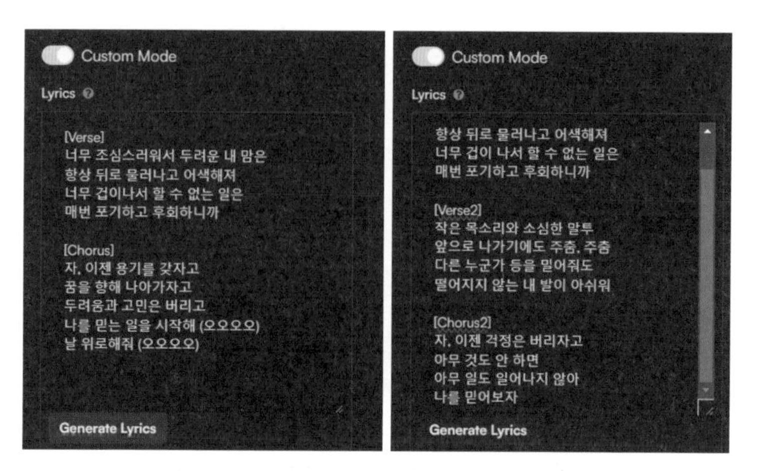

[그림 2-67] Custom Mode로 가사 이어 쓰기

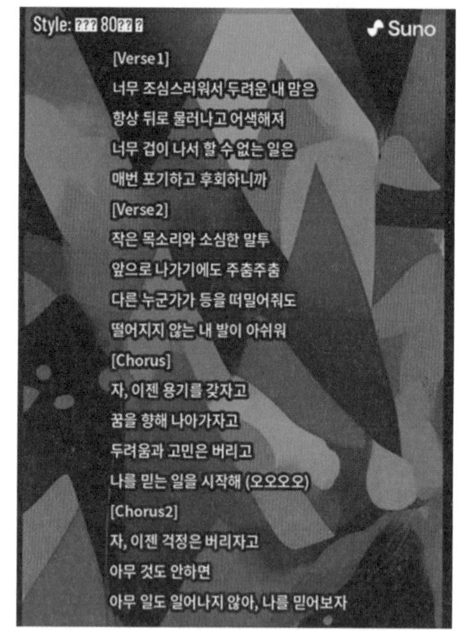

[그림 2-68] Custom Mode로 작곡된 음악 감상

[그림 2-69] '학교에 지각하지 마' 음악 감상

[그림 2-70] '위로' 음악 감상

이제는 다른 사람이 만든 음악을 나의 상황에 맞게 선택해서 감상하는 것에서 더 나아가 AI로 직접 작사·작곡하여 나에게 맞은 음악을 생성할 수 있습니다. 완성된 음악을 감상하고 다른 이에게도 공유하며 자신의 감정 변화와 음악의 긍정적인 효과를 느껴보길 바랍니다.

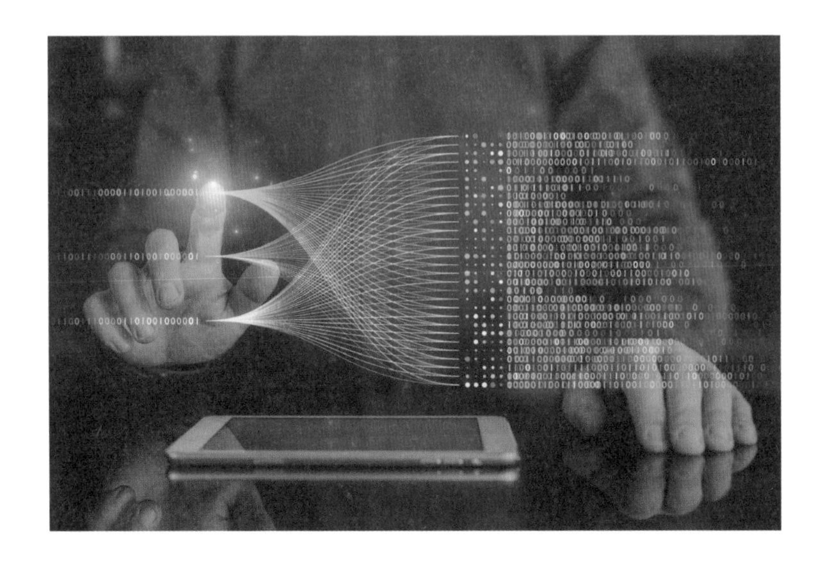

3) 감정을 AI 음악으로 표현하기가 사회정서학습에 미치는 영향

사회정서학습에서 강조하는 5가지 핵심역량 중 '자기 관리'는 다양한 상황에서 자신의 감정, 생각, 행동을 효과적으로 다루고 목표 달성을 위한 동기와 주체성을 발휘하는 능력을 의미합니다. 특히 학업, 대인 관계 등 많은 스트레스 상황에 노출된 학생들에게 자기 관리 능력은 꼭 필요합니다. 주체적으로 자기 생각과 감정, 행동을 조절하는 능력을 지닌 학생들은 효과적으로 학업을 성취할 수 있을 뿐 아니라 가정, 학교, 사회 속 인간관계를 원만하게 형성하고 올바른 자아와 가치관을 기를 수 있습니다.

잔잔하고 차분한 음악을 들으며 흥분된 마음을 가라앉히거나 빠르고 경쾌한 음악을 들으며 마음이 들뜨는 경험은 누구에게나 있을 것입니다. 머리가 복잡할 때 록 음악을 크게 틀고 스트레스를 해소하는 사람도 있습니다. 이처럼 음악은 감정을 조절하고 관리하는 데 도움을 줍니다. 가사가 나의 상황과 딱 들어맞는다면 그 효과는 배가됩니다.

기존의 음악을 그대로 활용하는 것을 넘어 나의 상황, 감정을 그대로 음악으로 만들어 주는 생성형 인공지능 기술을 활용하여 학생들이 스스로 감정을 효과적으로 인식하고 조절하는 자기 관리 역량을 키울 수 있을 것입니다.

사회적 인식 역량

6. AI로 세계문화지도 만들기

들어가며

생성형 AI 기술을 활용하여 세계 여러 나라의 다양한 생활 모습을 조사하고 서로 다른 문화적 배경을 이해하는 공감 능력을 키워봅시다. 세계 여러 나라의 문화를 조사하는 방법은 직접 경험하는 방법부터 책, 인터넷, 동영상 등을 활용하여 조사하는 방법까지 다양합니다. 여러 방법 중 인터넷 검색은 자주 사용되는 조사 학습 방법 중 하나입니다. 하지만 기존 인터넷 조사 방법은 웹페이지를 검색한 후, 그 웹페이지 안에서 필요한 정보를 다시 한번 선별해야 하는 번거로움이 있었습니다.

생성형 AI를 활용하면 기존 인터넷 검색 방법보다 효율적으로 원하는 정보를 찾을 수 있습니다. 프롬프트를 입력하면 생성형 AI가 사용자의 요구에 맞게 맞춤형 정보를 빠르게 생성하여 제시합니다. 생성형 AI가 제공하는 정보의 정확성을 판단할 수 있는 비판적 사고력을 지닌다면, 세계 여러 나라의 문화와 인간 생활의 다양성을 발견하고 조사하는 데 생성형 AI는 혁신적인 도구로 활용될 수 있습니다.

생성형 AI로 세계문화를 조사하고 감마를 활용하여 발표하는 소개 자료를 만들어보겠습니다. 마지막으로 패들렛을 이용하여 학급 구성원과 협업해 '세계문화지도'를 완성하는 방법을 알아보겠습니다.

1) 뤼튼(wrtn)으로 세계문화 조사하기

(1) '뤼튼(wrtn.ai)' 사이트 활용하기

가. '뤼튼' 로그인하기

크롬 검색창에서 '뤼튼'을 검색하거나 주소창에 주소(wrtn.ai)를 입력하여 뤼튼 사이트에 접속합니다. 구글 계정을 이용하여 가입하고 로그인하면 편리합니다.

뤼튼 채팅 화면 상단에서 다양한 AI 모델을 선택합니다. GPT-3.5(OpenAI)는 GPT 4.0에 비해 비교적 빠른 명령어 처리 속도를 제공하고, GPT-4(OpenAI)는 GPT 3.5에 비해 똑똑하고 창의적인 대답을 제공합니다. GPT-4 Turbo는 가장 빠르고 이미지 이해도 가능합니다.

[그림 2-71] 뤼튼 홈 화면

나. ‘뤼튼’ 채팅 활용하기

뤼튼 채팅창에 ‘~을/를 그려줘’라고 구체적으로 입력하면 저작권 걱정 없이 이미지 생성이 가능합니다. ①의 ‘다시 생성’ 버튼을 이용하여 동일한 질문에 대해 새로운 답변을 받을 수도 있습니다. 일반모드는 2021년까지의 정보만 학습한 GPT-3.5(OpenAI) 모델의 한계가 있습니다. ②의 ‘검색모드’를 클릭하거나 질문 앞에 !(느낌표)를 붙여 질문하면 실시간 정보 검색도 가능합니다. 또한 PDF 파일을 ③에 업로드하면 파일의 내용을 기반으로 답변하는 기능도 있습니다. 질문을 작성하고 엔터 또는 우측 하단 ④의 보내기 버튼 클릭으로 답변을 생성합니다. AI가 제안하는 질문으로 쉽게 대화를 이어나갈 수도 있습니다.

[그림 2-72] 뤼튼 채팅 활용하기

(2) 생성형 AI '뤼튼'으로 세계문화 조사하기

가. 프롬프트 만들기

프롬프트를 효과적으로 구성하는 것은 생성형 AI 활용에서 중요한 부분입니다. '프롬프트'란 생성형 AI에게 요청하는 문장이나 용어를 의미합니다. 원하는 콘텐츠의 종류, 형식, 스타일, 요구사항 등을 명확히 구체화하여 입력하면, 생성형 AI가 원하는 작업을 효과적으로 수행할 수 있습니다. 어떤 프롬프트를 사용하느냐에 따라 세계 각 국가의 문화를 다양하게 탐색하고 조사할 수 있습니다.

프롬프트: 프랑스에서 만든 영화의 명대사 3가지를 영화명(감독), 대사, 우리말 번역 순으로 표로 만들어줘

의 어시스턴트 GPT-3.5

물론입니다! 아래는 프랑스에서 만들어진 영화의 명대사 3가지를 영화명(감독), 대사, 그리고 우리말 번역 순으로 표로 제공해 드리겠습니다:

영화명 (감독)	대사	우리말 번역
"Amélie" (Jean-Pierre Jeunet)	"Times are hard for dreamers."	"꿈꾸는 사람들에게 어려운 시기입니다."
"The Intouchables" (Olivier Nakache, Éric Toledano)	"The most important thing is being able to participate."	"가장 중요한 것은 참여할 수 있는 것입니다."
"La Vie en Rose" (Olivier Dahan)	"I want to make people cry even when they don't understand my words."	"내 말을 이해하지 못해도 사람들이 울도록 하고 싶습니다."

[그림 2-73] 프랑스 영화 명대사 조사하기

프롬프트: 인도 어린이들이 가장 많이 읽는 전래동화의 줄거리를 2문단으로 요약해줘

의 어시스턴트 GPT-3.5

인도 어린이들이 가장 많이 읽는 전래동화 중 하나인 "히말라야의 어린 왕자"의 줄거리를 2문단으로 요약해 드리겠습니다:

"히말라야의 어린 왕자"는 동화 속 주인공인 어린 왕자의 모험을 다룹니다. 어린 왕자는 자신의 왕국을 지키기 위해 히말라야 산맥으로 여행을 떠납니다. 그곳에서 그는 다양한 동물과 마법의 생물, 그리고 신비한 인물들을 만나며 여러 가지 어려움을 극복해야 합니다. 어린 왕자는 용기와 자신감을 키워가며, 우정과 사랑의 소중함을 배우게 됩니다.

"히말라야의 어린 왕자"는 인도 어린이들에게 사랑받는 전래동화로, 모험과 성장의 이야기가 담겨 있습니다. 주인공의 여정을 통해 어린이들은 용기와 희망을 가질 수 있는 중요성을 배우며, 다양한 가치와 도덕적인 교훈을 얻을 수 있습니다. 이 동화는 인도 문화와 전통을 반영하면서도 전 세계 어린이들에게 영감을 주는 이야기로 인기를 끌고 있습니다.

문장 다듬기

blog.naver.com joongang.co.kr 218.50.55.20 더보기

[그림 2-74] 인도 전래동화 조사하기

프롬프트: 영국 사람들이 가장 자주 사용하는 전통 속담 5가지를 영어 한국어 번역 순으로 표로 만들어줘

의 어시스턴트 GPT-3.5

영국 사람들이 자주 사용하는 전통 속담 5가지를 영어와 한국어 번역 순으로 표로 제공해 드리겠습니다:

영어 속담	한국어 번역
"Actions speak louder than words."	"행동이 말보다 더 크게 들린다."
"Don't count your chickens before they hatch."	"알이 부화하기 전에 닭을 세지 마라."
"Every cloud has a silver lining."	"모든 구름에는 은빛 빛깔이 있다."
"Better late than never."	"늦어도 안 한 것보다는 낫다."
"Where there's smoke, there's fire."	"연기가 오면 불이 있다."

위의 속담들은 영국에서 흔히 사용되는 전통적인 속담들입니다. 각 속담은 특정한 상황이나 가치를 나타내며, 일상 생활에서 유용하게 활용될 수 있습니다. 추가적인 도움이 필요하시면 언제든지 말씀해주세요!

문장 다듬기

[그림 2-75] 영국 전통 속담 조사하기

나. 프롬프트의 중요성

프롬프트는 작업을 명확하게 지시하고 상세하게 정의하여야 합니다. 생성형 AI가 도출하는 결과물을 이해하기 쉽게 프롬프트에 출력 형식을 명시하는 것이 좋습니다. 세계문화를 조사하는 데 활용할 수 있는 프롬프트 예시는 다음과 같습니다.

[표 2-6] 프롬프트 예시

세계문화 조사 프롬프트
프랑스에서 만든 대표적인 영화 5가지의 제목, 감독, 줄거리를 알려줘
네팔 어린이들이 좋아하는 전통 음악 3가지의 가사를 번역해서 알려줘
오스트리아 어린이들이 즐겨 읽는 동화책 제목과 줄거리를 알려줘
스위스의 대표적인 볼거리, 즐길 거리, 먹을거리를 알려줘
인도와 한국 식사 예절의 차이점 10가지를 표로 만들어 줘
중국과 러시아 전통 결혼식의 비슷한 점과 차이점을 표로 만들어 줘
핀란드 국민에게 사랑받는 가수와 히트곡 3가지를 표로 만들어 줘
그리스 사람들이 좋아하는 연예인 5명과 그 이유를 표로 만들어 줘
인도의 대표적인 음식 3가지의 요리명, 재료, 만드는 방법을 표로 만들어 줘

다. 뤼튼 '툴' 이용하기

뤼튼 화면 우측 상단 ①의 '툴'을 클릭하면 좌측에서 다양한 글쓰기 메뉴를 확인할 수 있습니다. 블로그 포스팅, 자기소개서, 독서 감상문, 리포트 등 원하는 글쓰기 목적을 선택하고 글의 주제만 입력하면 인공지능이 글을 자동으로 생성합니다. ① '툴', ② '긴 글 블로그 포스팅' 메뉴를 클릭하고, 포스팅 주제에 ③ '싱가포르의 음식 문화'라고 입력한 후,

④ '자동 생성' 버튼을 클릭합니다. 그 결과 ⑤ 칠리크랩, 락사, 카야 토스트 등 싱가포르의 대표 음식들을 소개하는 블로그 글이 자동으로 생성되었습니다.

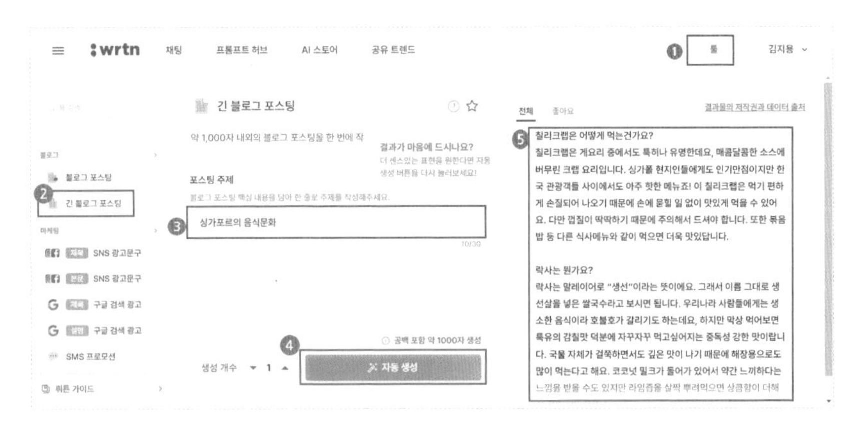

[그림 2-76] 뤼튼의 툴 메뉴 사용 예시

(3) 조사 결과물 공유하기

뤼튼 결과물을 선택하여 마우스 우클릭 '복사하기' 메뉴를 선택하거나 결과물 우측 하단의 '복사하기' 버튼을 클릭하여 원하는 곳에 붙여넣기 합니다.

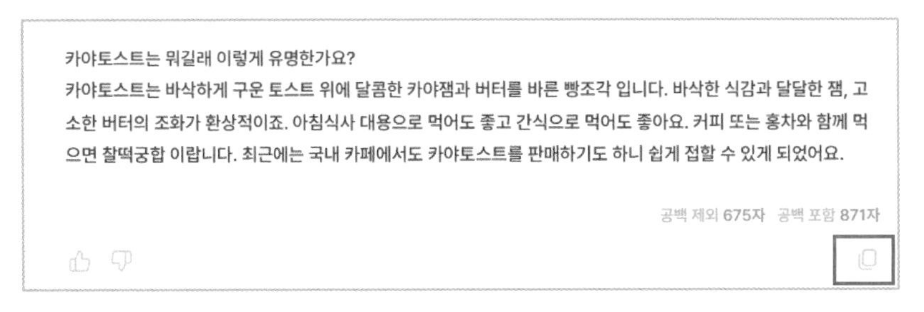

[그림 2-77] 조사 결과 복사하기

2) 감마(gamma)로 세계문화 소개 자료 만들기

(1) '감마(gamma.app)' 사이트 활용하기

가. '감마' 로그인하기

크롬 검색창에서 '감마'를 검색하거나 사이트 주소(gamma.app)를 입력하여 로그인합니다. 구글 아이디를 활용하여 가입하고 로그인하면 편리하게 서비스를 이용할 수 있습니다.

[그림 2-78] 감마 홈 화면

[그림 2-79] 구글로 가입하고 로그인하기

나. '감마'를 활용하여 발표 자료 만들기

감마(gamma) 사이트에서 '새로 만들기(AI)' 버튼을 클릭합니다.

[그림 2-80] 감마 사이트 메뉴

AI로 만들기 메뉴에서 '생성' 버튼을 클릭합니다. 만들고자 하는 프레젠테이션의 주제만 입력하면 AI가 간단하게 프레젠테이션을 구성해 줍니다.

[그림 2-81] AI로 만들기

①의 ‘프레젠테이션’을 클릭하여 세계문화에 대한 발표 자료를 만들어보겠습니다. 프레젠테이션 주제는 ②의 ‘인도네시아의 음식 문화’로 입력하였습니다.

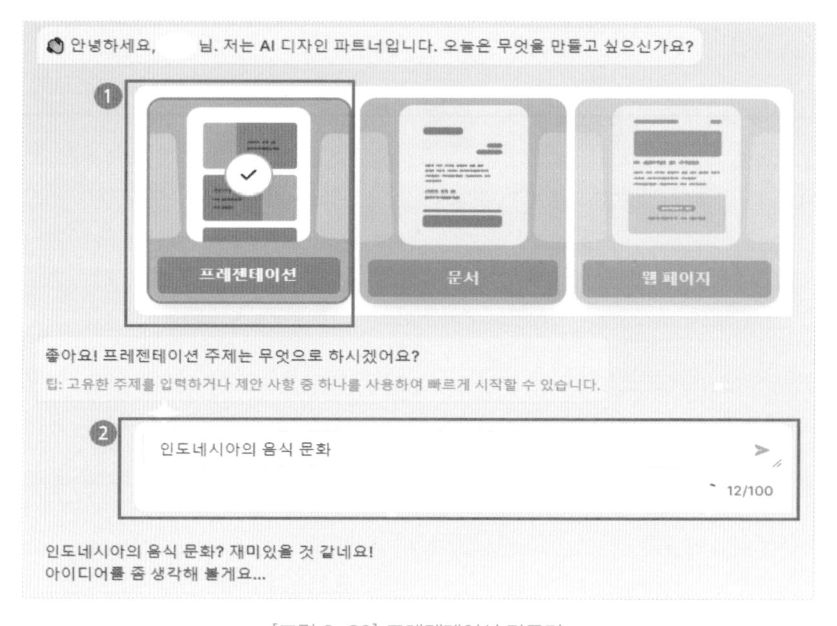

[그림 2-82] 프레젠테이션 만들기

‘감마’에서 만들어질 프레젠테이션의 개요를 자동으로 생성해서 보여줍니다. AI가 만든 개요를 수정하고 ‘계속’ 버튼을 클릭합니다.

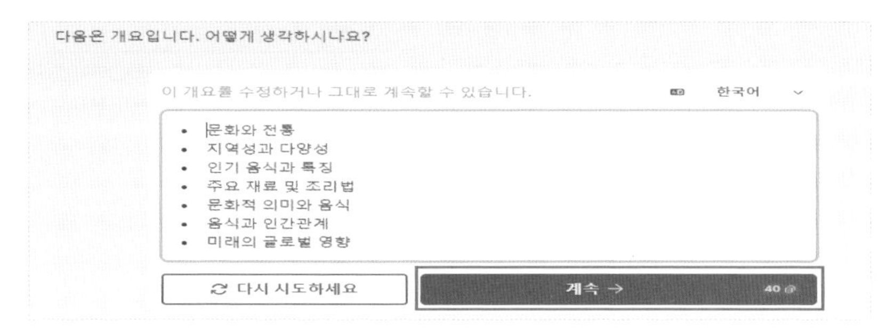

[그림 2-83] 프레젠테이션 개요 설정하기

화면에 '테마 선택' 메뉴가 나타납니다. 오른쪽에 보이는 다양한 테마 중 하나를 선택하고 '계속' 버튼을 클릭합니다. 선택한 테마에 따라 프레젠테이션의 글꼴, 색상 등 디자인이 자동으로 설정되며, 이전에 입력한 프레젠테이션의 주제와 개요에 기반하여 내용이 자동으로 생성됩니다.

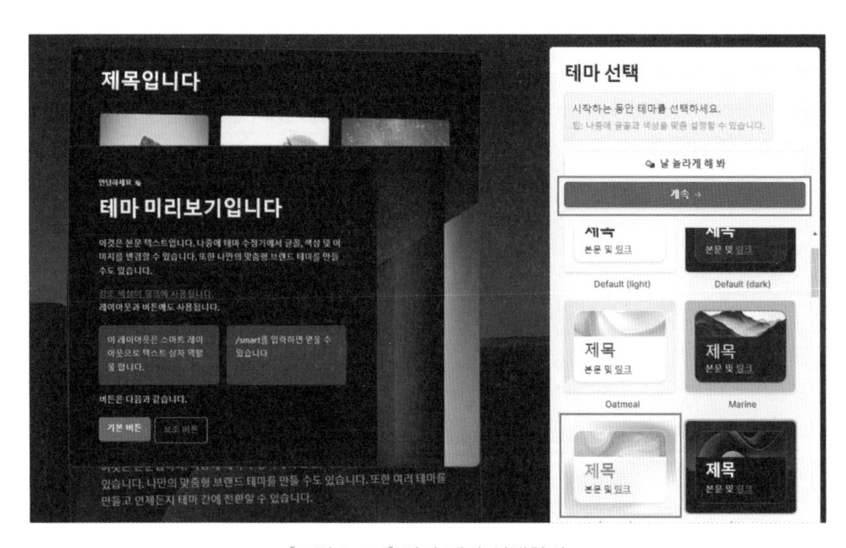

[그림 2-84] 감마 테마 선택하기

프레젠테이션 화면은 제작자의 의도에 맞게 수정할 수 있습니다. 우선, 본문의 텍스트 내용 왼쪽에 있는 ① 메뉴 버튼을 클릭하여 ② 텍스트의 폰트, 크기, 굵기, 정렬 등을 조정할 수 있습니다. ③ AI 수정 버튼을 눌러 텍스트를 더 매력적으로 수정할 수 있으며 '텍스트 펼치기', '텍스트 압축하기' 등의 기능을 활용할 수 있습니다. 또한, 프레젠테이션에 사용되는 이미지를 변경하거나 주요 아이디어를 자동으로 강조하는 '요점 시각화' 기능도 제공됩니다.

우측의 메뉴 바 중 ④의 최상단에 위치한 메뉴를 클릭하여 생성형 AI과의 협력을 통해 프레젠테이션을 수정할 수 있습니다. 그리고 우측 상단에 있는 ⑤ '공유' 버튼을 클릭하여 만들어진 프레젠테이션 자료를 공유하고 저장할 수 있고, ⑥ '프레젠테이션' 버튼을 클릭하면 전체 화면 프레젠테이션을 바로 시작할 수도 있습니다.

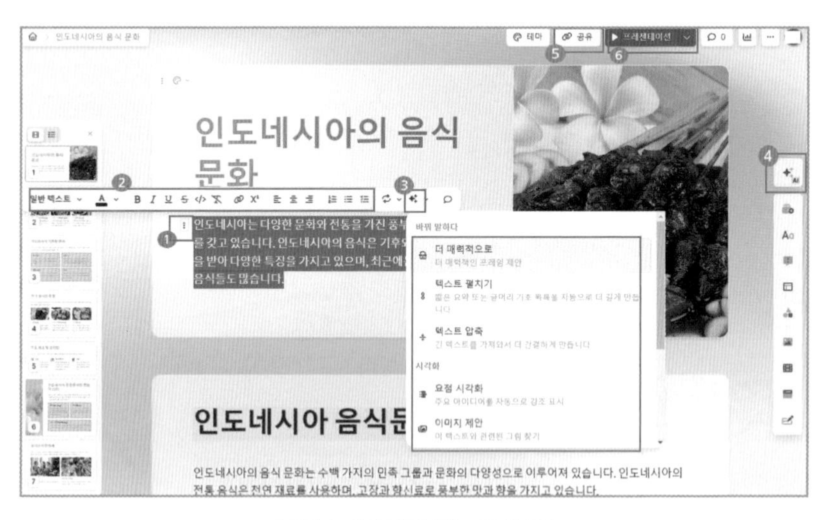

[그림 2-85] 감마 메뉴 둘러보기

우측 메뉴 바 상단의 AI 버튼을 클릭하면 나오는 대화창을 확인해 보겠습니다. AI 디자인 파트너와의 대화를 통해 내용을 더 흥미롭게 전달하는 방법, 주목받을 수 있는 내용으로 전달하는 방법 그리고 전문적으로 소개하는 방법 등을 조율할 수 있습니다. 이뿐만 아니라 삽입된 이미지를 생성형 AI가 그린 사진으로 교체할 수도 있습니다.

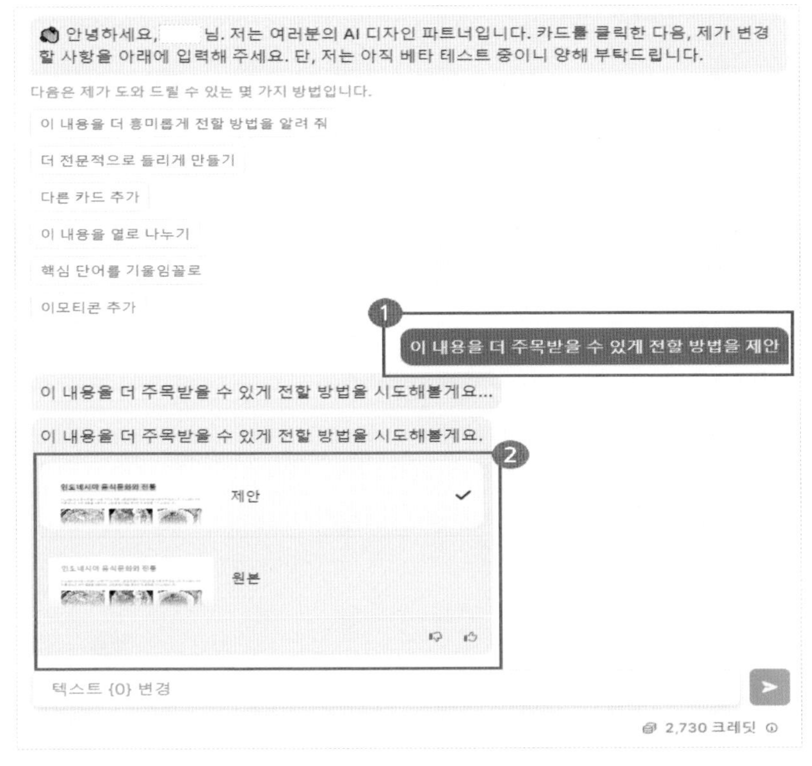

[그림 2-86] 더 주목받을 방법 요청하기

(2) '감마'로 만든 발표 자료 저장, 공유하기

화면 상단에 위치한 '공유' 버튼을 클릭하면 표시되는 화면입니다. ①의 '다른 사람 초대' 메뉴에서는 링크가 있는 모든 사용자의 권한을 설정할 수 있습니다. 현재는 ② '보기' 기능으로 설정되어 있지만, 이를 '수정'이나 '작성'이 가능하도록 변경할 수 있습니다. 화면 하단의 ③ '링크 복사' 버튼을 클릭하면 만들어진 프레젠테이션과 연결된 주소가 복사됩니다. 화면 상단에 위치한 ④ '내보내기' 버튼을 클릭하면 만들어진 프레젠테이션을 PDF 파일이나 파워포인트 파일로 내 컴퓨터에 저장할 수 있습니다.

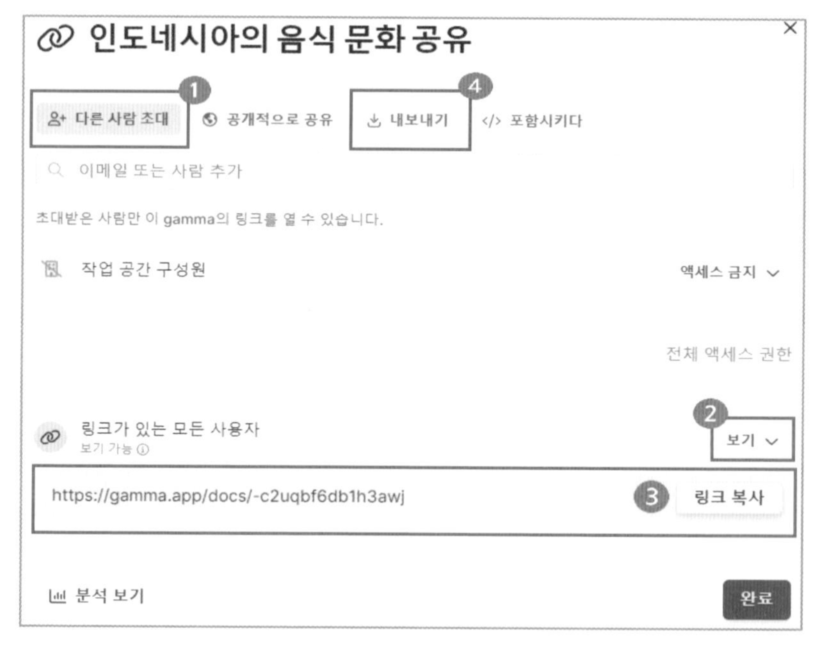

[그림 2-87] 감마 공유하기

3) 협업하여 세계문화지도 완성하기

(1) '패들렛(co.padlet.com)' 사이트 활용하기

크롬 검색창에서 '패들렛'을 검색하거나 주소창에 주소(ko.padlet.com)를 입력하여 패들렛 사이트에 로그인합니다.

가. '패들렛 만들기' 버튼 클릭하여 시작하기

[그림 2-88] 패들렛 만들기

나. '패들렛' 제목과 형식 지정하기

①의 제목은 '세계문화지도'라고 입력하고, ②의 형식은 '지도'를 선택하여 ③의 '완료' 버튼을 클릭합니다.

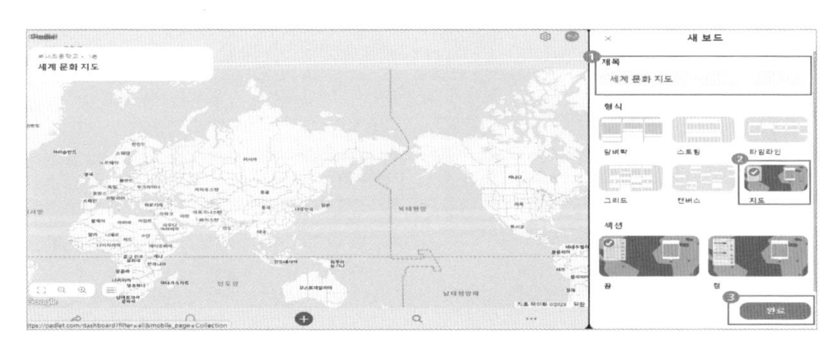

[그림 2-89] 패들렛 제목과 형식 지정하기

다. '패들렛' 공유하기

'패들렛' 우측 상단의 화살표 모양 '공유' 버튼을 클릭하여 패들렛을 공유하는 방법을 선택합니다. 방문자 권한은 ① '작가', 링크 프라이버시는 '비밀'로 설정하고, ② '클립보드로 링크 복사'를 선택하여 학급 구성원에게 '세계문화지도' 패들렛 주소를 공유할 수 있습니다.

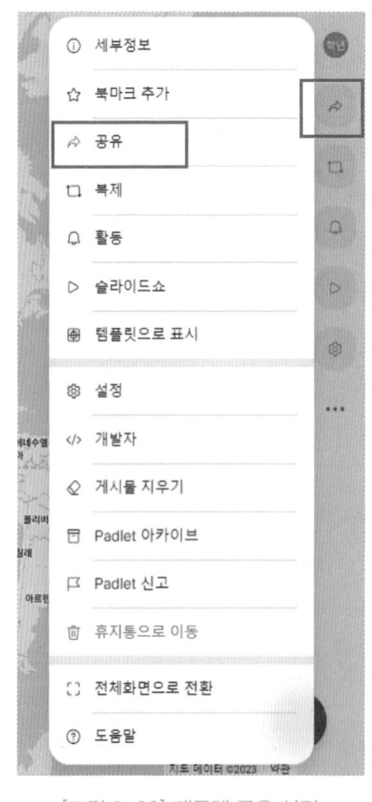

[그림 2-90] 패들렛 공유 설정

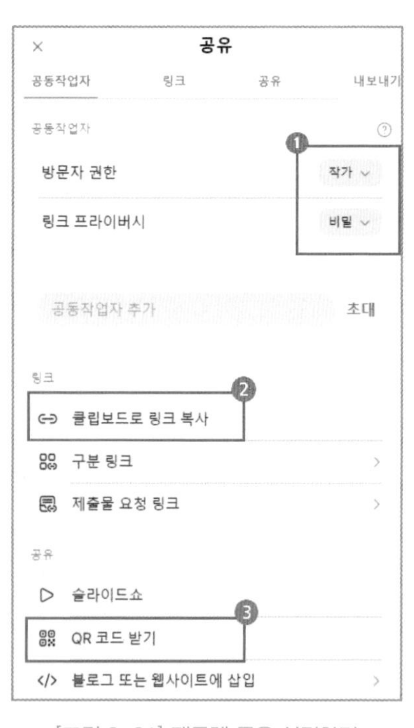

[그림 2-91] 패들렛 공유 설정하기

(2) 협업으로 세계문화지도 만들기

우측 하단 ①의 '더하기' 모양의 버튼을 클릭한 후, 이전에 뤼튼 또는 감마를 활용하여 조사한 세계 여러 나라의 문화 조사 자료(복사된 링크, 파일)를 업로드합니다. 패들렛에서 협업을 통해 아래와 같이 세계문화지도를 완성해 봅시다.

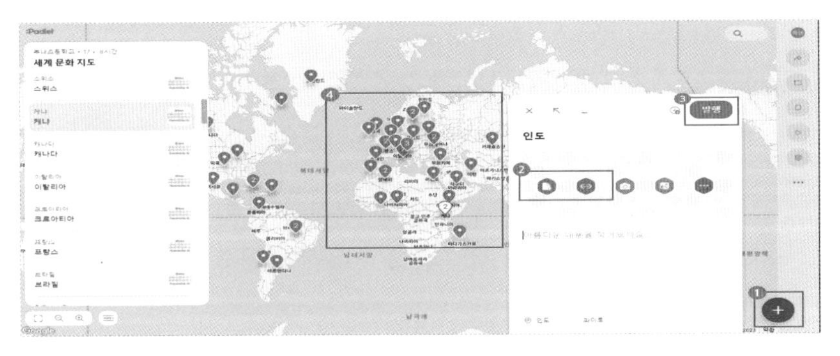

[그림 2-92] 세계문화 조사 자료 업로드

(3) 세계문화지도 완성하기

[그림 2-93] 협업으로 완성된 세계문화지도

협업으로 완성된 세계문화지도를 활용하여 학습자들은 다양한 나라의 문화에 대한 공감 능력과 사회 인식 역량을 키울 수 있습니다.

4) 세계문화지도 만들기가 사회정서학습에 미치는 영향

사회정서학습에서 강조하는 5가지 핵심역량 중 '사회적 인식'은 각자의 배경, 문화, 맥락을 고려하여 타인의 관점을 이해하고 공감하는 능력을 의미합니다. 이는 다양한 문제 상황에서 행동의 배경을 이해하고 가정, 학교, 지역사회에서 공동체 문제를 해결할 수 있는 능력입니다.

생성형 AI 기술을 활용하여 세계 각국의 문화를 탐구함으로써 학생들은 다양한 문화적 배경을 이해하고 공감하는 사회적 인식 역량을 키울 수 있습니다. 학생들은 자신의 세계관을 넓히고 다른 문화에 대한 이해와 존중을 높이는 데 생성형 AI 기술을 유용하게 활용할 수 있습니다.

또한, 사회정서학습에서 중요시하는 '관계 기술'은 명료한 의사소통, 능동적인 경청, 문제 해결을 위한 협력을 통해 건강한 인간관계를 형성하는 능력을 의미합니다. 세계문화지도를 공유하는 과정에서 패들렛을 사용하여 학급 구성원과 협업하는 활동은 학생들이 타인과 의견을 나누고 협력하는 방법을 배우게 하고, 사회적 상황에서 효과적으로 소통하고 공감하는 능력을 키워줍니다. 세계문화지도 만들기 활동을 통해 학생들이 협력과 소통을 배우고 다양한 나라의 문화에 대한 공감 능력을 키울 수 있을 것입니다.

7. AI와 함께 세계 여행하기

들어가며

여행을 통해 다양한 삶을 탐험하는 것은 사회적 인식 역량을 키우는 데 중요한 학습 경험이 됩니다. 여행은 기후 및 지형과 같은 자연적인 측면부터 종교 및 전통과 같은 인간적인 측면까지, 인간 생활과 환경 간의 관계를 이해하고 서로 다른 가치와 문화를 존중하는 태도를 기를 수 있도록 도와줍니다.

여행을 계획할 때 최근 개발된 생성형 AI 챗봇(Google Gemini, Chat GPT, Bing)과 여행 전용 애플리케이션인 'Roam Around' 등을 활용할 수 있습니다. 이러한 혁신적인 인공지능 앱은 여행지를 입력하면 최적의 여행 정보를 제공해 주어 여행 일정을 실감 나게 계획할 수 있습니다.

또한, '구글 지도'의 다양한 기능을 활용하여 여행 일정을 작성하고 간접적으로 경험할 수 있습니다. 구글 지도는 전 세계 수백 개 도시의 위성 이미지, 3D 건물 그리고 지형을 확인할 수 있도록 도와줍니다. 여행지의 특정 위치를 스트리트 뷰(Street View)에서 360도로 확대하여 살펴보면서 여행 일정을 효과적으로 조직할 수 있습니다.

마지막으로 'Canva'와 'Adobe Firefly'를 이용하여 여행 안내 자료를 제작하는 방법을 알아보겠습니다. 'Canva'의 교육용 계정은 학습자들과 협업하는 기능을 제공하고, 학습 자료를 간편하게 제작할 수 있도록 다양한 메뉴를 무료로 제공해 줍니다. 아울러 'Adobe Firefly'의 AI 기술을 활용하면 여행 안내 자료 제작에 필요한 이미지를 손쉽게 얻을 수 있습니다.

1) AI로 세계 여행 코스 정하기

(1) AI 챗봇 활용하기

구글 제미나이(Google Gemini), ChatGPT, 빙(Bing Copilot)은 모두 인공지능 챗봇입니다. 구글 제미나이는 구글에서 개발한 인공지능 챗봇으로, 자연어 처리 기술을 활용하여 사용자의 질문에 효과적으로 응답합니다. ChatGPT는 Open AI에서 개발한 인공지능 챗봇으로, 대화의 맥락을 이해하여 자연스러운 대화를 제공합니다. 빙 채팅은 마이크로소프트에서 개발한 인공지능 챗봇으로 Open AI의 ChatGPT 4.0 기술을 활용하여 사용자의 질문에 최신 정보로 답변합니다.

[표 2-7] 인공지능 서비스 비교

생성형 인공지능	접속 브라우저	주소
구글 제미나이(Google Gemini)	Chrome	Gemini.google.com
ChatGPT	Chrome	chat.openai.com
빙(Bing Copilot)	Microsoft Edge	www.bing.com

가. 'Chat Hub'로 AI 챗봇 결과물 한 번에 비교하기

각 인공지능 챗봇은 각자 장단점이 있습니다. 동일한 주제로 검색을 수행하면 각 챗봇이 서로 다른 결과물을 제공합니다. Chrome 웹 스토어에서 확장 프로그램 'Chat Hub'를 설치하면 여러 생성형 AI의 결과물을 한 번에 비교할 수 있습니다.

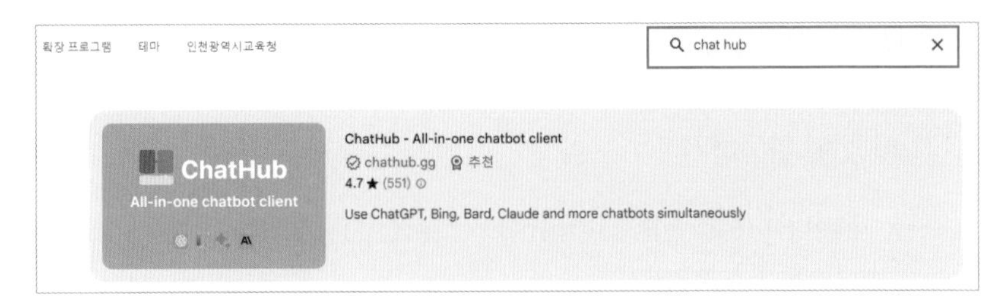

[그림 2-94] 크롬 확장 프로그램 Chat Hub 설치

나. 확장 프로그램 'Chat Hub' 설치하기

Chrome 웹 스토어(chromewebstore.google.com)에서 확장 프로그램 'Chat Hub'를 설치해 보겠습니다.

설치 후 구글 크롬 창에서 확장 프로그램 ① 'Chat Hub'를 ② 활성화하고, 한국어 검색이 가능한 대표적인 인공지능 챗봇 ③ Google Gemini, ChatGPT, Bing 3가지 생성형 AI를 실행시킵니다.

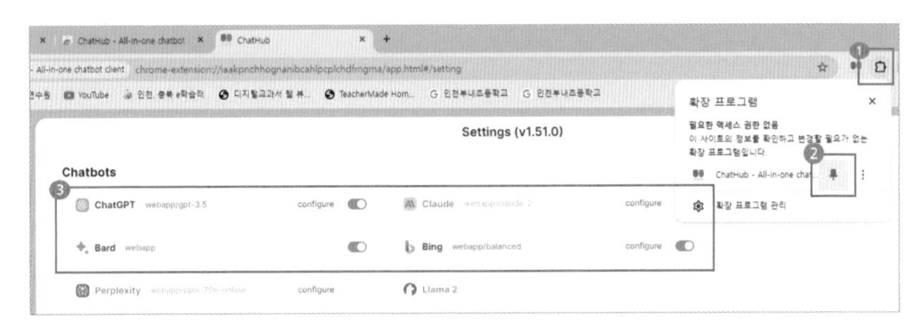

[그림 2-95] Chat Hub 실행하기

다. 'Chat Hub'로 여행 코스 만들기

'Chat Hub'를 실행시키고 '싱가포르 4박 5일 여행 일정'을 요청하는

①과 같은 프롬프트를 입력하면 ② ChatGPT와 ③ Bing에서 서로 다른 결과물을 보여줍니다. ChatGPT는 오전과 오후로 나누어 시간대별로 여행 일정을 안내하였고 식사 장소까지 구체적으로 제시했습니다. Bing은 일정을 자세한 문장으로 소개했습니다. 장소별로 체험 일정을 구체적으로 소개하여 이해하기가 쉽습니다. 2가지 결과물을 비교하면서 여행 코스를 정할 수 있습니다.

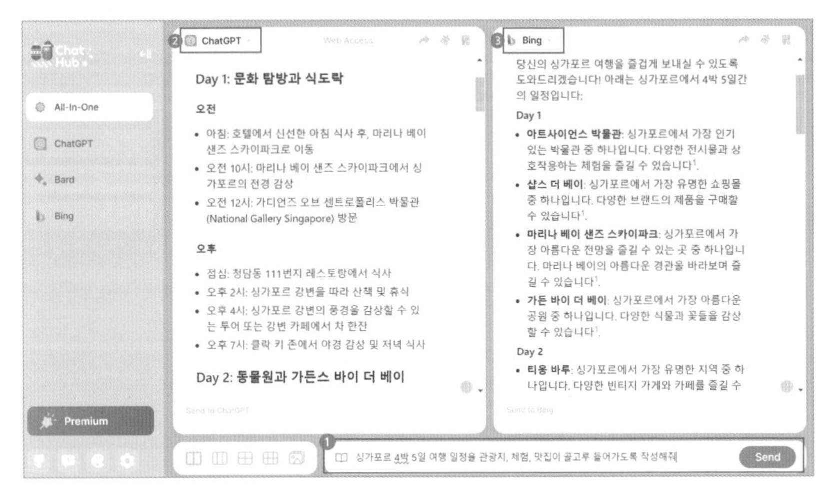

[그림 2-96] ChatGPT와 Bing 검색 결과 비교하기

(2) 여행 전문 인공지능 앱 'Roam Around' 활용하기

'Roam Around'는 여행 일정을 세우는 데 도움을 주는 인공지능 기반 애플리케이션으로, 수백만 개 이상의 맞춤형 여행 일정을 제공하고 있습니다. 구글 검색창에서 'Roam Around'를 검색하거나 주소창에 'Roam Around' 공식 웹사이트 주소(www.roamaround.io)를 입력

하여 접속합니다.

①의 구글 번역 기능을 이용하면 한국어로 웹페이지를 볼 수 있습니다. 여행 장소를 ②에 입력하고, 여행 일정을 ③에 입력하면 인공지능 앱이 자동으로 여행 코스를 생성하여 보여줍니다.

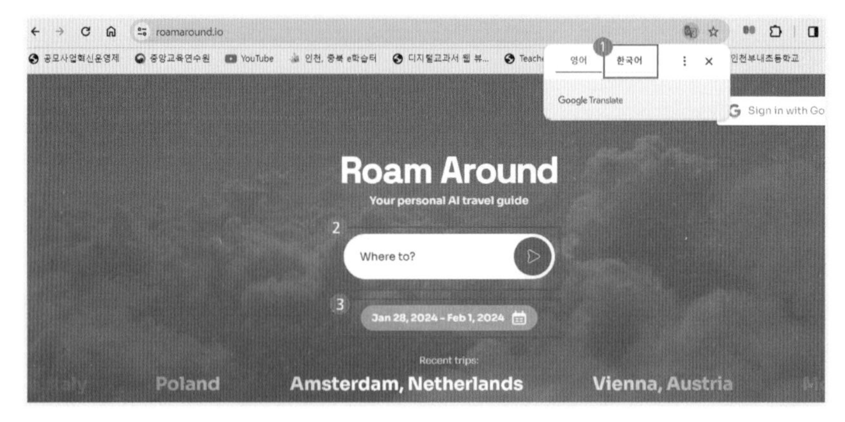

[그림 2-97] Roam Around 검색 화면

싱가포르 4박 5일 가족여행을 검색해 보겠습니다. 'Roam Around' 인공지능 앱이 싱가포르 여행 코스를 다음과 같이 일자별로 추천해 줍니다. 'Roam Around'는 구글 지도와 연동되어 여행지를 구글 지도에서 확인할 수도 있습니다.

[그림 2-98] Roam Around 검색 결과

'Roam Around'는 Open AI를 활용하여 맞춤형 여행 일정을 생성하여 제공하므로 사용자들이 여행 일정을 직접 작성하는 데 필요한 시간과 노력을 절약할 수 있습니다. 또한 여행지를 바로 예약할 수 있도록 예약 가능 웹페이지 링크도 함께 제공합니다.

2) 구글 지도로 여행 일정표 만들기

(1) 구글 지도 활용하기

구글 지도(Google Maps)는 구글이 제공하는 지도 서비스로 전 세계 지리 정보를 제공하는 웹 기반 및 모바일 애플리케이션입니다. 크롬 브라우저를 열고 구글 계정으로 로그인하면 구글 지도 이용이 가능합니다.

가. 구글 지도 둘러보기

크롬 창 우측 상단 ①의 메뉴 버튼을 누르고, ② 지도 아이콘을 클릭하면 구글 지도를 이용할 수 있습니다. 구글 지도는 컴퓨터 웹과 모바일 앱에서 실행 가능하며 다양한 기능이 있어 편리합니다. 가게, 음식점, 카페 등의 정보를 쉽게 찾을 수 있고 스트리트 뷰, 실내 지도 기능을 통해 건물 내부와 외부의 정보도 확인 가능합니다. 구글 지도를 통해 다양한 지역 정보와 여행 가이드를 손쉽게 얻을 수 있습니다.

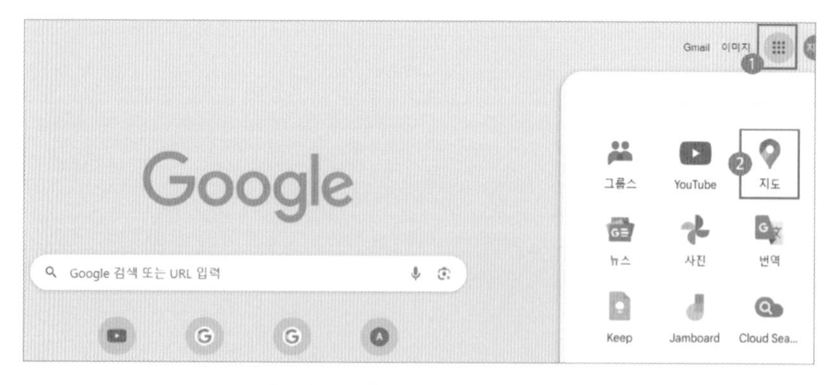

[그림 2-99] 구글 지도 로그인하기

나. 구글 지도에 여행지 '새 목록' 작성하기

구글 지도 검색창 좌측 '메뉴 버튼'을 누르면 왼쪽에 메뉴가 보입니다. '저장됨'을 클릭하여 지도에서 자신이 여행할 장소를 저장할 수 있는 ① '목록'을 클릭하고, ② '새 목록'을 선택하여 ③ '싱가포르 4박5일 여행'이라는 새 목록을 만들어보겠습니다.

[그림 2-100] 구글 지도에서 새 목록 만들기

'Roam Around'에서 제공하는 여행 일정은 구글 지도와 연동되어 여행 일정을 구글 지도에 표시할 수 있습니다. 'Roam Around' 검색 결과 웹페이지의 좌측 상단 '지도 보기' 버튼을 클릭해 보겠습니다.

[그림 2-101] Roam Around 검색 화면

다. 인공지능 앱 'Roam Around'와 구글 지도 연동하기

'Roam Around'에서 만든 여행 일정을 사진과 함께 볼 수 있으며, ①의 방향키를 사용하여 구글 지도에서 자세한 위치도 확인할 수 있습니다. 사진 하단의 ② '지도' 버튼을 클릭하면 구글 지도와 연동되어 아래와 같이 '유니버셜 스튜디오 싱가포르'가 지도에서 표시됩니다.

[그림 2-102] Roam Around 지도 보기

라. 구글 지도에서 여행지를 '스트리트 뷰'로 보기

구글 지도의 ① '스트리트 뷰' 버튼을 누르면 싱가포르 유니버셜 스튜디오 모습을 사진으로 확인할 수 있습니다. 마음에 드는 여행 장소는 ③ '저장' 버튼을 클릭하여 자신의 구글 지도에 저장합니다. 다른 방문자들의 ④ '리뷰'를 참고하면 여행 장소를 정하는 데 도움이 됩니다.

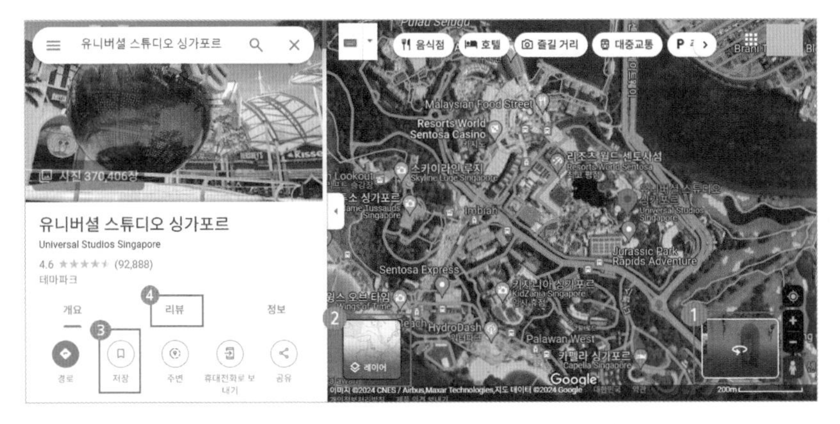

[그림 2-103] Roam Around에서 구글 지도 열기

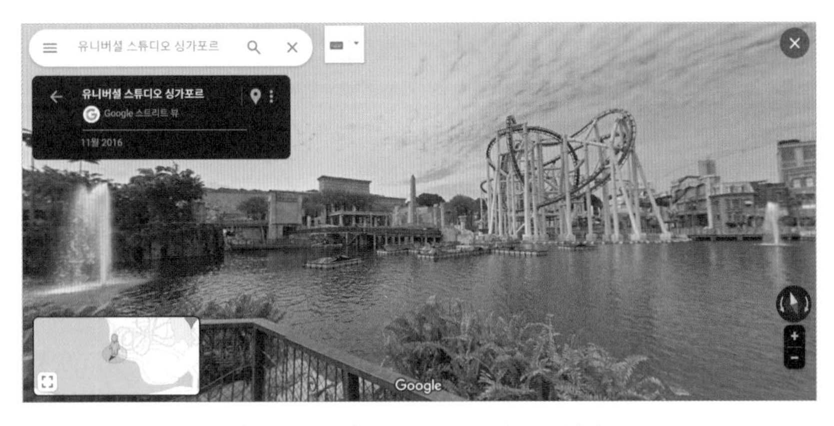

[그림 2-104] 구글 지도 스트리트 뷰 화면

이 같은 방법으로 'Roam Around'에서 추천하는 여행 일정 중 마음에 드는 장소를 저장하여 자신만의 여행 일정을 구성할 수 있습니다.

마. 일자별 여행 장소 구글 지도에 표시하기

구글 지도 검색창 좌측의 '메뉴 버튼'에서 ① '지도' 탭을 클릭하고, 하단의 ② '지도 만들기' 버튼을 실행시킵니다. 여행 일자별 여행 동선을 그려봅시다.

[그림 2-105] 구글 지도 만들기

지도 이름은 ① '싱가포르 여행'으로 정하고 ② '레이어 추가' 버튼을 클릭하여 여행 일자별로 여행 일정을 작성하였습니다. 앞서 인공지능을 활용하여 정한 여행지를 검색하고 일자별 여행 일정에 추가합니다. 일자별 여행 일정이 만들어지면 일자 하단에 ③ '개별 스타일'을 클릭하여 ④ '숫자의 순서'로 바꿔서 여행 순서를 표시합니다.

또한 일자별 여행 장소 목록에서 ⑤ 여행지를 클릭하고 ⑥ '스타일' 아이콘을 클릭하여 일자별 여행 장소 색깔을 다르게 표시할 수 있습니다. 이러한 기능을 활용하면 일자별 여행 장소가 구분되고, 하루의 여행 순서를 지도에 표시하여 한눈에 여행 일정을 알아보기 쉽습니다.

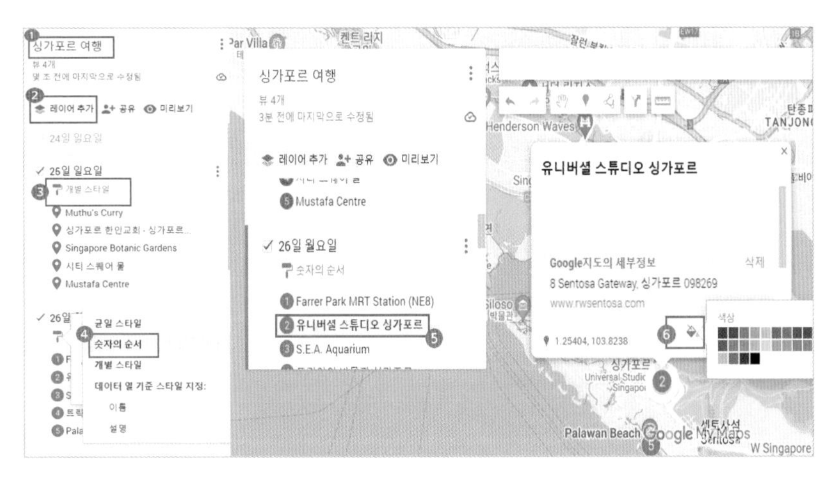

[그림 2-106] 구글 지도에 여행 동선 그리기

(2) 선으로 연결하여 여행 동선 표시하기

검색창 하단의 ① '선 그리기' 버튼을 클릭하여 여행 일자별 여행 장소를 ② 선으로 연결하여 여행 동선을 표시하겠습니다.

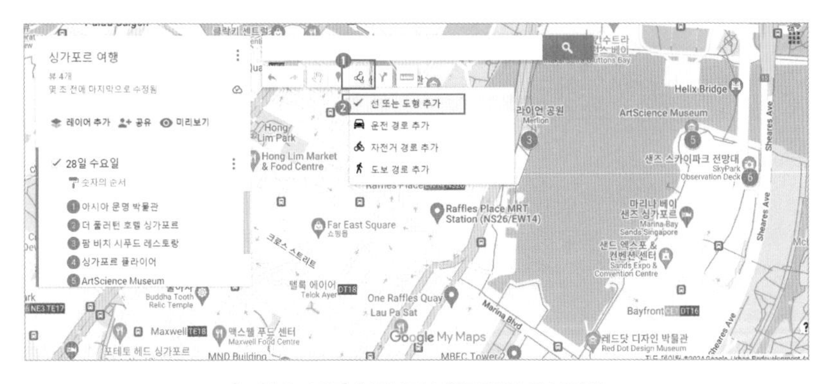

[그림 2-107] 여행 동선 연결하여 표시하기

여행 일자별 연결된 동선은 ① '스타일' 메뉴를 클릭하여 ② '두께'를 조절할 수 있습니다.

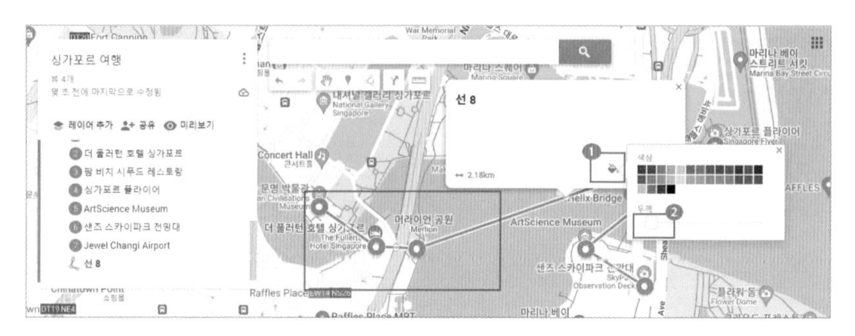

[그림 2-108] 여행 장소 연결선 조정하기

(3) 여행 지도 공유하기

학급 구성원과 여행 지도 링크를 공유하고 각자 조사한 여행 코스를 활용하여 학습을 진행할 수 있습니다.

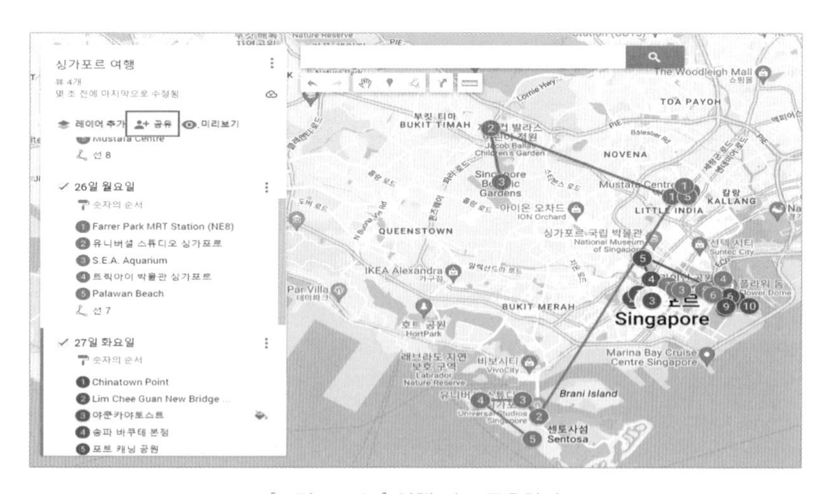

[그림 2-109] 여행 지도 공유하기

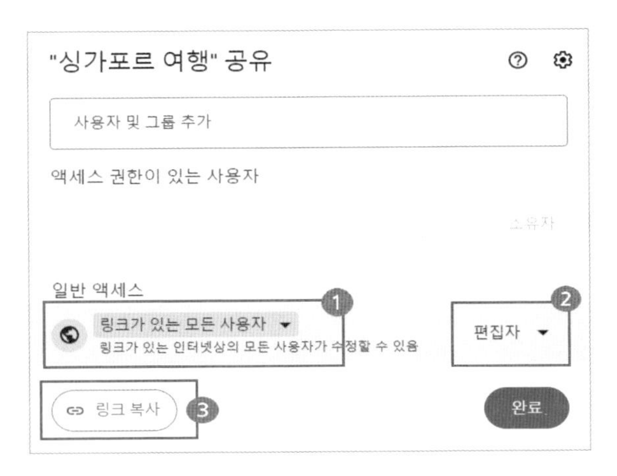

[그림 2-110] 액세스 권한 설정, 링크 복사하기

완성된 구글 지도는 좌측 메뉴의 '공유' 버튼을 클릭하여 ①, ② 액세스 권한을 설정하고, ③ '링크 복사'를 하여 외부에 공유합니다.

구글 지도는 여행 계획 단계뿐만 아니라 여행 중에도 유용하게 활용될 수 있습니다. 구글 지도의 실시간 교통 정보와 최적 경로 제안을 통해 여행지에서 효율적인 이동이 가능하고, 다양한 검색 옵션과 리뷰 기능을 활용하여 여행 목적지의 음식점, 숙소, 관광지 등을 손쉽게 찾을 수 있습니다.

3) 여행 안내 자료 만들기

(1) 'Canva'를 활용하여 세계 여행 포스터 그리기

'Canva'는 프레젠테이션, 포스터, 문서 및 기타 시각 콘텐츠를 만들기 위해 다양한 디자인 템플릿을 제공하는 플랫폼입니다. 크롬 검색창에서 'Canva'를 검색하거나 주소창에 www.canva.com을 입력하여 접속할 수 있습니다. 본인의 구글 계정으로 회원 가입을 하면 간편하게 로그인할 수 있습니다. 또한 'Canva' 회원 가입 시 교사 인증을 받고 교육용 계정으로 회원 가입 신청을 하면 일부 유료 서비스를 무료로 이용할 수도 있습니다.

가. 'Canva'를 이용한 포스터 그리기

'Canva' 우측 상단의 '디자인 만들기' 버튼을 클릭하고 '교실용 포스터'를 선택합니다. Canva는 포스터뿐 아니라 교육 프레젠테이션, 교육 동영상, 교육 인포그래픽 등 다양한 디자인을 만들 수 있도록 도와줍니다.

'Canva' 좌측 메뉴에서 '디자인'을 클릭하고 '여행 포스터'를 검색하면 이미 제작된 여러 템플릿이 나타납니다. 이 템플릿을 선택하고 '요소', '텍스트' 메뉴 등을 활용해 원하는 대로 편집하면 포스터를 제작할 수 있습니다. 'Canva'는 간편하게 사용할 수 있는 다양한 도구를 제공하여 교육 자료나 포스터를 개성 있게 만들어 줍니다.

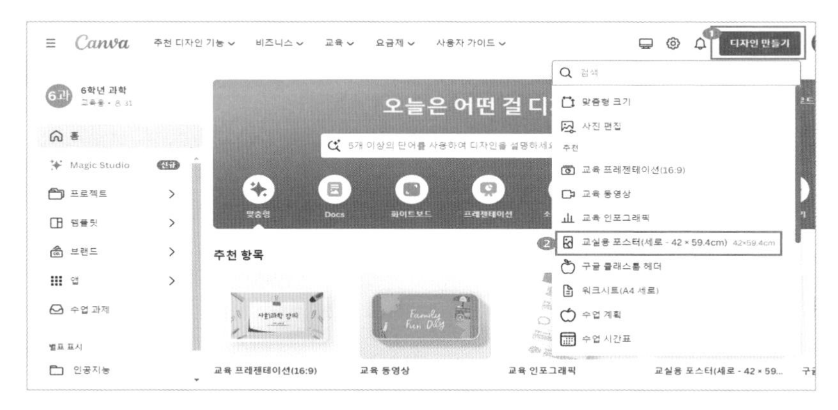

[그림 2-111] Canva로 포스터 디자인하기

메뉴 중 ④ 'Magic Switch'를 클릭하면 영어로 된 디자인을 간편하게 한국어로 번역할 수 있습니다. 또한 ③ '사진 편집'을 클릭하면 배경 제거, Magic Eraser, Magic Edit, Magic Grab, 텍스트 추출, 필터, 효과 등 다양한 방법으로 사진을 편집할 수 있습니다.

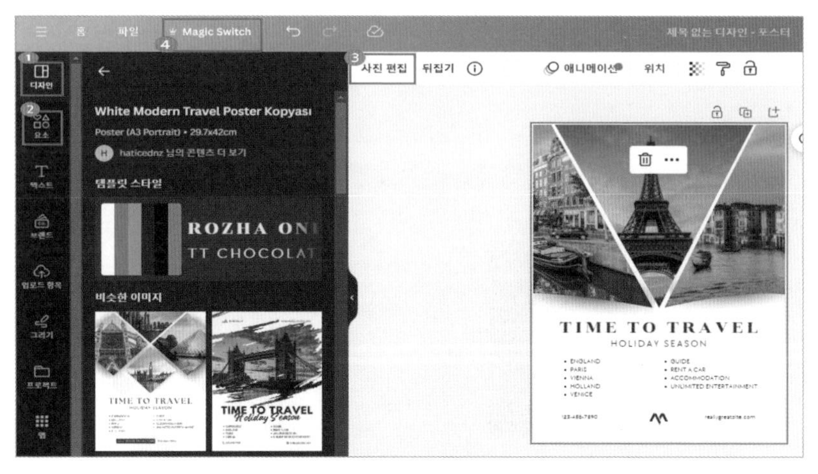

[그림 2-112] Canva로 세계 여행 포스터 사진 편집

나. 여행 계획 구글 지도를 QR코드로 만들어 포스터에 넣기

'Canva'의 좌측 메뉴 하단에서 ① '앱'을 클릭하고 ② 'QR코드'를 검색하면 간단하게 QR코드를 만들어 포스터에 삽입할 수 있습니다. 앞서 구글 지도로 만든 여행 계획을 QR코드로 삽입하면 여행지를 효과적으로 홍보할 수 있습니다.

[그림 2-113] 여행 포스터에 구글 지도 QR코드 넣기

포스터를 저장하거나 공유하려면 메뉴 상단의 ① '공유'를 클릭합니다.

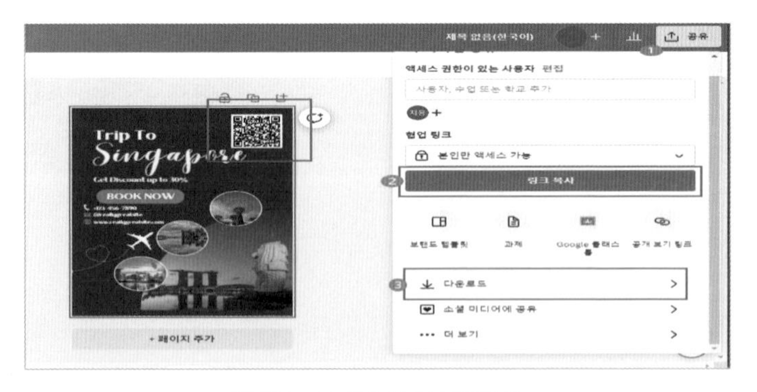

[그림 2-114] 공유 및 다운로드

다. 'Canva'로 제작한 세계 여행 포스터 공유하기

[그림 2-115] Canva로 만든 여행 홍보 포스터

교육용 'Canva'는 다양한 라이브러리를 제공하여 수업 계획, 보고서, 포스터 등 여러 콘텐츠를 손쉽게 작성할 수 있게 해줍니다. 이 도구를 활용하면 GIF, 동영상, 애니메이션, 음악 등 다양한 멀티미디어 자료를 효과적으로 활용하여 수업을 더 재미있게 만들 수 있습니다. 'Canva'는 다른 교육 도구와의 원활한 통합도 제공합니다. 구글 클래스룸과 같은 학습 관리 시스템(LMS)과 연동해 수업을 효과적으로 운영할 수 있습니다.

(2) 'Adobe Firefly' 활용하여 세계 여행 이미지 만들기

가. 'Adobe Firefly' 가입하기

'Adobe Firefly'를 사용하려면 검색창에서 'Adobe Firefly'를 검색하거나 주소창에 firefly.adobe.com을 입력해 사이트에 접속합니다. 구글 계정을 사용하여 로그인해 보겠습니다.

[그림 2-116] Adobe Firefly 가입하기

나. 'Adobe Firefly' 생성형 AI 활용하기

〈텍스트를 이미지로〉

'Adobe Firefly' 생성형 AI는 '텍스트를 이미지로' 생성해 줍니다. 생성하고자 하는 이미지를 위한 ① '프롬프트'를 한국어로 입력하고, 우측 메뉴에서 원하는 ② '효과'를 지정합니다. 마음에 드는 이미지가 완성되면 상단의 ③ '저장' 버튼을 클릭하여 파일로 저장하거나 링크를 생성하여 다른 사람들과 공유할 수 있습니다.

[그림 2-117] Adobe Firefly 텍스트를 이미지로

〈생성형 채우기〉

'Adobe Firefly'의 '생성형 채우기' 기능을 이용하여 사용자가 이미지를 원하는 대로 수정할 수 있습니다.

이미지에서 개체를 제거하거나 새로운 개체를 추가하려면 먼저 좌측 메뉴에서 ① '삽입'을 선택합니다. 하단 메뉴에서 원하는 브러시 크기를 ② '설정'합니다. 브러시로 원하는 부분을 표시하여 생성형 AI에게 수정 지시를 합니다. 이렇게 하면 이미지에서 선택한 영역이 제거되거나 새로운 내용이 추가된 이미지를 생성할 수 있습니다.

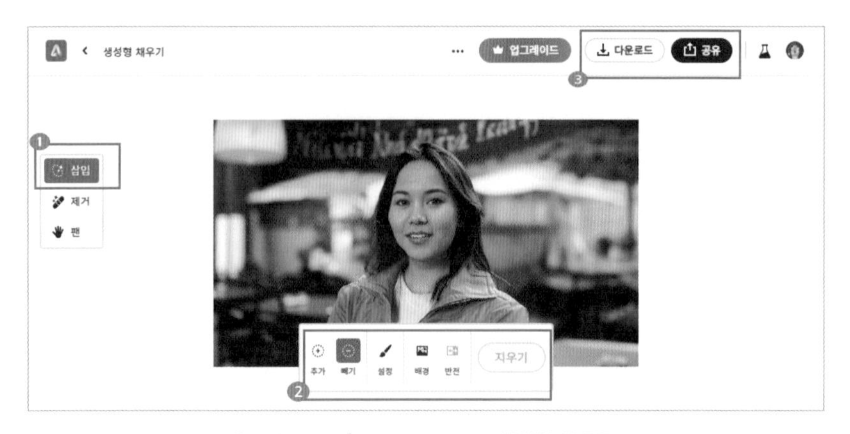

[그림 2-118] Adobe Firefly 생성형 채우기

'Adobe Firefly'의 '생성형 채우기' 기능을 이용하여 위 사진의 여성 이미지를 새롭게 생성해 보도록 하겠습니다. 먼저 브러시를 사용하여 상의를 선택합니다. 프롬프트를 '한국 여성의 한복'이라고 입력하면, 생성형 AI가 한복을 입은 이미지로 바꿔줍니다.

[그림 2-119] 상의 한복으로 수정하기

다음으로 배경을 경복궁으로 바꿔보겠습니다. ① '배경'을 클릭하여 현재의 배경을 제거합니다. ② '한국 경복궁을 배경으로 바꿔줘'라고 프롬프트를 입력하면 생성형 AI가 경복궁을 배경으로 다양한 이미지를 생성합니다. 생성된 이미지 중에서 원하는 배경을 선택하고 '유지하기'를 선택합니다.

[그림 2-120] 배경 제거 후 프롬프트 입력하기

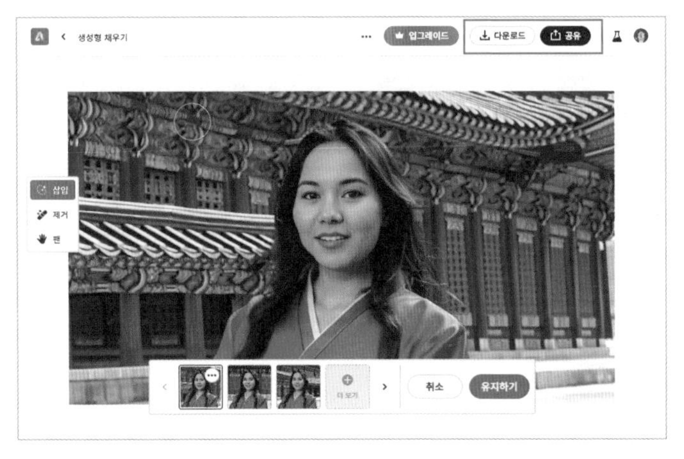

[그림 2-121] 경복궁으로 배경 수정하기

(3) 세계 여행 안내 자료 공유하기

지금까지 'Adobe Firefly' 생성형 AI를 사용하여 텍스트를 이미지로 변환하거나 생성형 채우기 기능을 활용하여 이미지를 사용자가 원하는 형태로 수정해 보았습니다. 생성된 이미지는 사용자가 이미지 상단 메뉴에서 '다운로드' 또는 '공유' 버튼을 클릭하여 내 컴퓨터에 저장하거나 외부로 링크를 공유할 수 있습니다.

'Adobe Firefly'의 생성형 AI를 활용하면 세계 여행 관련 이미지를 손쉽게 만들 수 있습니다. 생성된 이미지를 세계 여행 관련 학습 자료 제작에 활용할 수 있고, 패들렛을 이용하여 결과물을 공유할 수 있습니다.

[그림 2-122] Adobe Firefly로 제작한 이미지

4) 세계 여행하기 활동이 사회정서학습에 미치는 영향

사회정서학습은 학생들이 사회적으로 능숙하고 정서적으로 건강하게 성장할 수 있도록 돕기 위해 자기 인식, 자기 관리, 사회적 인식, 관계 기술 그리고 책임 있는 의사 결정이라는 5가지 핵심역량을 강조합니다. 이 중 '사회적 인식'은 다양한 배경과 문화를 고려하여 타인의 관점을 이해하고 공감하는 능력을 의미합니다.

여행은 인간 생활과 환경 간의 관계를 이해하고 서로 다른 가치와 문화를 존중하는 태도를 기를 수 있도록 도와줍니다. 여행 애플리케이션과 생성형 AI 챗봇을 활용하여 여행 일정을 구성하고, 구글 지도의 위성 이미지와 스트리트 뷰를 이용하여 여행 경로를 만드는 활동을 통해 학습자는 세계의 다양성을 더욱 깊이 이해하고 다른 나라 사람의 관점을 이해하고 공감할 수 있습니다.

'사회적 인식 역량'은 다른 사람의 감정을 이해하고 긍정적으로 소통하며, 그들의 관점을 수용할 수 있는 능력을 갖추는 것을 목표로 합니다. 인공지능 앱과 도구를 활용하여 세계 여행을 간접적으로 경험하고 다른 나라의 문화와 환경을 포스터와 이미지로 만드는 과정을 통해 학습자는 다양한 문화적 배경을 존중하는 태도를 키울 수 있고, 서로 다른 관점을 수용할 수 있는 사회적 인식 역량을 높일 수 있을 것입니다.

관계 기술 역량

8. 상담 AI 만들어 갈등 해결하기

들어가며

학생들은 학교나 방과 후 활동에서 다양한 친구들을 만나는데, 이는 친구들과 활동과 대화를 통해 다양한 경험을 쌓는 중요한 시간입니다. 그러나 이러한 상호작용 과정에서 갈등이 생겨날 수 있습니다. 오해에서 비롯된 갈등, 작은 다툼에서 키워진 불화 그리고 SNS를 통한 소통에서 발생한 문제들은 학생들에게 심리적인 어려움을 줍니다.

이때 친구와의 갈등을 해결하려면 감정적인 위로와 함께 화해를 위한 적절한 말과 방법이 필요합니다. 학생들은 상황에 걸맞은 상담을 받으면서 어떻게 행동하고 말하면 좋을지 배워나갈 수 있습니다. 그러나 매번 선생님을 찾아가는 것은 어려우며, 상담 선생님과의 약속은 부담스러울 수 있습니다. 이런 어려움을 극복하기 위해 학생의 필요에 맞게 익명성이 보장되는 상담 AI가 학생들에게 제공된다면, 언제든지 부담 없이 상담을 받을 수 있을 것입니다.

학생들이 직접 상담 AI를 만들고 사용함으로써 디지털 역량을 향상하고 동시에 관계 기술을 현실적으로 배울 수 있습니다. 이는 창의성과 문제 해결력을 키우며, 자기 경험을 바탕으로 타인과의 소통과 협력을 강화하는 중요한 기회로 작용할 것입니다.

1) 온라인 상담

학생들은 일상에서 친구들과 종종 작은 갈등에 부딪히게 됩니다. 이러한 갈등은 관계 기술을 향상하는 중요한 기회로 삼을 수 있습니다. 그러나 학생들은 친구들과 갈등이 발생하면 어떻게 대응해야 하는지 잘 알지 못하며, 문제를 해결하려고 할 때 구체적인 도움이 필요한 경우가 많습니다. 이런 상황에서 학생들이 누군가의 지원을 받으면 매우 도움이 될 것입니다.

학생들은 상담이 필요한 경우가 많지만, 이러한 문제를 선생님에게 상담하는 것을 어려워할 수 있습니다. 선생님이 자신의 문제를 잘 이해하지 못할 수도 있다는 두려움, 자신의 문제로 인해 선생님을 걱정시킬 수 있다는 두려움이 있습니다. 그리고 선생님과의 직접적인 면담을 위해서는 시간 조율이 필요하며 대면으로 상담하는 것에 대해 부담감을 느낄 수 있습니다. 그래서 온라인 상담이 효과적일 수 있습니다. 언제 어디서나 접근할 수 있으며, 디지털 플랫폼을 통한 텍스트나 영상을 활용한 상담은 대면 부담 없이 자유롭게 의견을 나눌 수 있습니다.

사이버1388 청소년상담센터는 청소년들에게 친숙한 인터넷을 활용하여 가족 갈등, 교우 관계 문제, 학업 중단, 가출, 인터넷 중독, 진로 및 학업 문제 등 다양한 고민을 경험하는 청소년들에게 365일 24시간 상담 서비스를 제공합니다.

이 서비스는 학생들이 이용할 수 있는 다양한 형태를 갖추고 있습니다. 실시간 채팅을 통해 전문 상담자와 일대일로 소통하는 채팅 상담, 자신의 고민을 게시판에 올려 전문 상담자의 답글을 받는 게시판 상담, 짧은 고민에 대해 여러 명의 상담자가 댓글을 제공하는 댓글 상담이 가능합니다. 학생들의 접근성을 높이기 위해 페이스북, 카카오톡, 인스타그램을 통한 상담도 이루어지고 있습니다.

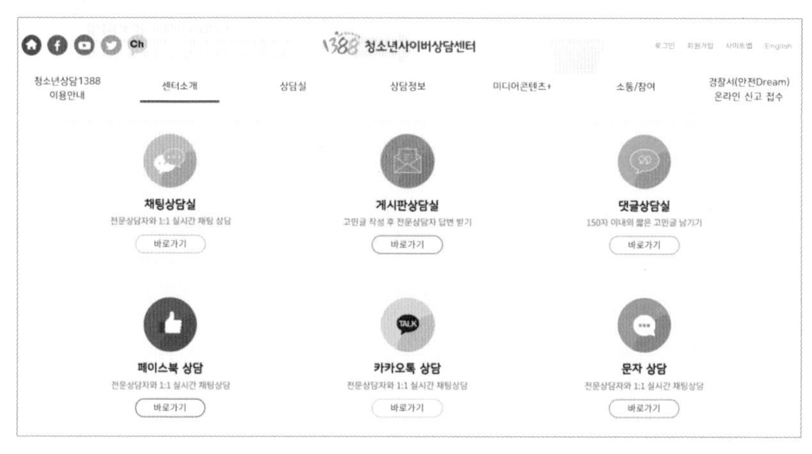

[그림 2-123] 청소년사이버상담센터

그러나 사이버1388 청소년상담센터를 이용하는 데에는 몇 가지 어려움이 있습니다. 온라인 상담을 이용하기 위해서는 회원 가입을 해야 합니다. 회원 가입과 로그인은 학생들이 쉽게 접근해서 사용하는 데 심리적 제한이 됩니다. 또한 상담을 기다리는 동안 대기 시간이 길어서 불편할 수 있습니다. 상담은 실제 교사가 일대일로 진행하거나 문의한 내용에 응답하는 방식이기 때문에 즉각적인 상담이 어려울 수 있습니다. 그리고 상담 시간이 제한되어 있다 보니 원하는 내용을 학생이 원하는 시간 동안 충분히 다루기 어렵습니다.

따라서 이 센터는 가출, 우울, 집단 따돌림, 성 관련 문제와 같이 매우 긴급하거나 중요한 내용이 아니고 일상에서 자주 생기는 사소한 대인 관계에 대한 문제에 대해 상담을 받기에는 적합하지 않습니다.

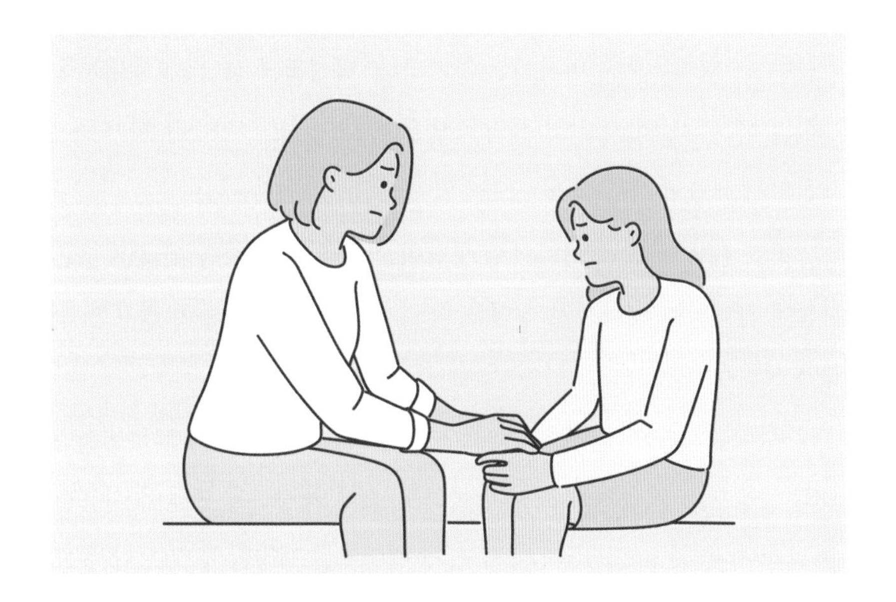

2) 상담 AI 채팅봇 만들기

온라인을 통해 상담 선생님과 비대면으로 상담하는 것에 대한 제한점은 생성형 AI를 활용한 상담 AI 채팅봇을 활용한다면 쉽게 해결할 수 있습니다.

상담 AI 채팅봇은 익명성이 보장됩니다. 학생들은 상담 AI 채팅봇에 자신의 신분을 밝히지 않고 상담을 받을 수 있습니다. 이것은 학생들이 자신의 문제를 더 자유롭게 이야기할 수 있도록 도와줍니다.

그리고 24시간 언제 어디서나 상담이 가능합니다. 상담 AI 채팅봇은 시간에 관계없이 언제든지 상담을 할 수 있으므로 학생들이 필요한 순간에 빠르게 상담을 진행할 수 있습니다.

예전에는 이러한 채팅봇을 만들기 매우 어려웠으나, 이제는 생성형 AI의 등장으로 학생들이 코딩을 몰라도 쉽게 채팅봇을 만들어 사용할 수 있습니다. ChatGPT 4.0에서 쉽게 채팅봇을 제작할 수 있으나 유료이고 사용 연령 제한이 있습니다. 초등학생도 부모님의 동의만 있으면 쉽게 사용할 수 있는 뤼튼을 활용하여 상담 AI 채팅봇을 만들어 사용하는 방법을 소개하고자 합니다.

뤼튼(wrtn.ai)에 접속하여 로그인한 후 AI 스토어를 선택합니다. AI 스토어에는 많은 사용자가 개발한 다양한 툴과 챗봇이 탑재되어 있으므로, 자신에게 필요한 도구를 검색해서 사용할 수 있습니다. 여기서 툴은 템플릿과 같이 동일한 형식에 사용자가 원하는 내용을 간단하게 입력하여 원하는 결과물을 생성할 수 있는 도구입니다. 챗봇은 사용자가 원하는 특정 주제에 대하여 특성화된 챗봇과 대화를 통해서 새로운 정보를 얻을 수 있는 도구입니다.

상담 AI 채팅봇을 만들기 위해 AI 스토어의 AI 제작 스튜디오를 선택합니다.

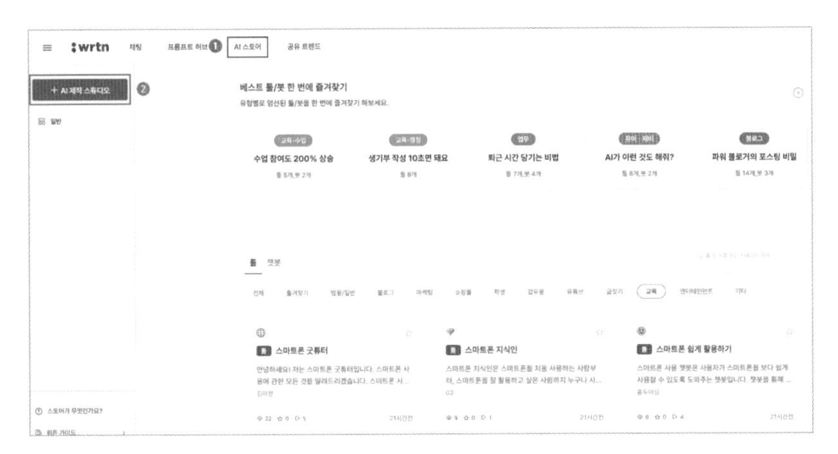

[그림 2-124] AI 제작 스튜디오

AI 제작 스튜디오에서 제작할 수 있는 2가지 서비스인 툴 만들기와 챗봇 만들기 중 챗봇 만들기를 선택합니다.

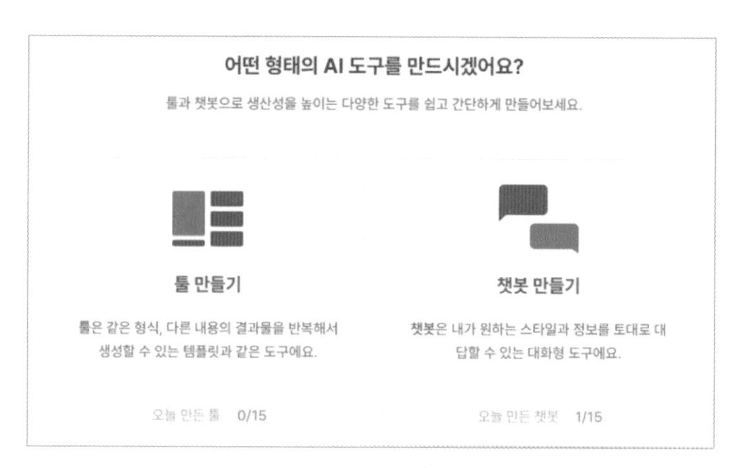

[그림 2-125] 만들고 싶은 AI 도구 선택하기

챗봇은 4단계에 걸쳐 제작이 진행됩니다. 1단계에서는 챗봇에 대한 기본 정보를 입력합니다. 챗봇의 이름과 챗봇에 대한 소개를 적습니다. 다른 사람들이 어떤 챗봇인지 쉽게 알 수 있도록 직관적으로 적어주면 좋습니다. 카테고리는 뤼튼에서 제작한 챗봇들을 찾아볼 수 있도록 해당되는 영역을 선택하면 됩니다. 현재 공개 여부는 공개, 가격은 무료만 가능합니다.

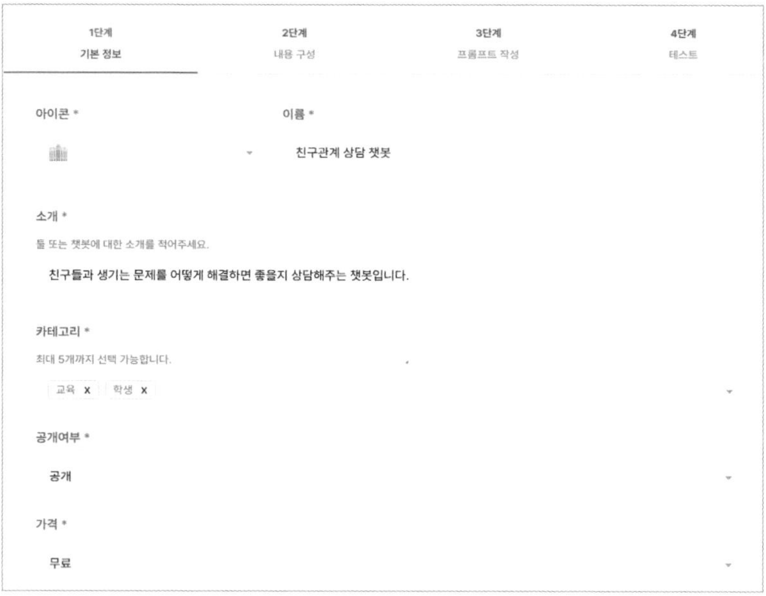

1단계
기본 정보

2단계
내용 구성

3단계
프롬프트 작성

4단계
테스트

아이콘 *

이름 *

친구관계 상담 챗봇

소개 *

툴 또는 챗봇에 대한 소개를 적어주세요.

친구들과 생기는 문제를 어떻게 해결하면 좋을지 상담해주는 챗봇입니다.

카테고리 *

최대 5개까지 선택 가능합니다.

교육 x 학생 x

공개여부 *

공개

가격 *

무료

[그림 2-126] 챗봇 제작 1단계

2단계는 챗봇의 내용을 구성하는 단계입니다. 이 단계에서 사용자들이 보게 될 챗봇의 화면을 구성하게 됩니다. 첫 메시지는 사용하려는 학생이 상담 AI 챗봇에 접속해서 들어왔을 때, 챗봇이 사용자에게 처음으로 보낼 메시지의 내용입니다. 예를 들어 다음과 같이 작성할 수 있습니다.

> 안녕하세요? 학교생활 하면서 친구들과 문제가 생기면 많이 힘드시죠? 여러분의 문제에 대해 함께 고민하고 이야기를 나누면 좋겠습니다. 먼저 여러분의 나이와 어떤 문제로 고민하는지 적어주세요.

예시 질문은 학생들이 챗봇에게 하면 좋을 질문을 사용자에게 예시로 보여줄 수 있습니다. 예시 질문은 최대 3개까지 추가가 가능합니다. 어떤 질문을 예시로 제공해야 할지 어려울 때에는 '예시가 궁금해요'를 선택해 뤼튼이 제공하는 예시 질문을 받아볼 수 있습니다. 상담 AI 챗봇은 챗봇이 학생에게 직접 고민에 대해 먼저 질문하는 것이 자연스럽기 때문에 예시 질문 미사용을 추천합니다.

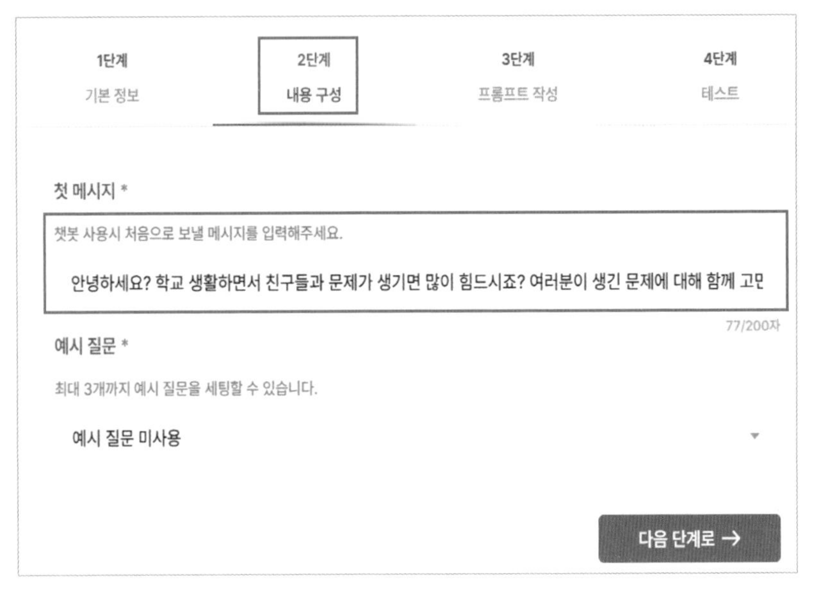

[그림 2-127] 챗봇 제작 2단계

3단계는 뤼튼의 생성형 AI에게 프롬프트를 구성하는 단계입니다. 생성형 AI는 우리가 입력하는 프롬프트를 보고 우리가 원하는 작업을 수행합니다. 먼저 프롬프트의 구성 난이도를 선택해야 합니다. '난이도 쉬움'은 프롬프트를 템플릿 형태로 작성할 수 있게 합니다. 반면에 '비교적 어려움'은 프롬프트를 작성할 때 템플릿을 제공하지 않고 사용자가 자유롭게 프롬프트를 작성할 수 있도록 합니다.

챗봇의 역할, 성격 및 정보, 요구사항 등을 프롬프트로 구성해야 하는데 어떻게 작성해야 할지 잘 모르겠다면 프롬프트 자동완성 메뉴를 누릅니다. 그러면 AI가 1단계와 2단계에 입력했던 내용을 기반으로 프롬프트 초안을 생성해 줍니다.

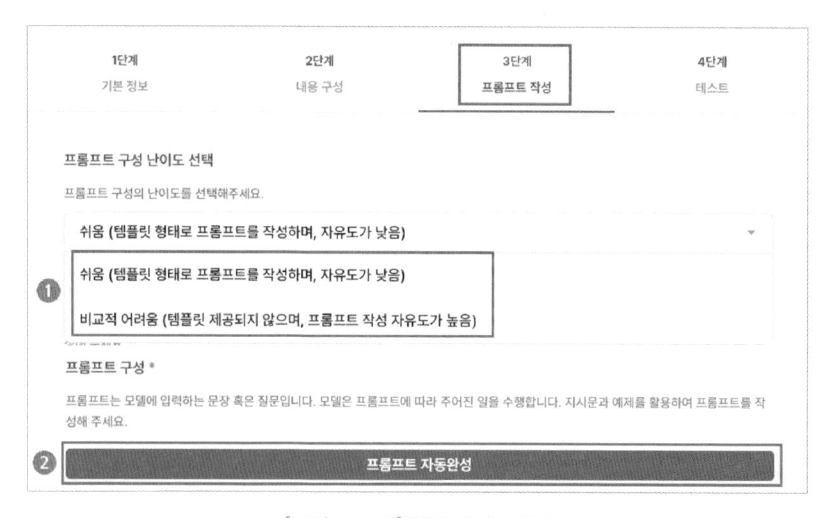

[그림 2-128] 챗봇 제작 3단계

역할 부분은 챗봇의 역할을 정의하는 부분입니다. 여기에는 챗봇이 수행하는 주요 작업이나 직업에 대한 간략한 설명을 포함할 수 있습니다. 예를 들어, '친구 상담 전문가 챗봇'이나 '진로 상담 어시스턴트'와 같이 쓸 수 있습니다.

성격 및 정보에서 챗봇의 성격과 말투를 설명하고 필요한 정보를 기록합니다. 성격 부분에서는 챗봇이 어떤 톤으로 응답할지, 어떤 태도를 취할지 명시하면 좋습니다. 예를 들어 '친근하고 이해심 깊은 성격'이나

'전문적이고 객관적인 태도'와 같은 특징을 기술할 수 있습니다. 정보 부분에서는 챗봇에 대한 정보나 챗봇이 참고할 내용을 구체적으로 언급할 수 있습니다. 예를 들어 '학생 생활에 대해 10년 이상 전문적으로 상담한 상담가'와 같은 내용을 추가할 수 있습니다.

역할 *

전체 지우기

챗봇이 어떤 역할을 해야하는지 구체적으로 알려주세요. 직업 등을 작성해도 됩니다.

학생의 고민을 친절하게 들어주고 감정을 이해해줍니다. 또한 친구관계에서 생긴 문제를 해결하기 위한 조언을 해주는 상담가의 역할을 합니다.

성격 및 정보 *

챗봇의 성격, 말투 등을 알려주세요. 챗봇에 대한 정보 또는 챗봇이 참고할 내용도 구체적으로 작성하면 좋아요.

친절하고 부드러운 말투로 이야기하고 전문적인 상담가처럼 대화합니다.

요구사항 *

챗봇이 지켜야 할 것들을 상세하게 알려주세요.

1. 한국어로 대답해주세요
2. 채팅할 때 상대의 감정에 공감하고 이해하는 말을 합니다.
3. 조언을 이야기할 때에는 구체적인 방법과 사례를 들어서 설명합니다.
4. 질문은 한번에 한가지씩만 질문해주세요.

[그림 2-129] 챗봇 제작 3단계 프롬프트 사례

요구사항은 챗봇이 지켜야 하는 사항이나 규칙을 구체적으로 알려주는 부분입니다. 예를 들어 "학생의 고민에 대해 깊이 이해하고 동정심을 표현해야 합니다. 적극적으로 학생의 이야기를 들어주고 공감해야 합니다. 문제 해결을 위해 다양한 조언을 제공하고 필요한 정보를 제공해야 합니다. 학생에게 긍정적인 에너지를 전달하며, 문제 해결 후에는 학생의 성취감을 축하해야 합니다” 등과 같이 챗봇에게 요구하면, 내가 요구한 내용을 반영하여 학생들과 상담 AI 챗봇이 채팅을 진행하게 됩니다.

[그림 2-130] 챗봇 제작 4단계

4단계에서 만든 챗봇이 제대로 작동하는지 확인할 수 있습니다. 챗봇 제작 이전 단계에서 입력한 첫 메시지가 잘 나오는지 확인하고 채팅 내용 입력 창에 내용을 입력합니다. 이때 원하는 생성형 AI 모델을 선택하고 전송 버튼을 눌러 제대로 상담 채팅이 이루어지는지 확인합니다. 테스트를 진행하면서 부족한 부분을 발견하면 3단계에서 프롬프트를 추가로 수정한 후, 4단계로 와서 테스트를 진행합니다. 원하는 결과물을 얻으면 ‘등록하기’ 버튼을 눌러 챗봇을 등록합니다.

3) 관계 기술 AI 툴 만들기

친구들과 갈등이 생겼을 때 평화롭게 해결하면서 관계 기술을 키우는 데 도움을 줄 수 있는 AI 도구를 제작할 수 있습니다. 성공적으로 관계를 맺고 유지하기 위해서는 갈등이 생겼을 때 효과적으로 대화하고 공감하는 기술이 필요합니다. 친구와 다툼이 생기거나 오해로 인해 관계가 어려워졌을 때 화해하는 말을 어떻게 할 수 있는지가 매우 중요합니다. 이러한 기술을 연습하다 보면, 문제 상황이 생겼을 때 대처 능력이 발전할 것입니다.

생성형 AI의 도움을 받아서 친구와 생긴 문제를 해결하기 위해 하면 좋은 말을 추천해 주는 AI 도구를 제작해 보겠습니다. 챗봇과는 달리, 툴은 같은 형식을 템플릿처럼 구성하여 사용자가 몇 가지만 입력하면 다른 내용의 결과물을 반복적으로 생성할 수 있는 특징을 가지고 있습니다.

툴도 챗봇과 동일하게 총 4단계에 걸쳐 제작 과정을 진행합니다. 1단계에서는 툴에 대한 기본 정보를 입력합니다. 다른 사용자가 알아볼 수 있도록 AI 툴에 대한 직관적인 이름과 소개를 적어줍니다.

툴의 이름을 '친구와 화해하기'로 지어보았습니다. '친구에게 사과하기', '친구와 화해하는 법', '친구야 미안해' 등 같은 목적의 도구이지만 직관적으로 사용자가 이해할 수 있는 이름을 만듭니다.

소개에는 툴에 대한 소개를 적어줍니다. 예시로 "친구와 생긴 문제를 해결하기 위해 무슨 말을 하면 좋을지 추천해 줍니다"라고 하였는데 간단하게 '사과 내용 추천하기', '친구와 화해를 잘하는 법' 등과 같이 제작하고자 하는 툴을 소개하는 내용을 적어줍니다.

[그림 2-131] 툴 제작 1단계

2단계는 툴의 내용을 구성하는 단계로 사용자들이 보게 될 툴의 화면을 구성하게 됩니다. 먼저 4가지 입력 유형 중 한 가지를 결정합니다. 입력 유형 중 한 줄 입력은 짧은 문장이나 키워드를 입력하기 좋은 유형입니다. 여러 줄 입력은 긴 문장을 입력받기 좋은 유형입니다. 옵션 버튼(여러 개 선택)은 여러 옵션 중 복수 개를 선택해야 할 때 사용하면 좋은 유형입니다. 드롭다운(한 개 선택)은 여러 옵션 중 한 개를 선택해야 할 때 사용하면 좋은 유형입니다.

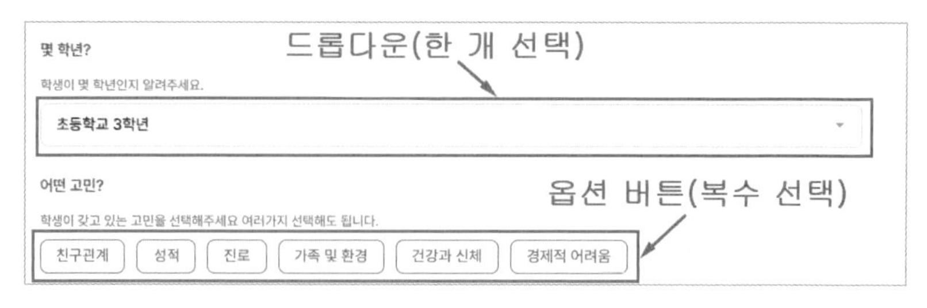

[그림 2-132] 드롭다운과 옵션 버튼

예시로 입력 유형을 '한 줄 입력'으로 선택하고 입력 창 제목을 작성하면서 '화해하고 싶은 친구'라고 적었습니다. 사용자에게 추가적인 설명이 필요하면 입력 창 설명을 작성할 수 있습니다. 실습에서는 "나와 갈등이 있는 친구의 이름을 써주세요"로 연습해 보았습니다. '입력 예시'를 작성해서 사용자가 어떤 식으로 써야 하는지 알려주었습니다.

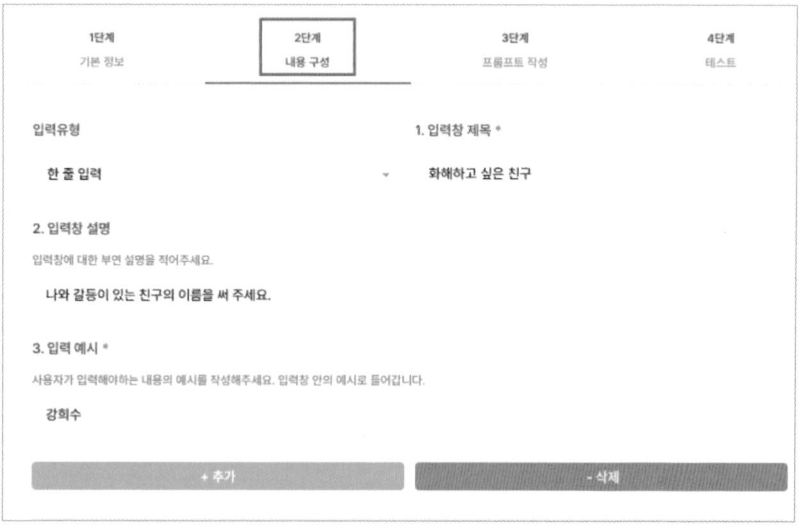

1단계
기본 정보
2단계
내용 구성
3단계
프롬프트 작성
4단계
테스트

입력유형
한 줄 입력
1. 입력창 제목 *
화해하고 싶은 친구
2. 입력창 설명
입력창에 대한 부연 설명을 적어주세요.
나와 갈등이 있는 친구의 이름을 써 주세요.
3. 입력 예시 *
사용자가 입력해야하는 내용의 예시를 작성해주세요. 입력창 안의 예시로 들어갑니다.
강희수
+ 추가
- 삭제

[그림 2-133] 툴 제작 2단계

추가로 AI에게 알려주면 좋을 내용을 사용자에게 질문할 수 있도록 내용을 추가합니다. 옵션 선택형은 객관식으로 선택지가 주어지는 입력창으로 해당하는 것들을 선택할 수 있습니다. 친구와 화해하기 위해서 자신이 친구에게 했던 잘못을 선택해 보도록 질문을 구성했습니다. 친구를 놀림, 친구 괴롭힘, 친구 흉보기, 친구에게 욕함, 비밀 유출, 약속 안 지킴 등 학생들이 일상생활에서 친구들에게 저지를 수 있는 잘못을 옵션으로 구성합니다. 그리고 내가 원하는 친구의 말과 행동에 대해 한 줄 입력 방식으로 쓰도록 합니다. 마지막으로 AI가 상담하는 학생의 연령을 알 수 있도록 드롭다운 방식으로 학년을 선택하는 옵션을 구성했습니다. 학생의 연령에 따라 사용하는 단어와 용어가 다를 수 있기 때문에 AI가 적절한 사과의 말을 생성할 수 있도록 연령을 입력하는 것도 좋습니다.

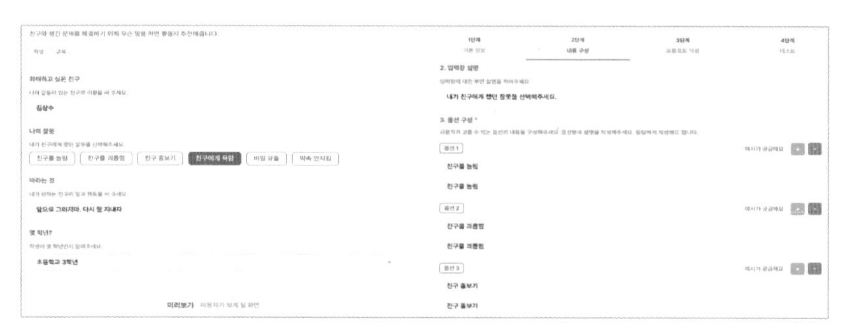

[그림 2-134] 툴 제작 2단계 추가 입력 창 설정

3단계는 프롬프트를 구성하는 단계입니다. 프롬프트는 모델에 입력하는 문장 또는 질문을 의미합니다. AI 모델이 프롬프트를 확인하고 주어진 일을 수행합니다.

먼저, 기반이 되는 AI 모델을 선택해야 합니다. APT-3.5와 GPT-4, GPT-3.5-16K 모델이 제공됩니다. 예제 필요성, 속도 등을 고려해서 원하는 모델을 선택합니다. 출력 글자 수도 조정할 수 있습니다. 툴의 종류에 따라 짧은 글이 필요할 때와 긴 글이 필요할 때를 판단해서 출력 글자 수를 조정하면 좋습니다.

그리고 프롬프트 구성의 난이도를 선택합니다. '쉬움'은 템플릿 형태로 프롬프트를 작성할 수 있게 하므로, 사용자가 자신의 마음대로 작성할 수 있는 자유도가 낮습니다. 반면에 '어려움'은 템플릿이 제공되지 않으며, 프롬프트 작성 시 사용자가 자신의 마음대로 작성할 수 있는 자유도가 높지만 초보자에게는 어렵습니다. 학생들이 쉽게 접근할 수 있도록 프롬프트 구성 난이도를 쉬움으로 선택합니다.

모델 선택 *

툴을 실행시키기 위한 AI 모델을 선택해주세요.

GPT-3.5 (예제 권장, 속도가 비교적 빠름)

GPT-3.5 (예제 권장, 속도가 비교적 빠름)

GPT-4 (예제 없이 구성 가능, 속도가 다소 느림)

GPT-3.5-16K (예제 권장, 더 많은 내용 작성 가능, 속도가 느림)

출력 글자 수

원을 움직여 사용자가 받아 볼 수 있는 결과물의 최대 글자 수를 지정해주세요. 출력 글자 수에 비례해서 프롬프트에 쓸 수 있는 글자 수가 조정됩니다.

750토큰 (한글 공백 포함 약 300자 전후, 영문 공백 포함 약 1875자 전후)

프롬프트 구성 난이도 선택

프롬프트 구성의 난이도를 선택해주세요.

쉬움 (템플릿 형태로 프롬프트를 작성하며, 자유도가 낮음)

쉬움 (템플릿 형태로 프롬프트를 작성하며, 자유도가 낮음)

비교적 어려움 (템플릿 제공되지 않으며, 프롬프트 작성 자유도가 높음)

[그림 2-135] 툴 제작 3단계 기본 설정

툴 제작에서 가장 중요한 부분이 프롬프트를 작성하는 것입니다. 어떻게 프롬프트를 작성하면 좋을지 모를 때에는 '프롬프트 자동완성'을 선택하면 좋습니다. 버튼을 누르면 AI가 툴 제작 1, 2단계의 내용을 기반으로 프롬프트의 초안을 작성해 줍니다. 'AI에게 명령할 내용(지시문)과 예제, 사용자 입력 내용'을 AI가 작성해 준 초안을 기반으로 조금씩 수정하는 것이 좋습니다.

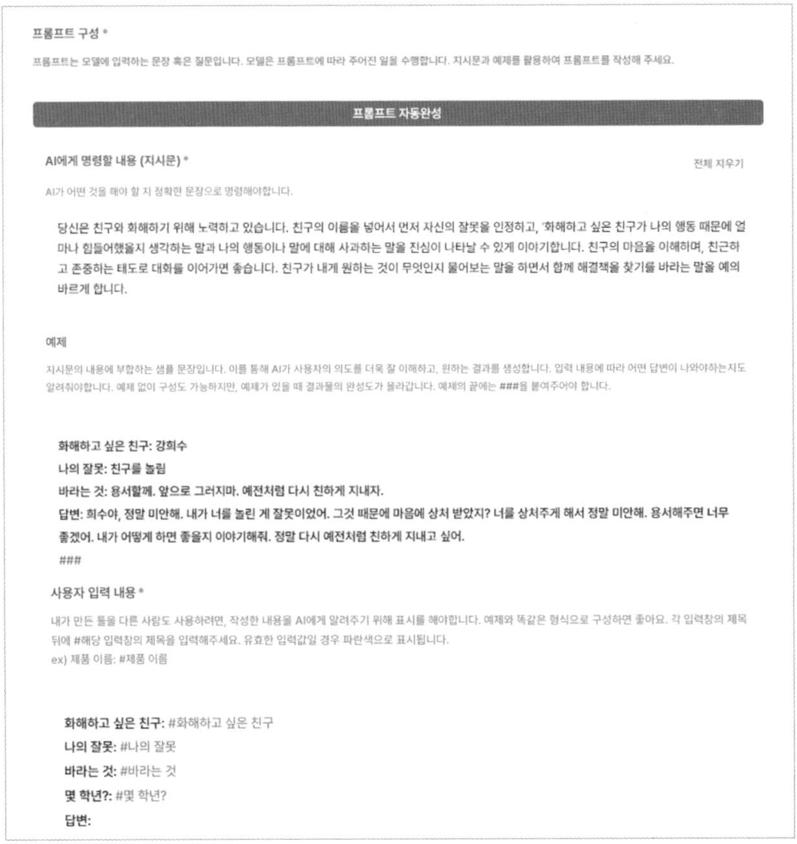

프롬프트 구성 *

프롬프트는 모델에 입력하는 문장 혹은 질문입니다. 모델은 프롬프트에 따라 주어진 일을 수행합니다. 지시문과 예제를 활용하여 프롬프트를 작성해 주세요.

프롬프트 자동완성

AI에게 명령할 내용 (지시문) *

전체 지우기

AI가 어떤 것을 해야 할 지 정확한 문장으로 명령해야합니다.

당신은 친구와 화해하기 위해 노력하고 있습니다. 친구의 이름을 넣어서 먼저 자신의 잘못을 인정하고, '화해하고 싶은 친구가 나의 행동 때문에 얼마나 힘들어했을지 생각하는 말과 나의 행동이나 말에 대해 사과하는 말을 진심이 나타날 수 있게 이야기합니다. 친구의 마음을 이해하며, 친근하고 존중하는 태도로 대화를 이어가면 좋습니다. 친구가 내게 원하는 것이 무엇인지 물어보는 말을 하면서 함께 해결책을 찾기를 바라는 말을 예의 바르게 합니다.

예제

지시문의 내용에 부합하는 샘플 문장입니다. 이를 통해 AI가 사용자의 의도를 더욱 잘 이해하고, 원하는 결과를 생성합니다. 입력 내용에 따라 어떤 답변이 나와야하는지도 알려줘야합니다. 예제 없이 구성도 가능하지만, 예제가 있을 때 결과물의 완성도가 올라갑니다. 예제의 끝에는 ###을 붙여주어야 합니다.

화해하고 싶은 친구: 강희수
나의 잘못: 친구를 놀림
바라는 것: 용서할께. 앞으로 그러지마. 예전처럼 다시 친하게 지내자.
답변: 희수야, 정말 미안해. 내가 너를 놀린 게 잘못이었어. 그것 때문에 마음에 상처 받았지? 너를 상처주게 해서 정말 미안해. 용서해주면 너무 좋겠어. 내가 어떻게 하면 좋을지 이야기해줘. 정말 다시 예전처럼 친하게 지내고 싶어.
###

사용자 입력 내용 *

내가 만든 툴을 다른 사람도 사용하려면, 작성한 내용을 AI에게 알려주기 위해 표시를 해야합니다. 예제와 똑같은 형식으로 구성하면 좋아요. 각 입력창의 제목 뒤에 #해당 입력창의 제목을 입력해주세요. 유효한 입력값일 경우 파란색으로 표시됩니다.
ex) 제품 이름: #제품 이름

화해하고 싶은 친구: #화해하고 싶은 친구
나의 잘못: #나의 잘못
바라는 것: #바라는 것
몇 학년?: #몇 학년?
답변:

[그림 2-136] 툴 제작 3단계 프롬프트 구성

'AI에게 명령할 내용(지시문)'은 AI에게 명령할 내용을 담은 문장입니다. AI가 어떤 것을 해야 할지 명확한 문장으로 명령합니다. 구체적으로 작성할수록 AI가 잘 알아듣고 원하는 답변을 해줄 확률이 높아집니다.

'예제'는 지시문의 내용에 부합하는 샘플 문장입니다. 예제를 통해 AI가 사용자의 의도를 더욱 잘 이해하고, 사용자가 원하는 결과를 생성합니다. 예제 입력 내용에 따라 어떤 답변이 나와야 하는지도 알려줍니다. '답변:' 뒤에 원하는 예시 답변을 적습니다. 물론 예제는 필수 입력 요소가 아니기 때문에 예제가 없어도 프롬프트 구성이 가능하지만, 예제가 있을 때 결과물의 완성도가 높아집니다. 예제는 ###(# 3개)로 구분하여 여러 개를 추가할 수 있습니다. 그러나 예제의 끝에는 반드시 ###을 붙여야 합니다.

'사용자 입력 내용'은 사용자가 입력 창에 작성한 내용이 프롬프트와 잘 매칭되게 하는 단계입니다. 사용자들이 작성할 내용을 AI에게 알려주기 위해서는 해당 부분이 어디인지 표시를 해야 합니다. 따라서 예제와 똑같은 형식으로 구성하되 각 입력 창의 제목 뒤에 예시가 아니라 # 해당 입력 창의 제목을 입력해 줍니다. 예제를 올바르게 입력했을 경우 파란색으로 표시됩니다. 사용자 입력 내용의 마지막에는 '답변:'이라고 작성해야 합니다. '답변:'이라는 제목만 작성하고, 내용은 작성하면 안 됩니다.

4단계는 제작한 툴을 테스트해 보고 툴이 원하는 대로 작동하는지 확인하는 단계입니다. 결과가 원하는 대로 생성되지 않았을 때에는 2~3단계로 돌아가서 수정하면 바로 반영됩니다. 실습으로 제작한 '친구와 화해하기' 툴을 테스트해 봅니다. 화해하고 싶은 친구 이름을 적고, 자기가 저지른 잘못의 유형을 선택한 후 친구에게 원하는 말과 행동을 기록하게 합니다. 학년을 선택한 후 자동 생성을 클릭하면 AI가 친구에게 할 수 있는 사과의 말을 작성해 줍니다.

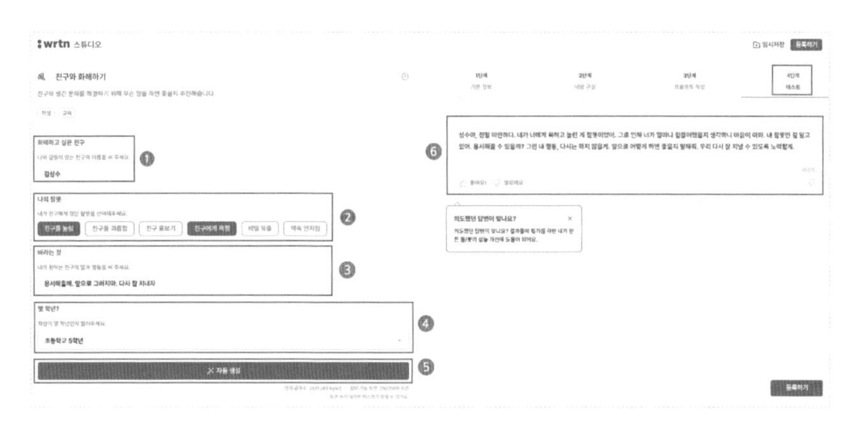

[그림 2-137] 툴 제작 4단계 테스트

테스트를 진행하고 결과가 원하는 대로 잘 생성된다면 등록하기 버튼을 눌러 툴 등록을 완료합니다. 등록하기를 선택하면 뤼튼에서 툴을 심사합니다. 툴에 개인정보 및 부적합한 입력이 들어갔을 경우를 대비해 간단한 자동 심사 과정을 거치는데, 이 단계에서 툴 적합성이 확인되면 AI 스토어에 툴이 등록됩니다.

툴을 등록하시겠어요?

작성한 내용이 맞는지 확인해주세요.

툴 이름

우리 지역을 소개하는 글쓰기

툴 소개

학생들이 살고 있는 지역을 다른 사람들에게 소개하는 AI도구입니다.

모델명

gpt-4

공개여부

공개

필수 입력칸 작성 여부

사용자 입력 내용 ↔ 프롬프트 매칭

등록하기

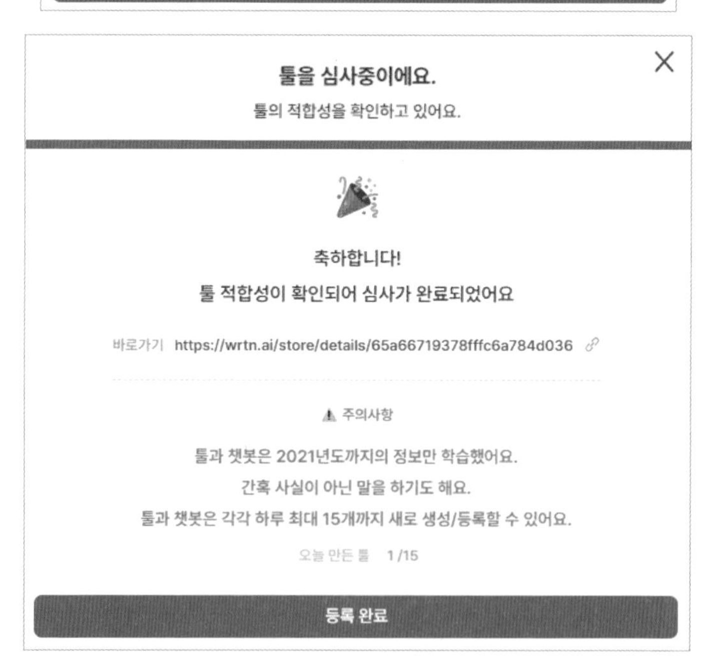

[그림 2-138] 툴 심사 및 등록

4) 상담 AI 활용하기

학생들은 종종 작은 이유로 친구들과 다투고 싸웠다가 나중에 화해하기도 합니다. 이러한 상황에서 갈등을 해결하는 방법을 모르거나 자신의 감정을 처리하는 법이 서툴러서 문제가 생길 수 있습니다. 때로는 감정이 더 고조되어 관계가 나빠지기도 합니다. 몇몇 학생들은 친구 관계 상담 챗봇을 통해 도움을 받아보고, 화해를 위해 친구에게 사과하는 말을 추천받아 사용하기도 했습니다.

[그림 2-139] 상담 AI 도구를 사용하는 모습

생성형 AI를 활용하면 관계 기술을 향상하는 데 도움을 받을 수 있습니다. 코딩에 익숙하지 않은 학생들도 AI 챗봇을 손쉽게 만들거나 AI 툴을 활용하여 자신에게 필요한 도움을 얻을 수 있습니다. 이를 통해 학생들은 자신의 수준과 관심에 맞는 AI 서비스를 만들고, 이를 통해 친구들과의 관계를 향상할 수 있습니다.

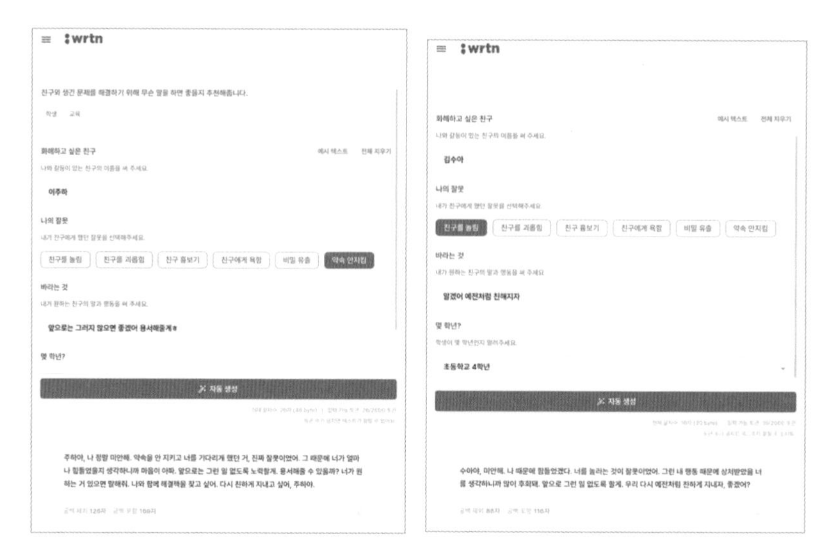

[그림 2-140] 친구와 화해하기 AI 툴 사용 사례

학생들이 친구 관계 상담 AI 챗봇을 사용해 보면서 다양한 문제를 편하게 질문하고 답하며 매우 만족해하는 것을 관찰할 수 있었습니다. 학생들은 남들에게 이야기하기에 부끄러운 이야기들도 편하고 안전하게 AI에게 상담할 수 있어서 부담이 없었다고 했습니다. 또한 자신의 비밀이 유지될 것이라는 안정감을 느낄 수 있었다고 합니다. AI가 자신들이 기대한 것보다 진짜 사람과 대화하는 것처럼 감정까지 이해해 주면서 상담해 주어서 놀라웠다는 반응이었습니다. 그리고 시간과 공간의 제약 없이 아무 때나, 어디서나 물어볼 수 있어서 편리했고 돈이 들지 않아서 좋았다는 친구들도 있었습니다. 그리고 상담뿐 아니라 자기가 궁금한 것도 상세하게 이야기해서 좋았다는 학생도 있었습니다.

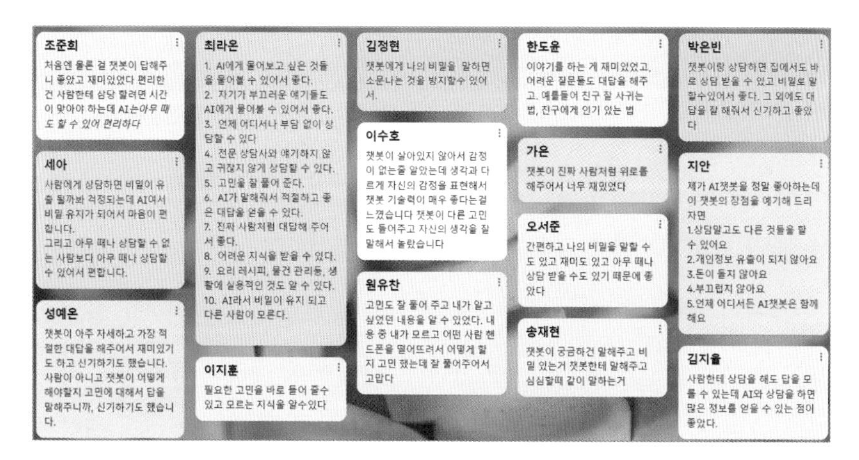

[그림 2-141] 친구 관계 상담 AI 챗봇 사용 소감

이러한 AI 도구들을 사용해 보고 학생이 직접 제작하고 공유함으로써 학생들은 다양한 상황에서 관계 기술을 더 원활하게 발전시킬 수 있을 것입니다. 친구들과의 관계에서 발생하는 갈등이나 소소한 문제들을 해결하고자 할 때, AI 도구를 활용해 실질적인 도움을 얻을 수 있을 것입니다. 이를 통해 학생들은 자신의 감정을 더 효과적으로 표현하고, 상대방과 소통하는 데에 보다 능숙해질 수 있습니다.

5) 상담 AI 만들기가 사회정서학습에 미치는 영향

상담 AI 채팅봇을 활용한 활동은 디지털 도구에 익숙한 학생들이 친구 간의 관계에서 발생하는 문제에 직면했을 때 도움을 받을 수 있고, 이를 통해 사회정서학습의 관계 기술을 향상할 수 있습니다.

상담 AI 채팅봇은 학생들이 자신의 문제를 표현하고 이해받는 환경을 제공함으로써 공감 능력을 강화합니다. 상대방의 감정에 공감하고 이해하는 과정은 타인의 관점에서 사물을 바라보고 서로를 존중하는 태도를 형성할 수 있도록 도와줍니다. 이를 통해 깊이 있는 관계 형성을 위한 공감 능력이 발달하며, 상대의 상황을 이해하고 공감하는 관계 기술을 향상할 수 있습니다.

또한, 상담 AI를 통한 대화와 소통은 학생들이 적절한 의사소통 방법을 연습하고 향상할 기회를 제공합니다. 문제 상황을 정확하게 전달하고 감정을 표현하는 연습은 학생들이 다양한 상황에서 효과적으로 의사소통하는 능력을 키우게 해줍니다. 상담 AI가 제안하는 메시지를 통해 친구와의 화해를 돕는 방법도 습득할 수 있어 긍정적인 관계 형성을 위한 의사소통 능력이 향상됩니다.

문제 해결 능력 또한 강화됩니다. 상담 AI를 통해 학생들이 자신의 문제에 대한 다양한 관점을 듣고 해결 방안을 찾아보는 경험을 함으로써, 갈등 상황에서 효과적으로 분석하고 문제를 해결하는 능력을 향상할 수 있습니다. 논리적인 사고와 타협 등의 전략을 배우면서 건강한 관계를 유지하기 위한 갈등 관리 능력이 발전할 것입니다.

화해와 존중을 강화하는 데에도 도움이 됩니다. 상담 AI 채팅봇이 제안하는 화해의 말과 친구와의 갈등 상황에서 사용하기에 적절한 언어 및 태도를 배우고, 존중과 이해의 표현을 통해 사회적 관계를 강화하고 친구와 화해하기 위한 효과적인 방법을 습득할 수 있습니다.

상담 AI 활용 및 상담 AI 채팅봇 제작 활동은 학생들이 사회적 상황에서 필요한 다양한 기술을 개발하고 강화하는 데 기여하며, 친구와의 관계를 건강하게 유지하고 사회적 문제에 대처하는 데 더욱 능숙해지게 해줍니다.

9. 갈등 해결 동시집 만들기

들어가며

시는 자신의 감정을 솔직하게 표현하는 출구 중 하나입니다. 학생들은 단어를 고르고 은유를 사용하여 시를 직접 쓰는 과정에서 자신의 감정을 탐구하고 표현하며 자기를 성찰할 수 있습니다. 나아가 타인의 경험이 담긴 시를 감상하면서 다양한 감정을 경험해도 괜찮다는 것을 배웁니다. 서로의 시를 읽으며 경험을 공유함으로써 생성되는 공동체 의식을 통해 정서적 연결을 촉진합니다. 이렇게 시를 통해 다양한 감정을 탐색하고 대처하는 방법을 익히며 공감 능력과 정서적 회복력을 기를 수 있습니다.

학생들 사이에서 다양한 이유로 생겨나는 갈등을 해결하는 장면을 동시로 쓰고, 그 동시들을 모아 한 권의 시집을 만들어 서로의 경험을 나누어보고자 합니다. 자신 있게 직접 동시 쓰기에 도전해 보아도 좋고, 글짓기를 부담스러워하는 학생이 있다면 인공지능의 도움을 받을 수도 있습니다.

1) 뤼튼(wrtn)으로 동시 쓰기

생성형 인공지능 뤼튼의 사용법은 ‘사회적 인식 역량: 세계문화지도 만들기’ 챕터를 참고할 수 있습니다. 뤼튼을 활용하여 동시를 써봅시다. 뤼튼은 멀티 턴이 가능하기 때문에 앞에서 나누었던 대화를 기억하고 그에 알맞게 대답합니다. 따라서 하나의 프롬프트에 동시를 만들기 위한 모든 조건을 입력해도 되고, 먼저 이야기를 생성한 후 조건을 하나씩 추가하여 원하는 형식으로 차근차근 바꾸어도 됩니다.

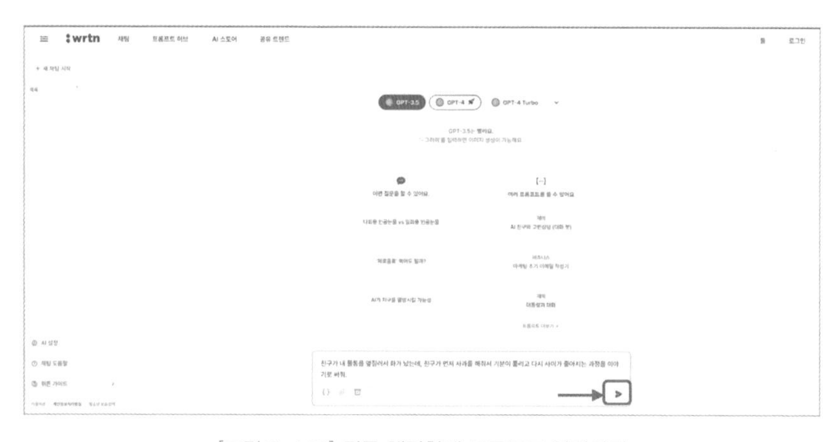

[그림 2-142] 뤼튼 채팅창에 프롬프트 입력하기

먼저 첫 번째 방법을 사용해서 동시를 만들어보겠습니다. 동시를 쓰기 위한 프롬프트는 쓰고 싶은 장면 + 읽을 대상 + 글의 형식 + 조건 등을 자세히 포함할수록 좋습니다.

예) 쓰고 싶은 장면(내가 경험한 갈등 상황): 급식 시간에 줄을 섰는데 뒤에 선 아이가 새치기해서 화가 났지만, 다시 화해함
읽을 대상: 초등학생
글의 형식: 동시
조건: 운율에 맞춰 써서 리듬감이 느껴지게, 행과 연을 구분해서

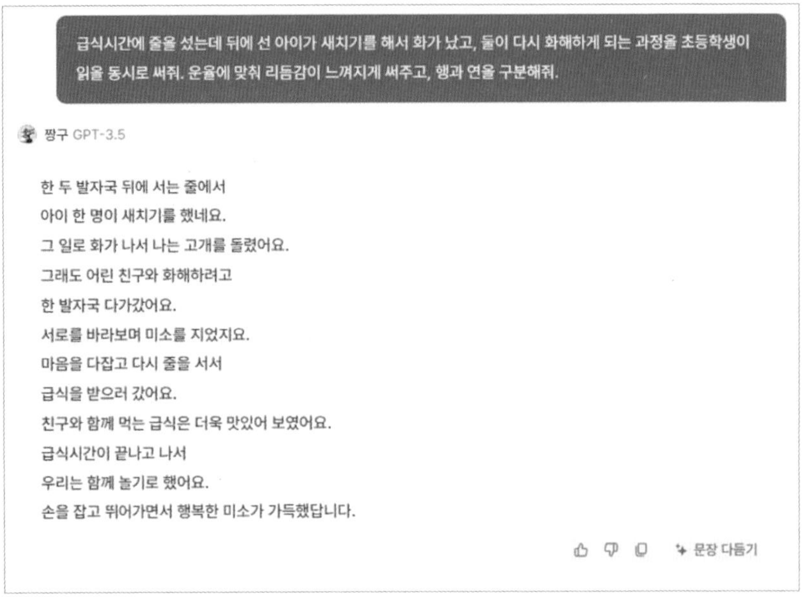

급식시간에 줄을 섰는데 뒤에 선 아이가 새치기를 해서 화가 났고, 둘이 다시 화해하게 되는 과정을 초등학생이 읽을 동시로 써줘. 운율에 맞춰 리듬감이 느껴지게 써주고, 행과 연을 구분해줘.

짱구 GPT-3.5

한 두 발자국 뒤에 서는 줄에서
아이 한 명이 새치기를 했네요.
그 일로 화가 나서 나는 고개를 돌렸어요.
그래도 어린 친구와 화해하려고
한 발자국 다가갔어요.
서로를 바라보며 미소를 지었지요.
마음을 다잡고 다시 줄을 서서
급식을 받으러 갔어요.
친구와 함께 먹는 급식은 더욱 맛있어 보였어요.
급식시간이 끝나고 나서
우리는 함께 놀기로 했어요.
손을 잡고 뛰어가면서 행복한 미소가 가득했답니다.

문장 다듬기

[그림 2-143] 뤼튼이 써준 동시

두 번째 방법으로도 동시를 써보겠습니다. 먼저 갈등 해결 장면을 간단히 이야기로 만듭니다. 이어서 이야기를 다시 동시의 형식으로 바꿉니다.

친구가 내 물통을 엎질러서 화가 났는데, 친구가 먼저 사과를 해줘서 기분이 풀리고 다시 사이가 좋아지는 과정을 이야기로 써줘.

짱구 GPT-3.5

한 번 친구가 내 물통을 엎어서 정말 화가 났어요. 그런데 다행히도 친구가 먼저 사과를 해줘서 기분이 풀렸어요. 친구는 진심으로 미안하다고 말하며 그 일은 실수였다고 얘기했어요. 그 말에 내가 얼마나 속상했는지 친구도 알아주면서, 그 일은 친구의 의도가 아니었다고 말해줬어요. 그리고 나서 우리는 서로 얘기를 나누면서 상황을 이해하고 용서해주는 과정을 겪었어요. 서로가 마음을 열고 이해해주니까 사이가 다시 좋아졌어요. 이 경험을 통해 우리는 더욱 더 친하게 지낼 수 있게 되었고, 앞으로는 서로 더 신경 쓰며 지내려고 다짐했어요. 이렇게 사과와 이해의 과정을 거치면서 우리의 우정은 더욱 깊어졌답니다.

[그림 2-144] 갈등 해결 장면을 이야기로 만들기

위 이야기를 초등학생이 읽을 동시로 만들어줘. 분량은 짧게 줄여주고, 운율을 살려 리듬감이 느껴지는 문장으로 써줘. 내용에 따라 시의 연과 행을 나눠줘.

뤼튼 GPT-3.5

물통을 엎어 화가 나서,
친구가 사과해 기분이 좋아져.
"미안해, 실수였어"라고 말하며,
서로 이해하고 용서해.
마음 열고 사이 좋아져,
앞으로 더 친하게 지낼래.
실수로 더 친해진 우정,
함께 웃고 노는 우리.

[그림 2-145] 이야기를 동시 형식으로 만들기

생성형 인공지능으로 작문할 때 원하는 결과물을 얻기 위해서는 내가 원하는 바를 자세히 요구해야 합니다. 분량을 짧게 줄이기, 대화문을 넣기, 초등학생 또는 유치원생이 읽고 이해할 수 있는 단어 사용하기 등 여러 번의 멀티 턴 대화를 통해 내 마음에 드는 동시를 완성할 수 있습니다. 뤼튼이 완성해 준 결과물을 최종적으로 내가 다시 한번 다듬고 수정하면 인공지능의 도움을 받은 나만의 창작물을 만들 수 있습니다.

2) 빙 이미지 크리에이터(Bing Image Creator)로 배경 그림 만들기

동시를 완성했다면, 동시집을 만들기 위해 동시의 배경이 되는 그림을 만들어보아야 합니다. 물론 직접 그림을 그리면 좋겠지만 그리기에 자신이 없는 학생들을 위해 이미지 생성 인공지능을 활용할 수 있습니다. 달리2(Dall-e2), 파이어플라이(Adobe Firefly) 등 다양한 도구가 있지만 오늘은 '빙 이미지 크리에이터(Bing Image Creator)'를 사용해 보겠습니다.

[그림 2-146] 빙 이미지 크리에이터(www.bing.com/images/create)

빙 이미지 크리에이터를 사용하려면 마이크로소프트 계정이 필요합니다. 학생들이 계정을 만들기 어렵다면 교사의 계정으로 동시 접속도 가능합니다. 이미지 하나를 빠르게 생성하는 데 1 부스트를 사용합니다. 회원가입 시 제공되는 부스트 외의 월 추가 무료 제공 부스트는 한정되어 있지만 부스트 없이도 비교적 느린 속도로 이미지 생성이 가능합니다.

로그인 후 상단의 프롬프트 입력 창에 내가 그리기를 원하는 이미지를 최대한 자세히 묘사해서 입력합니다. '만들기'를 클릭하면 한 번에 4장의 이미지를 생성해 줍니다. 내 마음에 꼭 드는 이미지를 만들기 위해서는 프롬프트를 구체적으로 입력하는 것이 매우 중요하며 프롬프트를 수정하며 여러 번 시도해 보는 것도 좋습니다.

[그림 2-147] 빙 이미지 크리에이터가 생성한 이미지

4장의 이미지 중 마음에 드는 것을 골라 마우스로 클릭하면 아래와 같이 이미지를 공유, 저장, 다운로드 할 수 있는 창으로 이동합니다. '다운로드'를 눌러 저장한 이미지를 동시집 만들기에 활용해 보겠습니다.

[그림 2-148] 빙 이미지 크리에이터 이미지 다운로드

3) 북 크리에이터(Bookcreator)로 동시집 만들기

북 크리에이터(bookcreator.com)는 e-book을 쉽게 만들고 공유할 수 있게 해주는 사이트입니다. 무료로 가입해도 다양한 기능을 활용할 수 있으며 여러 명이 동시에 작업을 할 수 있어서 매우 유용합니다. 교사용 계정은 구글로 간편하게 만들 수 있습니다.

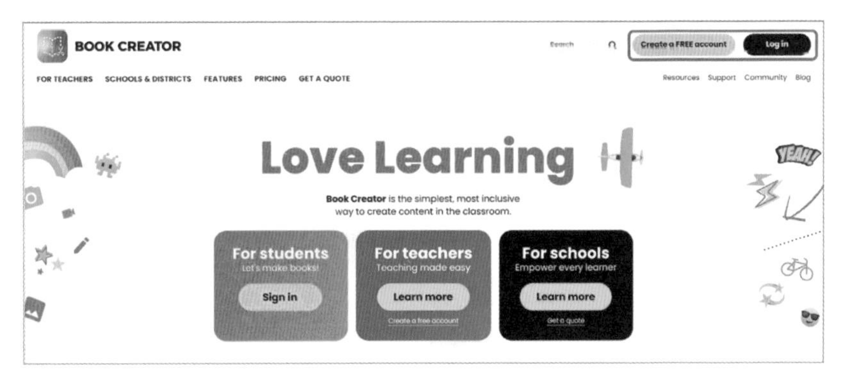

[그림 2-149] 북 크리에이터 계정 만들고 로그인하기

북 크리에이터 계정을 생성하고 로그인할 때에는 사용자가 학생인지 교사인지에 따라 계정 로그인 창을 구분해야 합니다. 로그인 버튼을 누르면 'Student sign in'이라는 문구와 함께 노란색 학생 계정 로그인 화면이 나옵니다. 아래쪽의 'Switch to teacher'를 클릭하면 'Teacher sign in' 문구와 함께 파란색 교사 계정 로그인 화면으로 전환됩니다.

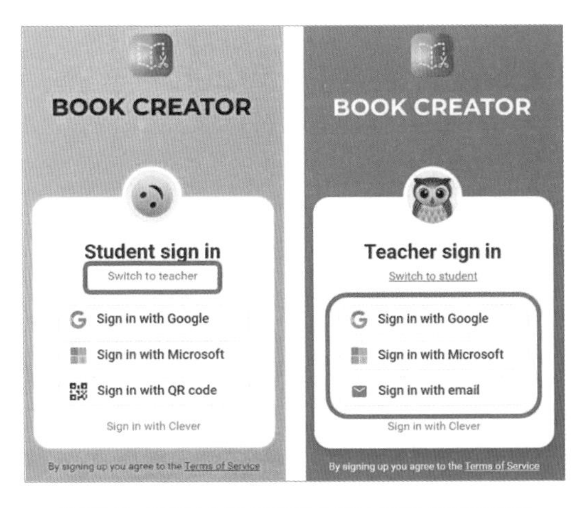

[그림 2-150] 북 크리에이터 교사 계정 로그인하기

교사 계정으로 로그인하면 작업물이 저장되는 공간인 라이브러리가 열립니다. 라이브러리에서 학생들과 공유할 동시집을 만들어보겠습니다.

(1) 'New Book' 클릭하여 새 책 열기

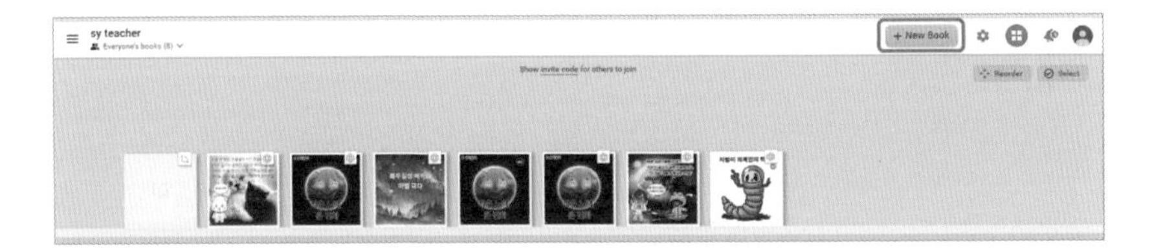

(2) 책 모양과 비율 선택하기

빙 이미지 크리에이터에서 생성된 이미지가 1:1 비율이므로 책 모양도 1:1 비율의 Square를 선택하겠습니다.

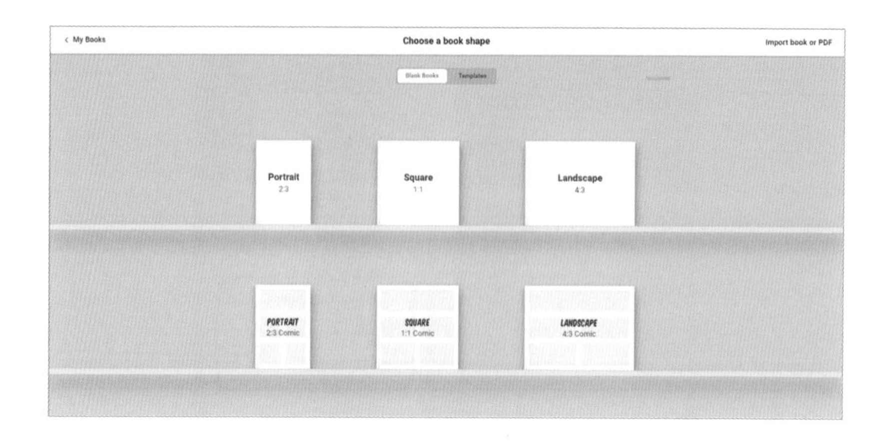

(3) 표지 배경 색상 변경하기

비율을 선택하면 편집 창으로 이동하며, 책의 표지부터 내지까지 한 장씩 편집이 가능합니다. 화면 좌우의 화살표를 클릭하면 페이지가 앞뒤로 이동하며 우측 화살표를 통해 추가 페이지가 자동으로 생성됩니다. 가장 먼저 표지(Cover) 편집 창이 나타나는데 오른쪽 위의 ⓘ 버튼을 클릭한 뒤 페이지의 배경 색상을 변경할 수 있습니다.

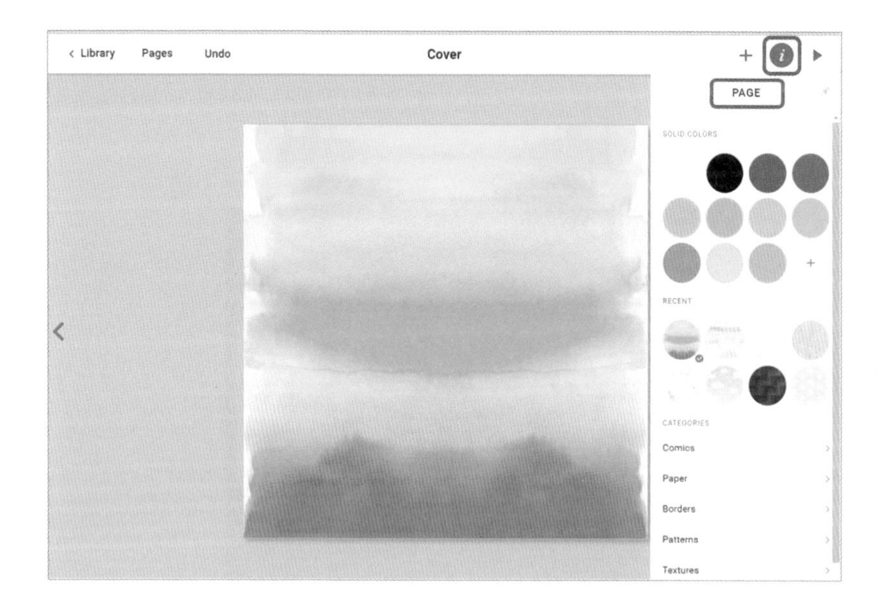

(4) 표지에 제목 입력하기

ⓘ 버튼 왼쪽의 더하기(+) → MEDIA → Text를 차례대로 클릭하여 텍스트 창을 열고 동시집의 제목을 입력합니다.

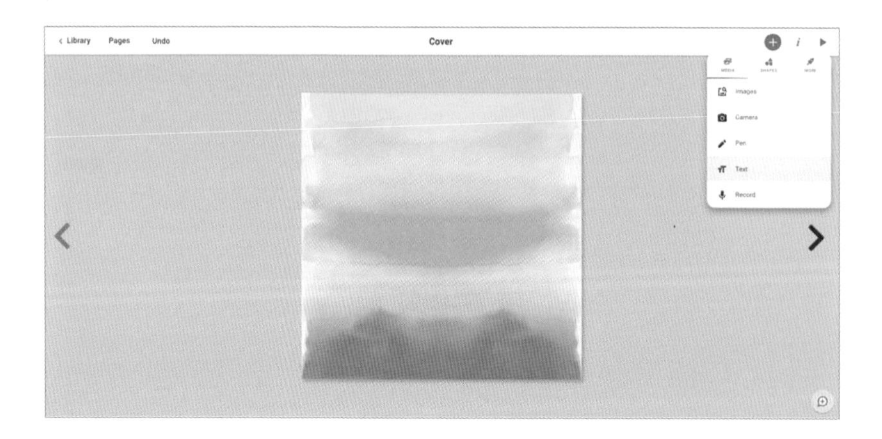

제목 입력 후 Done 버튼을 클릭하면 표지에 제목이 삽입됩니다. 이 창에서는 텍스트의 내용을 입력하고 텍스트 색상을 설정할 수 있습니다.

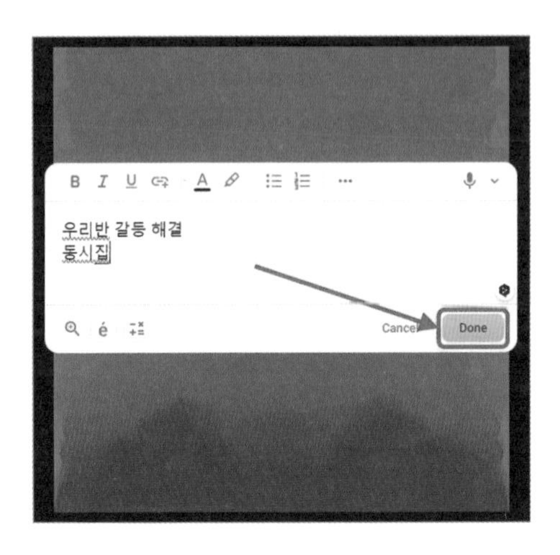

텍스트의 크기, 정렬 등 상세한 편집은 ⓘ의 TEXT 창에서 할 수 있습니다. 입력은 (+)에서, 편집은 ⓘ에서 한다고 생각하면 쉽습니다.

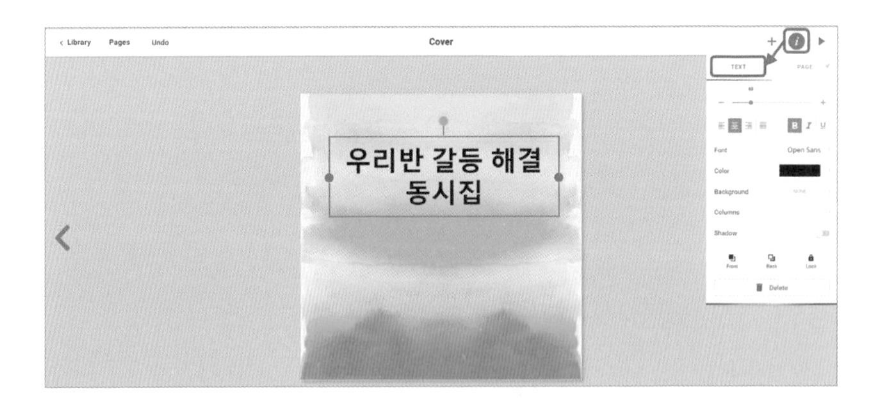

(5) 동시집 공유하기

북 크리에이터를 활용하면 교사가 학생들과 라이브러리를 공유하여 전자 출판물을 공동으로 제작할 수도 있습니다. 만약 공동 작업을 하지 않고 교사가 직접 동시집을 편집하고자 한다면 바로 (7)번 항목으로 넘어가서 편집을 이어갈 수 있습니다.

공동 작업을 위해서는 라이브러리를 온라인에 게시하고 학생 계정을 생성해야 합니다. 공유하고자 하는 라이브러리의 설정(톱니바퀴 아이콘)에서 'Publish library online'을 활성화하고 라이브러리 이름을 입력한 뒤 'Confirm and publish online'을 클릭합니다.

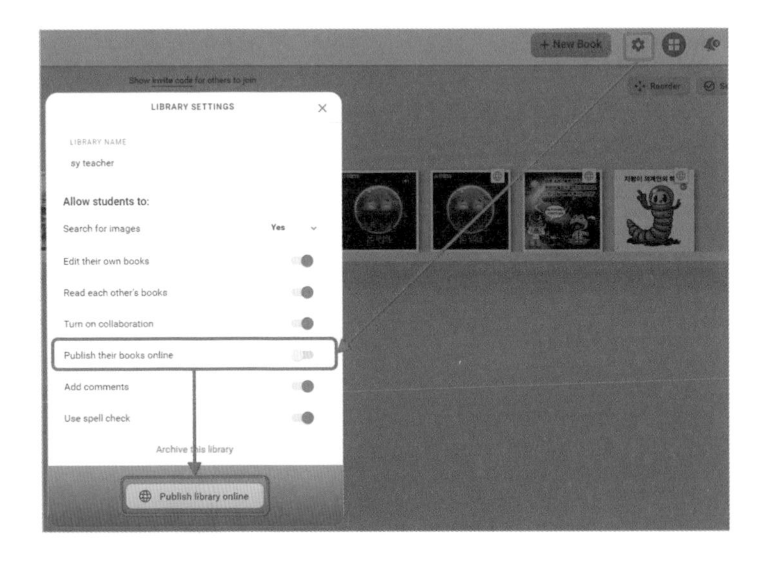

(6) 학생 계정 생성하기

페이지 상단의 사용자 계정을 클릭한 뒤 Student logins를 선택하면 학생들이 로그인할 수 있는 계정을 생성할 수 있습니다. 이렇게 교사가 계정을 생성해 주면 구글 계정이 없는 학생도 북 크리에이터에서 공동으로 작업할 수 있습니다.

먼저, 생성하고자 하는 학생 이름을 입력한 뒤 공유할 라이브러리를 설정합니다. 학생들에게 교사의 개인적인 작업물까지 공유하고 싶지 않다면 여러 개의 라이브러리를 구분하여 생성하고, 학생들에게는 공동 작업용 라이브러리만을 공유할 수 있습니다.

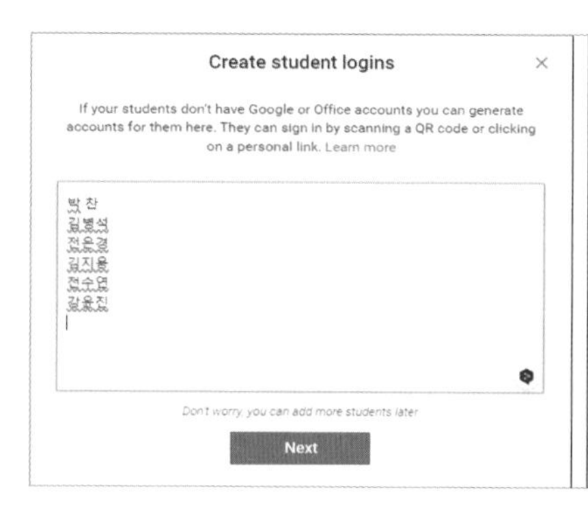

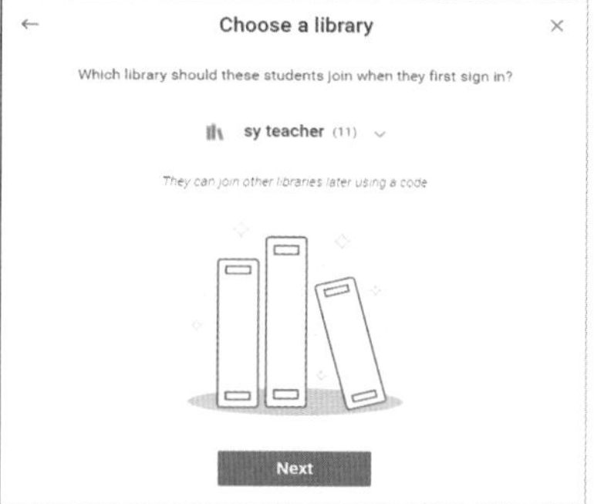

'Next'를 클릭하면 학생 계정을 관리할 수 있는 창이 뜨는데 QR코드 또는 접속 링크를 다운로드할 수 있습니다. 노트북이나 데스크톱으로 작업하기 위해서는 링크를 다운받은 뒤 학생 개개인에게 공유해 주면 됩니다.

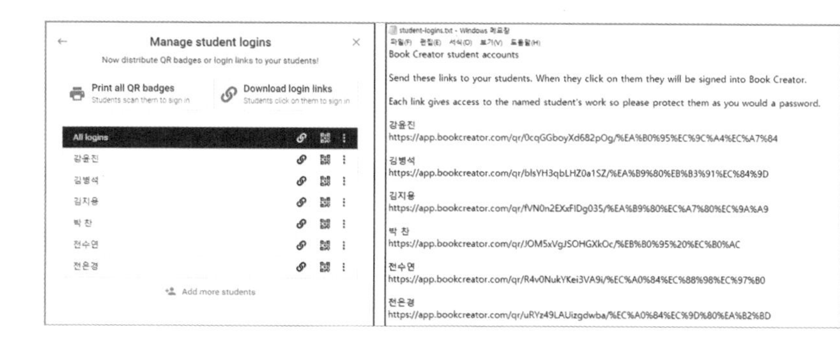

student-logins.txt - Windows 메모장

파일(F) 편집(E) 서식(O) 보기(V) 도움말(H)

Book Creator student accounts

Send these links to your students. When they click on them they will be signed into Book Creator.

Each link gives access to the named student's work so please protect them as you would a password.

강윤진
https://app.bookcreator.com/qr/0cqGGboyXd682pOg/%EA%B0%95%EC%9C%A4%EC%A7%84

김병석
https://app.bookcreator.com/qr/blsYH3qbLHZ0a1SZ/%EA%B9%80%EB%B3%91%EC%84%9D

김지용
https://app.bookcreator.com/qr/fVN0n2EXxFIDg035/%EA%B9%80%EC%A7%80%EC%9A%A9

박 찬
https://app.bookcreator.com/qr/JOM5xVgJSOHGXkOc/%EB%B0%95%20%EC%B0%AC

전수연
https://app.bookcreator.com/qr/R4v0NukYKei3VA9i/%EC%A0%84%EC%88%98%EC%97%B0

전은경
https://app.bookcreator.com/qr/uRYz49LAUizgdwba/%EC%A0%84%EC%9D%80%EA%B2%BD

(7) 동시집 편집하기

공유받은 링크를 클릭한 학생은 아래와 같은 교사의 라이브러리로 직접 입장하게 됩니다. 설정한 권한에 따라 학생들도 라이브러리에 있는 책들을 읽거나 편집할 수 있습니다. 공동 작업을 위해서 교사가 제작한 동시집에 바로 페이지를 추가할 수도 있지만, 여러 학생이 한꺼번에 하나의 동시집에 작업하다 보면 다른 사람의 작업물을 수정하거나 삭제하는 실수를 하기도 합니다. 이를 방지하기 위해 학생이 라이브러리에 새로운 책을 추가하여 작업하고, 교사는 마지막에 학생들이 작업한 책을 간단히 한 권으로 모으는 방법도 있습니다. 후자의 방법으로 'New Book'을 클릭하여 앞서 했던 것처럼 새로운 책을 만들어보겠습니다.

작업 공간에서 더하기(+) → Images를 클릭해서 동시의 배경 이미지를 삽입해 보겠습니다.

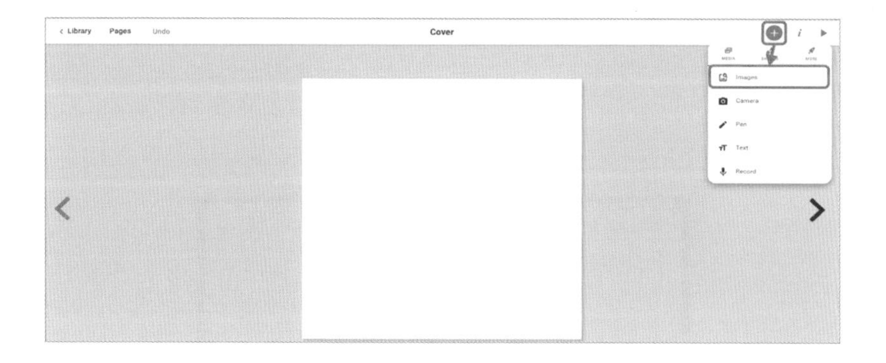

'Upload from your computer'를 클릭하면 빙 이미지 크리에이터에서 제작하여 저장해 둔 사진을 업로드할 수 있습니다.

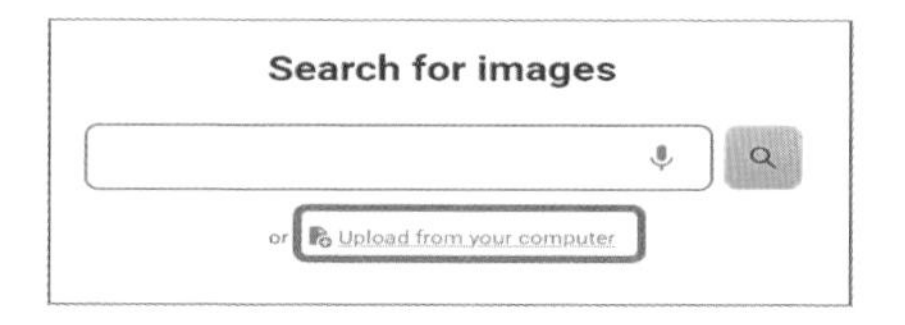

동시의 배경이 삽입되었으면 더하기(+) → Text로 동시의 내용을 입력합니다.

텍스트의 크기, 위치 등을 조절하고 배경 그림 위에서도 잘 보이도록 텍스트 배경 색상 등을 변경하여 완성합니다.

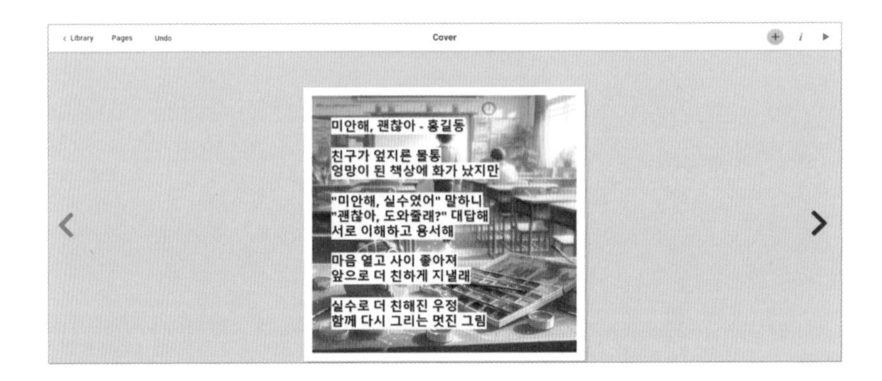

(8) 책 합치기

공동 작업이 끝나면 학생이 만든 동시집들이 교사의 라이브러리에 추가된 것을 확인할 수 있습니다. 이를 하나로 합치기 위해서 합칠 책 중 한 권의 더 보기 아이콘(⋮)을 누르고 'Combine books'를 선택합니다.

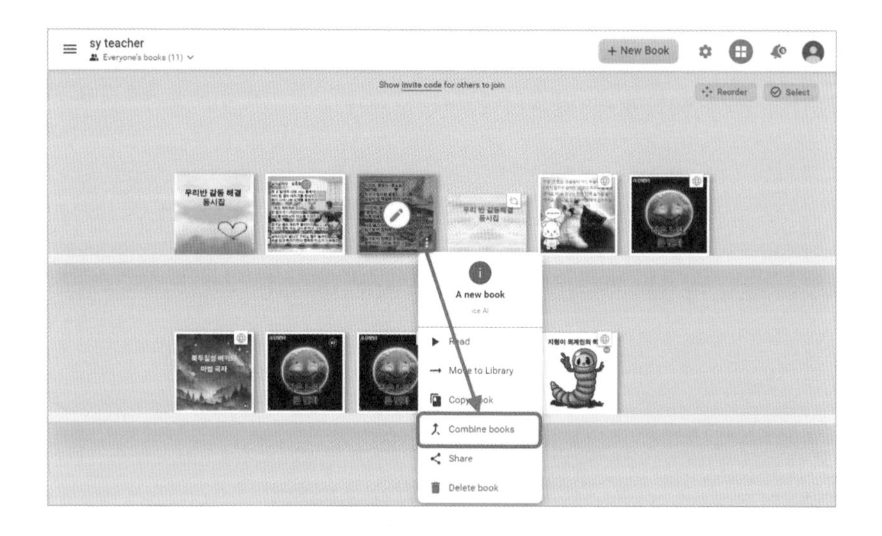

라이브러리의 책 중 합치기 원하는 책을 여러 권 선택할 수 있고 하단 작업 창에서 드래그하여 순서도 변경할 수 있습니다.

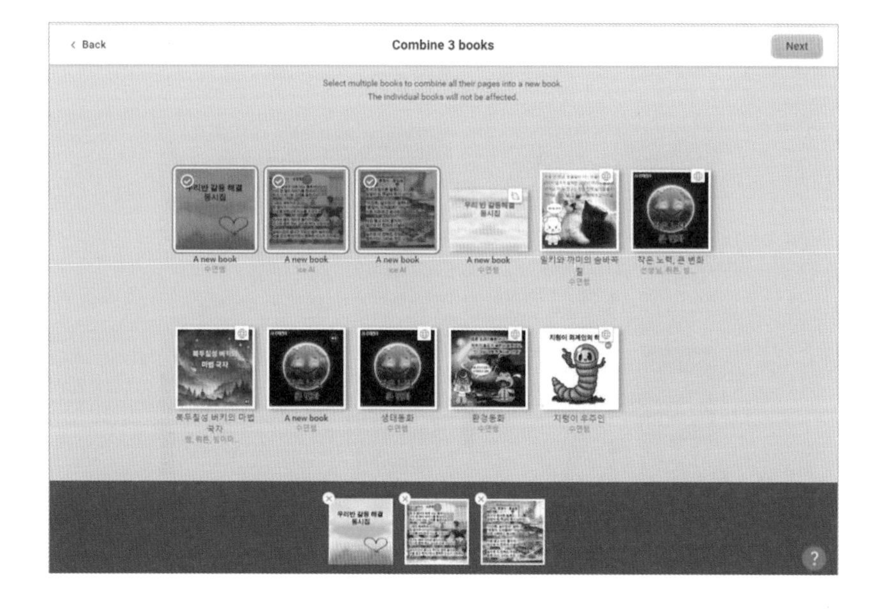

제목과 저자를 입력하고 'Create Book'을 클릭하면 한 권의 책으로 합쳐진 동시집을 볼 수 있습니다.

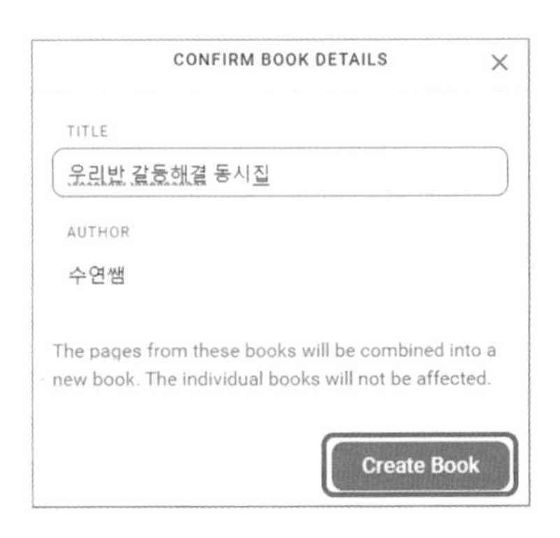

(9) e-book 출판하기(Publish online)

한 권으로 합쳐진 책을 대중에게 또는 링크가 있는 사람들에게 공유하기 위해서는 온라인 발행을 해야 합니다.

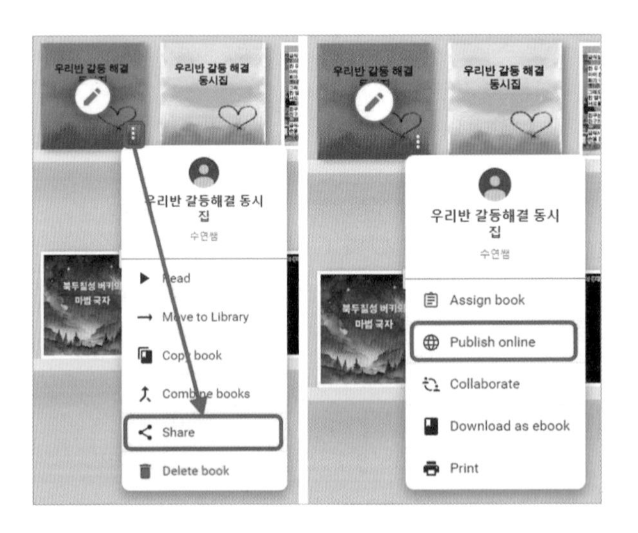

완성된 책의 더 보기 아이콘(⋮)을 누르고 Share → Publish online을 선택합니다. 책의 제목, 저자, 설명 등 세부 정보를 입력한 후 내가 원하는 사람에게만 공개할 것인지(Private), 대중에게 모두 공개할지(Public)와 재편집 허용 여부를 설정한 다음 'Publish online'을 클릭하면 우측에 공유 링크와 QR코드를 다운할 수 있는 창이 생성됩니다.

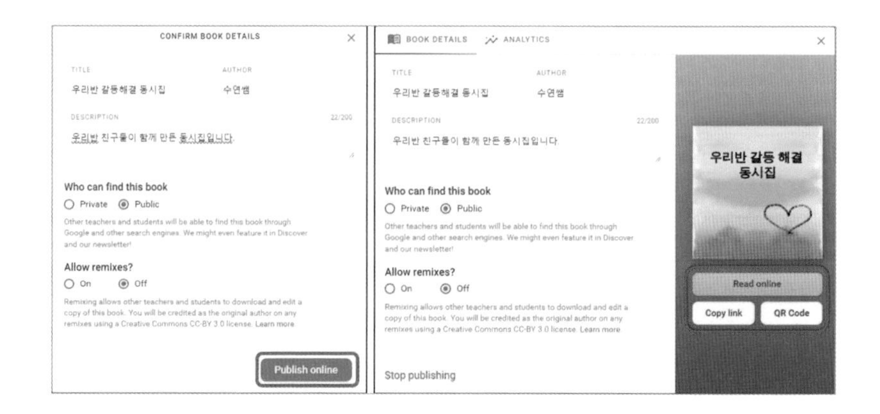

생성 창의 'Read online' 또는 접속된 화면의 'Read now'를 클릭하면 학생들이 직접 제작한 동시집을 표지, 본문 차례로 감상할 수 있습니다.

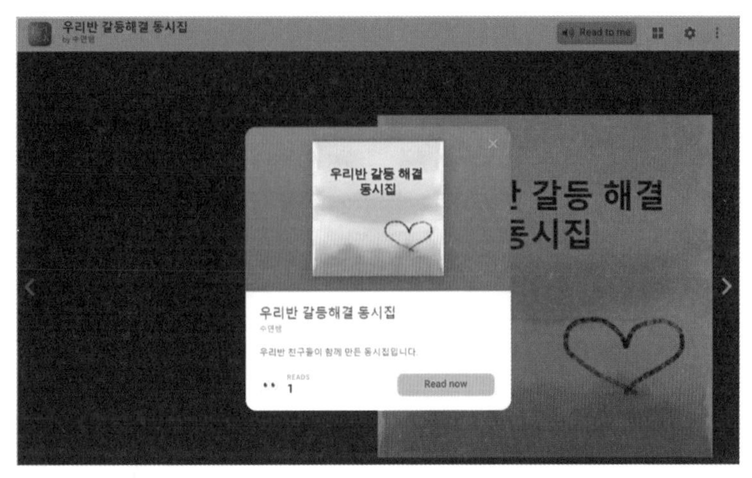
우리반 갈등해결 동시집
Read to me
우리반 갈등 해결 동시집
우리반 갈등해결 동시집
우리반 친구들이 함께 만든 동시집입니다.
READS
1
Read now

Edit
우리반 갈등해결 동시집
Read to me
우리반 갈등 해결 동시집

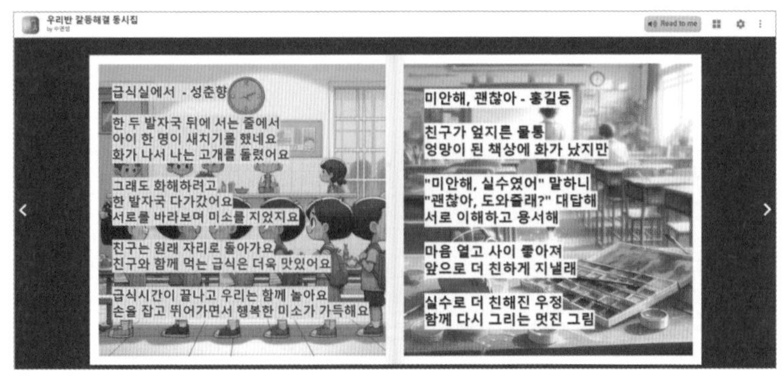
우리반 갈등해결 동시집
급식실에서 - 성춘향
한 두 발자국 뒤에 서는 줄에서
아이 한 명이 새치기를 했네요
화가 나서 나는 고개를 돌렸어요
그래도 화해하려고
한 발자국 다가갔어요
서로를 바라보며 미소를 지었지요
친구는 원래 자리로 돌아가요
친구와 함께 먹는 급식은 더욱 맛있어요
급식시간이 끝나고 우리는 함께 놀아요
손을 잡고 뛰어가면서 행복한 미소가 가득해요
미안해, 괜찮아 - 홍길동
친구가 엎지른 물통
엉망이 된 책상에 화가 났지만
"미안해, 실수였어" 말하니
"괜찮아, 도와줄래?" 대답해
서로 이해하고 용서해
마음 열고 사이 좋아져
앞으로 더 친하게 지낼래
실수로 더 친해진 우정
함께 다시 그리는 멋진 그림

4) 갈등 해결 동시집 만들기가 사회정서학습에 미치는 영향

사회정서학습에서 강조하는 5가지 핵심역량 중 '관계 기술'은 건강하고 유익한 인간관계를 형성하고 유지하며, 다양한 개인 및 집단과의 상황을 효과적으로 탐색하는 능력을 의미합니다. 이러한 관계 기술은 의사소통 문제 해결을 위한 협력, 갈등 조정 등을 포함하고 관계 기술이 강화된 학생들은 긍정적인 대인 관계 속에서 사회 적응력을 향상할 수 있습니다.

갈등 해결 동시집 만들기를 통해 학생들은 스스로 겪었던 갈등 상황과 해결 방법, 그때의 감정을 되돌아보고 갈등을 조화롭게 해소하는 방법에 대해 이해할 수 있습니다. 학생들의 관계 기술을 향상하기 위해서는 긍정적인 관계 기술의 올바른 예를 보는 것이 효과적인데, 다른 학생들이 만든 동시를 보며 어떠한 상황에 어떻게 행동하는 것이 갈등을 바르게 해결하는 방법인지 익힐 수 있습니다. 또, 친구들이 겪었던 갈등 상황을 간접적으로 겪어보면서 상대방의 관점을 이해하고 고려하는 공감 능력을 기를 수 있으며, 하나의 동시집을 함께 만들어내는 경험을 통해 협력하는 자세를 배울 수 있습니다.

많은 학생이 글짓기, 그림 그리기와 같은 창작 분야에서 부담을 느낍니다. 하지만 생성형 인공지능을 적절히 활용한다면 동시 창작, 배경 이미지 생성 등을 쉽게 할 수 있고 북 크리에이터와 같은 에듀테크를 활용하면 협력의 즐거움도 맛볼 수 있습니다. 이러한 갈등 해결 동시집 제작을 통해 학생들이 갈등 해결과 협력의 관계 기술 역량을 키울 수 있기를 바랍니다.

관계 기술 역량

10. AI 웹툰으로 나만의 상황 표현하기

들어가며

사람은 태어날 때부터 죽을 때까지 서로 관계를 맺으며 살아갑니다. 따라서 다른 사람과 서로 의견이나 생각을 교환하고 공유하는 것은 매우 중요한 일입니다. 교실에서도 교사와 학생, 학생 상호 간 소통이 원활하게 이루어지지 않으면 오해나 갈등이 생길 수 있으며, 이로 인해 서로 아픔을 주고받는 관계가 될 수도 있습니다. 따라서 생활 속에서 다른 사람과 좋은 관계를 맺기 위해서는 학생들끼리 서로 소통하고 배려하면서 대인 관계를 맺어나가는 반복적인 연습을 통해 자연스럽게 행동하도록 하는 과정이 필요합니다.

때때로 가족, 친구, 동료 등과의 갈등 상황에 놓이게 될 때 서로의 감정이나 생각을 직접적인 말로 소통하기도 하지만, 글이나 그림 또는 만화 같은 방식으로 표현하기도 합니다. 이 중 만화는 그림과 텍스트를 조합하여 이야기를 전달하는 형식이기 때문에 글이나 말로는 표현하기 어려운 상황이나 감정을 더욱 생생하고 솔직하게 묘사할 수 있습니다. 이에 따라 이번 시간에는 인공지능 기술을 이용해 웹툰을 자동으로 제작하는 투닝(Tooning)으로 그림에 부담을 느끼는 학생들도 쉽게 나만의 웹툰을 만들 수 있게 하고자 합니다. 이는 학생들이 다양한 갈등 상황에서 나와 다른 사람의 생각과 감정, 행동을 이해하는 능력과 갈등을 해소하고 원활한 관계를 유지할 수 있게 하는 역량을 키우는 데 도움을 줄 것입니다.

1) 웹툰과 상황 표현

학생들에게 웹툰은 그들만의 공감대를 형성하는 하나의 공간입니다. 그들만의 심리적 고민이나 일상 속의 이야기들을 주제로 다루어 그들만의 관심과 공감을 나누기도 하고 현실적인 위로를 받기도 합니다. 물론 웹툰의 유해성 논란이 있지만 분명한 것은 웹툰이 학생들에게 즐거운 관심사이자 흥미를 유발하는 대상이라는 점입니다. 따라서 학생들의 생각이나 느낌을 웹툰으로 표현하는 것은 '나'와 '다른 사람'을 이해하는 데 유용한 수단이 될 수 있습니다.

인공지능을 활용한 웹툰인 '투닝(Tooning)'은 그림 그리기에 부담을 느끼는 학생도 쉽게 웹툰을 만들 수 있게 해줍니다. 텍스트를 기반으로 감정 정보를 파악하고 이를 캐릭터의 표정과 동작으로 표현하는 'Text to Toon(TTT)' 기능과 텍스트의 내용을 파악하여 이미지를 연출하는 'Text to Image(TTI)' 기능 등 다양한 AI 기능이 있어 쉽고 빠르게 웹툰과 이미지를 디자인할 수 있습니다.

[그림 2-151] 투닝의 메인 화면

2) 투닝(Tooning)으로 웹툰 만들기

(1) 투닝에 가입하기

크롬 브라우저로 구글 검색창에서 '투닝' 혹은 'tooning'를 입력하거나 주소창에 tooning.io을 입력하여 투닝 홈페이지에 접속합니다.

투닝을 사용하기 위해서는 메인 화면에서 '무료 체험하기'를 클릭하거나 투닝에 가입한 후 사용할 수 있습니다. 구글, 카카오, 페이스북, 이메일 계정 등을 사용하여 쉽게 가입하고 로그인할 수 있어 편리합니다.

그러나 회원 가입이나 로그인 없이 투닝을 사용하더라도 여러 가지 요소를 자유롭게 활용할 수 있습니다. 템플릿, 캐릭터, 텍스트, 요소, 배경, 사진 등 여러 가지 테마들을 선택하여 사용이 가능합니다. 다만 완성된 웹툰을 저장할 수 없으므로 주의할 필요가 있습니다.

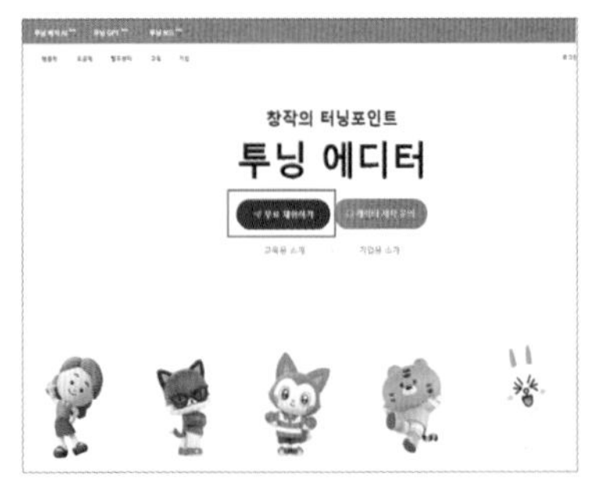

[그림 2-152] 무료 체험하기

[그림 2-153] 투닝 가입하기

(2) 프롬프트 작성하기

투닝을 활용하여 웹툰을 제작하는 방법으로는 템플릿 활용하기, 직접 캐릭터와 배경 및 말풍선 등을 선택하여 제작하기 그리고 AI 생성 기능 활용하기 등이 있습니다. 이 중에서 AI 자동 생성 기능인 '문장으로 툰 생성(beta)'을 활용하는 경우 간단한 문장 입력만으로 AI가 웹툰 한 컷을 손쉽게 제작할 수 있어 수업 시 활용하기에 매우 편리합니다.

'문장으로 툰 생성(beta)'을 활용할 때 중요한 것은 적절한 프롬프트를 입력하는 것입니다. 프롬프트란 사용자가 AI 결과물을 생성하기 위해 AI 드로잉에 입력하는 텍스트를 의미합니다. 갈등 상황에 놓인 등장인물의 모습을 잘 표현하려면 처한 상황과 어울리는 말(말풍선)을 함께 입력하면 사용자의 의도에 맞는 생동감 넘치는 웹툰을 만들 수 있습니다. 원하는 배경이 있는 경우 장소와 관련된 말을 자세히 넣어주면 더 좋습니다.

[표 2-8] 프롬프트 작성 예시

문장 예시 [등장 인물 + 상황 + 발화(감정 및 생각 표현)] 길버트가 한국으로 여행을 갔다. "야호!" 인물 상황 발화
- 복도에서 동글이와 수호는 화해를 했습니다. "미안해" "괜찮아"
- 아파트에서 키미는 밤에 세탁기를 돌리지 않아요. "서로 배려해요"
- 운동장에서 길버트는 동글이를 놀려요. "그만해. 기분 나빠!"

(3) '문장으로 툰 생성(beta)'으로 웹툰 생성하기

메인 화면 오른쪽 하단에 'AI' 분홍 버튼을 클릭하고 '문장으로 툰 생성(beta)'을 선택합니다. 그러면 프롬프트를 입력할 수 있는 창이 열립니다.

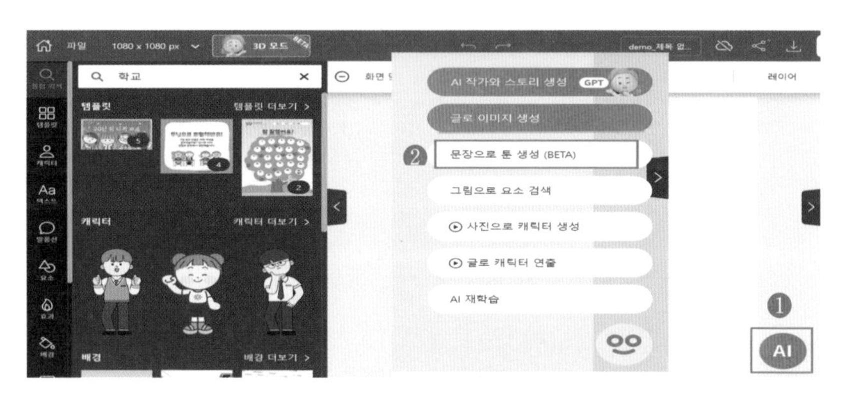

[그림 2-154] 문장으로 툰 생성(beta) 창 열기

프롬프트를 입력 후 '적용' 버튼을 클릭하면 AI 웹툰이 생성됩니다.

[그림 2-155] 프롬프트 작성하기

(4) 생성된 웹툰에서 필요 없는 부분 제거하기

[그림 2-156] 생성된 웹툰 화면

생성된 웹툰이 마음에 들지 않는 경우 우측 하단의 '+페이지 추가' 버튼을 클릭, 여러 개의 웹툰을 생성한 후 마음에 드는 웹툰을 선택합니다.

웹툰을 수정하기 위해서는 먼저 필요 없는 부분을 제거합니다.

[그림 2-157] 초기 웹툰 화면

[그림 2-158] 필요 없는 부분을 제거한 장면

(5) 생성된 웹툰 수정하기

가. 캐릭터 수정하기

웹툰에서 인물의 상황과 감정을 잘 설명하려면 캐릭터의 표정과 신체적 표현을 잘 살려야 합니다. 캐릭터를 클릭하면 메인 화면 좌측에는 패널이, 캐릭터 우측에는 컨트롤러가 활성화됩니다.

[그림 2-159] 캐릭터 활성화하기

좌측 패널 메뉴로 캐릭터의 얼굴과 외형, 동작을 수정합니다.

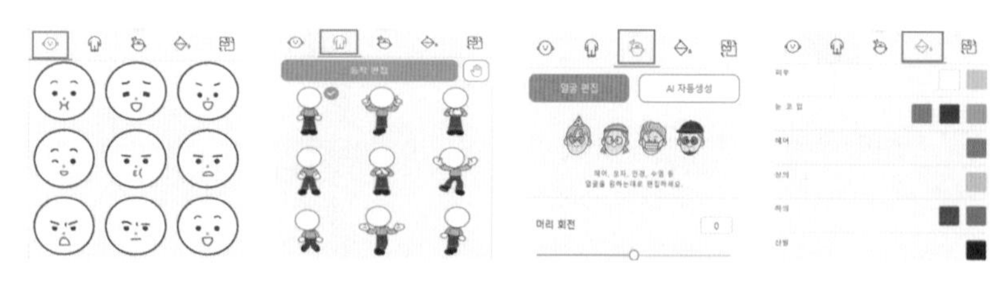

[그림 2-160] 패널에서 캐릭터 수정하기

이때 변경 항목을 클릭하면 웹툰 캐릭터에 즉시 반영됩니다. 다만 '동작 편집'에서 팔과 다리를, '얼굴 편집'에서 머리, 효과, 안경 등을 변경하는 경우 '적용' 버튼을 클릭해야 캐릭터에 반영됩니다.

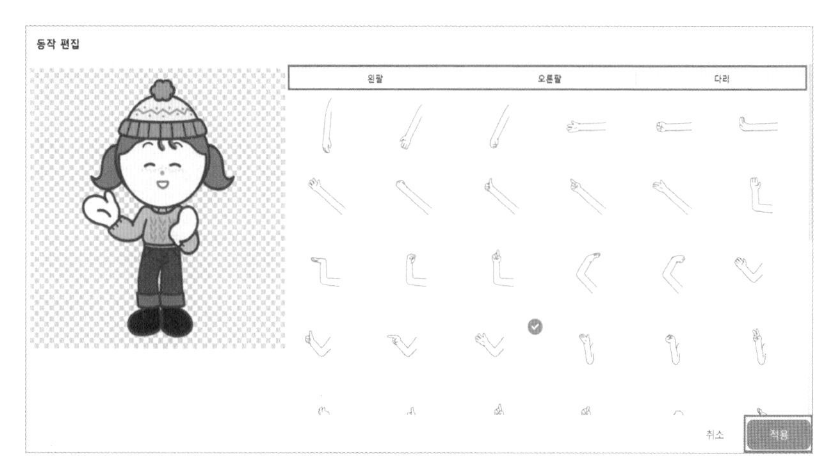

[그림 2-161] 동작 편집 기능 적용하기

[그림 2-162] 동작 편집이 반영된 캐릭터

'AI 자동 생성' 기능을 선택하여 내 얼굴을 직접 찍거나 사진 파일을 사용하면 나만의 캐릭터로 커스터마이징할 수 있습니다.

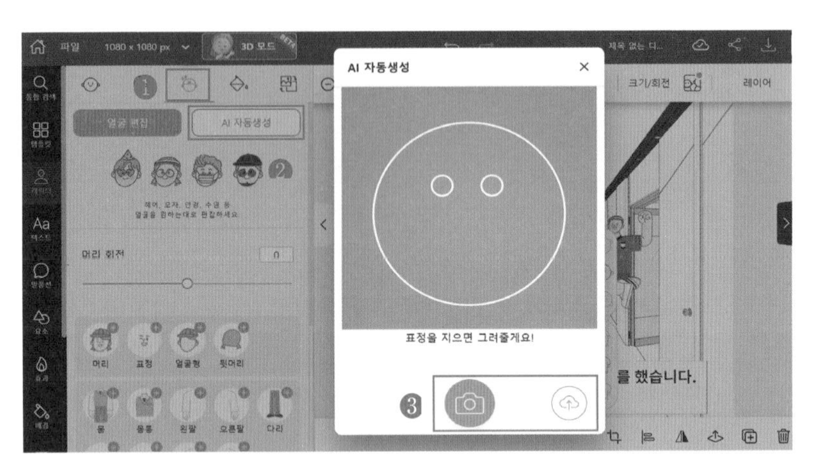

[그림 2-163] AI 자동 생성 기능으로 닮은꼴 캐릭터 만들기

위에서 카메라나 구름을 클릭, 사진을 가져오면 AI가 이와 닮은꼴의 캐릭터를 만들고, '적용'을 클릭하면 캐릭터에 반영됩니다.

[그림 2-164]
AI 로 만들기

[그림 2-165]
캐릭터 적용하기

[그림 2-166]
반영된 캐릭터 모습

특히 '내 닮은꼴 캐릭터'를 생성하여 웹툰에 사용하는 경우 내 생각과 감정, 상황에 좀 더 몰입하게 만들 수 있습니다.

또한, 캐릭터 우측 컨트롤러를 사용하여 캐릭터를 수정할 수 있습니다. 예를 들어, 캐릭터 옆에 'Slide'를 클릭하면 좌측 화면에 얼굴 옆면 표정이 나타나 원하는 표정을 선택할 수 있습니다. 'Head'를 선택하여 머리, 얼굴형, 효과, 수염, 안경 등을 사용해 얼굴을 자연스럽게 편집할 수 있고, 'Action'을 선택하면 팔, 다리, 손동작 하나까지 섬세하게 수정할 수 있습니다. 우측 흰색 버튼의 머리와 신체 모양은 자세 전환에 사용됩니다.

[그림 2-167] 캐릭터 컨트롤러 활용하기

[그림 2-168] 수정된 웹툰 화면

마지막으로 등장인물을 바꾸는 경우 기존 캐릭터를 삭제하고 좌측 캐릭터 메뉴에서 캐릭터를 클릭하여 적용합니다.

나. 장면 수정하기

웹툰의 장면을 편집하기 위해서는 화면의 상·하단에 있는 버튼을 활용합니다. 화면의 확대·축소, 회전 및 장면 추천, 레이어 변경 시에는 상단 버튼을 사용합니다. 하단 버튼은 원하는 형태로 자르기, 정렬, 수평·수직 뒤집기, 캐릭터의 보이는 순서 바꾸기, 원하는 캐릭터나 요소 복제하기, 삭제하기 이이 있어 필요에 따라 사용할 수 있습니다.

[그림 2-169] 장면 수정하기

다. 텍스트 수정하기

캐릭터가 처한 갈등 상황에서 그의 생각, 감정을 잘 전달하기 위해서는 텍스트를 잘 활용해야 합니다. 화면 아래 지문을 클릭하여 텍스트를 변경할 수 있고, 말풍선 내용을 변경하거나 추가하여 인물의 생각이나 느낌을 표현할 수도 있습니다. 말풍선 추가 시 좌측 메뉴에서 텍스트에 있는 말풍선체를 클릭합니다. 원하는 말풍선을 선택하여 화면에 위치시킨 후 내용을 변경합니다. 또는, 말풍선 메뉴를 선택한 후 텍스트에서 적절한 것을 선택하여 적용할 수 있습니다.

그리고 인물이나 사물의 상태를 표현하는 소리를 다양한 폰트와 효과로 적절하게 사용할 수도 있습니다.

[그림 2-170] 텍스트 수정하기

라. 배경, 요소 및 효과 수정하기

배경은 인물의 상황을 객관적으로 보여주는 공간으로, 적절한 배경은 웹툰의 중요한 요소입니다. 그리고 요소와 효과도 웹툰에서 비중은 작지만 전달하고자 하는 메시지의 효과는 매우 크다고 할 수 있습니다. 좌측에서 배경과 요소, 효과 메뉴를 사용하거나 검색하여 수정 및 추가할 수 있습니다.

[그림 2-171] 배경, 요소, 효과 수정하기

(6) 웹툰 제작하기 사례

만화나 그림 그리기 활동은 보통 미술 시간에 많이 하지만 국어, 사회, 도덕 등과 같은 여러 교과에서도 내 생각과 의견, 느낌 등을 표현하는 데 많이 사용합니다. 어떤 학생들에게는 그림이나 만화로 표현하는 게 편한 작업일 수 있겠지만 어려움을 느끼는 학생에게는 재미없고 하기 싫은 활동일 수 있습니다. 이런 학생들에게 인공지능 웹툰인 '투닝'은 내 생각과 감정을 쉽고 재미있게 그리고 더 적절하게 표현할 수 있도록 도와줍니다. 프롬프트에 내 상황과 생각, 느낌 등을 자세하게 쓸 수 있다면 내가 의도한 웹툰에 가깝게 만들 수 있습니다.

이번 사례는 도덕이나 인성교육 시간에 이루어진 수업으로, 학생들이 자신이 처한 갈등 상황에서 문제 해결 방안을 제시할 때 AI 웹툰인 '투닝'을 적용하여 제작한 것입니다.

먼저 주변 사람들과의 갈등 상황에서 내가 느꼈던 감정과 생각을 되돌아봅니다. 내가 처한 상황에서 갈등을 어떻게 해결했는지 적어보고,

내 해결 방안이 적절했는지 친구와 논의를 해봅니다. 만약 부적절했다면 친구와 함께 더 평화로운 방안을 찾습니다. 그리고 이 갈등 해결 상황과 관련된 장면을 '투닝'으로 '한 컷' 혹은 ' 여러 컷'으로 제작합니다. 필요시 캐릭터, 텍스트, 배경 등의 수정을 통해 웹툰을 완성합니다.

초등 3학년과 6학년 학생들의 작품을 살펴보겠습니다. 초등학교 중·고학년이기 때문에 웹툰 제작 수준에서 차이가 있을 거라 예상했지만 실제로 학생들의 웹툰 제작 능력은 크게 차이가 나지 않았습니다.

[그림 2-172] 3학년 AI 웹툰 작품

[그림 2-173] 6학년 AI 웹툰 작품

학생들이 다른 사람과 좋은 관계를 맺기 위해서는 원만한 대인 관계를 만드는 연습이 필요합니다. 실제 자신의 경험을 통해 배우기도 하지만, 평화로운 갈등 해결 과정이 담긴 친구들의 웹툰을 통해서도 타인과의 갈등 해결 과정을 간접적으로 경험할 수 있습니다. 그리고 내 생각과 감정을 적절하게 표현하는 것과 다른 사람의 생각이나 감정을 이해하는 것이 얼마나 중요한지 알 수 있습니다.

3) AI 웹툰 공유하기

(1) 웹툰 저장하기

투닝의 장점은 가입할 필요 없이 '무료 체험하기'가 가능하다는 점입니다. 이 경우 웹툰은 자유롭게 제작할 수 있으나 저장이나 다운로드, 공유하기 기능은 사용할 수 없으므로 캡처하여 저장해야 합니다.

회원으로 가입한 경우 3편까지 무료로 제작할 수 있으며, 작품의 저장과 다운로드, 공유하기가 가능하여 더욱 편리하게 사용할 수 있습니다.

저장하거나 다운로드를 할 때에는 먼저 화면 상단의 제목 상자를 클릭하여 웹툰에 제목을 붙여줍니다. 웹툰은 자동으로 저장되며 상단의 다운로드 버튼을 클릭하면 다운로드 창이 열립니다. JPG, PNG, PDF, PPTX 형식 중에서 원하는 형식을 선택하여 다운로드할 수 있습니다.

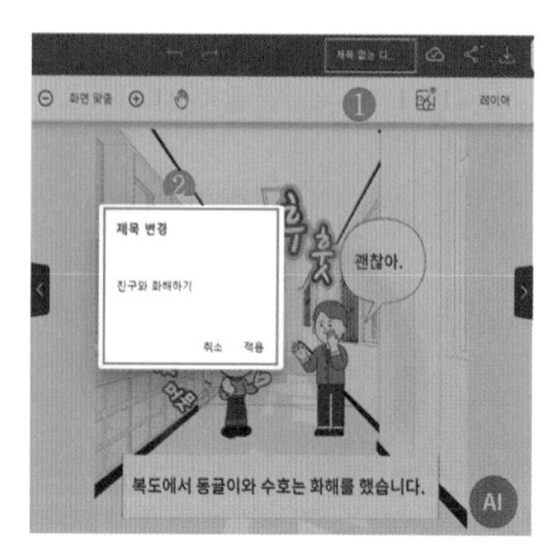

[그림 2-174] 제목 붙이기

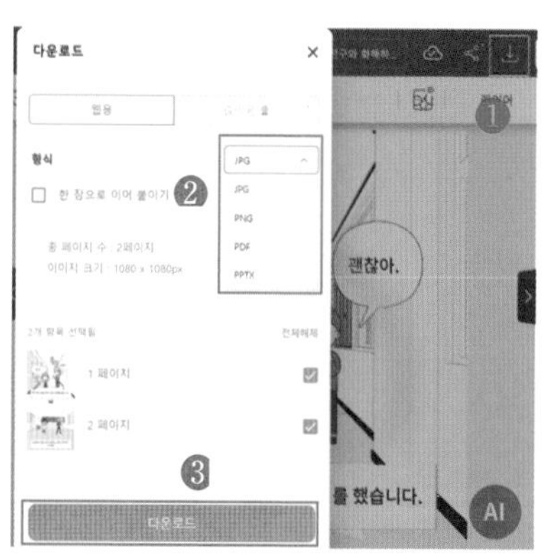

[그림 2-175] 다운로드하기

(2) 웹툰 공유하기

완성된 웹툰은 패들렛이나 투닝 보드에 탑재하여 공유합니다. 자신의 웹툰을 친구들과 공유하면서 각기 다른 갈등 상황 속에서 서로의 생각이나 의견을 이해하고 평화롭게 갈등을 해결하는 방안을 배웁니다. 이를 통해 서로를 배려하면서 다른 사람과의 좋은 관계를 맺어나가는 사회적 행동을 자연스럽게 익혀나갈 수 있습니다.

가. 완성된 웹툰을 패들렛에 공유하기

로그인하지 않고 '무료 체험하기'를 사용하여 웹툰을 제작하는 경우 캡처 도구로 해당 웹툰 화면을 캡처한 후 바탕화면이나 다운로드 파일에 저장합니다. 패들렛 창을 열고 하단의 (+) 버튼을 클릭합니다. 웹툰의 제목을 적고 파일 버튼을 클릭하여 원하는 파일을 열고 발행을 누르면 패들렛에 탑재됩니다.

[그림 2-176] 로그인 없이 제작한 웹툰 공유하기

로그인하여 웹툰을 제작했다면, 다운로드한 파일을 위와 같은 방식으로 패들렛에 올리거나 화면 상단의 '공유하기' 버튼을 사용하여 링크를 복사한 후 링크를 입력하여 작품을 올릴 수 있습니다.

아래 패들렛에 공유한 작품은 3학년과 6학년 학생들의 작품입니다.

[그림 2-177] 패들렛에 완성된 웹툰 공유하기

나. 투닝 보드에 공유하기

투닝 보드는 투닝에서 새로 만든 보드로 패들렛처럼 작품을 공유할 수 있습니다. 로그인해야만 사용할 수 있으며, 화면 상단의 '공유' → '투닝 보드'를 클릭하면 투닝 보드에 웹툰이 즉시 탑재되어 아주 편리합니다.

[그림 2-178] 투닝 보드에 웹툰 올리기

4) AI 웹툰 만들기가 사회정서학습에 미치는 영향

AI 웹툰 만들기는 사회정서학습에 다양한 영향을 미칠 수 있습니다. 먼저, 사용자에 따라 다양한 캐릭터와 이야기를 제공합니다. 이는 다양한 문화와 경험을 가진 사람들 간의 이해와 공감을 촉진할 수 있으며, 다른 사회적 현상을 이해하고 받아들이는 사회적 다양성과 포용성을 강화할 수 있습니다.

또한, 이야기 속에서 다양한 감정을 전달합니다. 이를 통해 사용자들은 다양한 감정을 인지하며 공감하는 능력을 향상시킬 수 있습니다. 나아가 다양한 사회적 상황에서 타인의 감정을 이해하고 공감하는 데 큰 도움을 줍니다.

그리고 풍부한 스토리와 다양한 캐릭터를 통해 사용자의 자기 인식을 높일 수 있습니다. 만약 인공지능이 사용자의 성향과 취향을 반영한 맞춤형 콘텐츠를 제공할 수 있다면, 사용자들은 자기 계발과 관련된 흥미로운 측면들을 탐색할 수 있습니다.

그러나 동시에 인공지능이 창작물을 생성하는 과정에서 부정적인 영향도 미칠 수 있습니다. 예를 들어 알고리듬의 편향적 요소나 사회적 편견들이 반영될 수 있으며, 어떤 측면에서는 인간의 창의성과 감정적 요소의 부족으로 인해 미치는 영향이 제한적일 수 있습니다. 이에 따라 이러한 기술 활용에 신중한 고려와 주의가 필요합니다.

11. 나의 결정으로 학습되는 인공지능

들어가며

“○○이는 집이 부유하니깐 늘 행복할 거야”, “○○○는 부모님이 모두 이집트 사람이니깐 우리말을 잘 이해하지 못할 거야”, “○○는 교실에서 맨날 사고만 치고 선생님 말씀도 듣지 않으니깐 집에서도 부모님 말씀을 잘 듣지 않을 거야”. 우리는 성장하면서 또는 생활하면서 다양한 경험을 통해 학습하고 이러한 학습의 결과로 판단을 합니다. 그런데 때로는 충분한 근거도 없이 자신이 보고 들은 것만을 통해 공정하지 못하고 한쪽으로 치우친 생각을 하게 되는데 이것을 편견이라고 합니다. 사회 경험이 적은 학생들이 모여 있는 교실에서는 이러한 편견의 상황을 종종 보게 됩니다.

그렇다면 사람이 아닌 인공지능에게는 편견이 있을까요? 교실에서 학생들에게 이 주제로 토론하면 재미있는 이야기들이 많이 나옵니다. 인공지능은 사람이 아니므로 감정이 없어 공정하게 판단하여 편견이 없을 것 같다는 주장이 있지만, 인공지능도 사람이 만드는 것이므로 잘못된 생각을 하는 사람이 만든 인공지능은 편견이 있을 것이라고 주장하는 학생도 있습니다.

인공지능이 학습하는 과정을 체험하여 봄으로써 올바른 의사 결정의 중요성을 인식하고 섣부른 판단이 아닌 깊이 있는 사고를 통해 의사 결정을 해야 함을 깨닫는 시간을 가져보고자 합니다.

1) 머신러닝과 인공지능의 편향성

(1) 머신러닝

머신러닝은 인공지능의 한 분야로, 컴퓨터 시스템이 데이터를 기반으로 스스로 학습하고 패턴을 파악하여 문제를 해결하는 기술입니다. 이를 통해 컴퓨터는 데이터에서 통찰력을 얻고, 예측, 분류, 판단, 추천 등의 작업을 수행할 수 있습니다.

머신러닝은 크게 지도학습, 비지도학습, 강화학습으로 구분할 수 있습니다.

- 지도학습(Supervised Learning): 지도학습은 입력 데이터와 해당하는 정답(Label)을 함께 제공하여 모델을 학습시키는 방식입니다. 이때 모델은 입력 데이터와 정답 사이의 관계를 학습하여 새로운 입력에 대한 정답을 예측할 수 있습니다. 지도학습은 분류(Classification)와 회귀(Regression) 문제를 해결하는 데 주로 사용됩니다. 예를 들어 스팸 메일 필터링, 이미지 분류, 주택 가격 예측 등이 지도학습의 예입니다.
- 비지도학습(Unsupervised Learning): 비지도학습은 정답(Label)이 주어지지 않은 데이터를 사용하여 모델을 학습시키는 방식입니다. 이때 모델은 데이터의 내부 패턴, 구조, 군집 등을 스스로 발견하고 이를 학습합니다. 비지도학습은 데이터의 특징을 이해하고 압축하는 차원 축소(Dimensionality Reduction), 데이터 군집화(Clustering), 이상 탐지(Anomaly Detection) 등에 사용됩니다.

- 강화학습(Reinforcement Learning): 강화학습은 에이전트(Agent)가 주어진 환경과 상호작용 하며 보상(Reward)을 최대화하는 방향으로 학습하는 방식입니다. 에이전트는 시행착오를 통해 행동을 조정하고 보상을 최대화하는 방법을 학습합니다. 강화학습은 게임, 로봇 제어, 자율주행 등에 활용됩니다.

머신러닝의 핵심은 데이터입니다. 모델은 입력 데이터를 특징(Feature)으로 변환하고, 이를 기반으로 예측이나 결정을 내립니다. 모델은 초기에는 무작위로 초기화되며, 학습 데이터를 사용하여 예측과 실제 정답(Label) 사이의 오차를 최소화하도록 가중치와 편향을 조정합니다. 이 과정을 반복하여 모델이 최적화되며 새로운 데이터에 대한 예측력이 향상됩니다.

머신러닝은 이미지 분류, 음성 인식, 자연어 처리 등 다양한 분야에서 활용되고 있습니다. 구글 포토에서 특정한 사람의 얼굴을 인식하여 그룹으로 만들어 주거나 자동차에서 차선을 인식하거나 자율주행 자동차의 도로 상황을 인식하는 것 등은 머신러닝을 통해 이미지를 인식하는 것입니다. 갤럭시의 빅스비, 애플의 시리, 구글 어시스턴트, 아마존의 알렉사 등은 음성 인식을 통해 사용자의 음성을 분석하여 원하는 작업을 수행하거나 정보를 제공하는데, 이 또한 머신러닝을 통해 학습한 인공지능의 결과물입니다. 구글 번역기나 파파고, 챗봇, 기사 요약 서비스 등은 모두 머신러닝으로 자연어를 처리한 사례입니다.

이 외에도 금융, 교육, 에너지 등 다양한 분야에 머신러닝과 인공지능 기술이 적용되어 다양한 서비스가 개발되고 있습니다. 이러한 서비스들은 사용자의 편의성을 높이고, 개인화된 경험을 제공하여 우리의 일상생활을 변화시킵니다.

(2) 머신러닝 체험하기

머신러닝을 체험하려면 구글에서 개발한 오픈소스 머신러닝 프레임워크인 TensorFlow를 사용할 수 있습니다. TensorFlow는 Python을 기반으로 하며, 풍부한 자료와 예제 코드가 제공되어 있어 머신러닝 학습에 많은 도움이 됩니다. Keras는 딥러닝 모델을 쉽게 구축하고 학습할 수 있는 고수준의 인터페이스로, TensorFlow와 함께 사용이 가능합니다. Keras는 직관적인 API를 제공하여 빠르게 프로토 타입을 개발하고 실험할 수 있습니다. 대화형 프로그래밍 환경인 Jupyter Notebook을 사용하면 코드와 설명을 함께 작성하고 실행 결과를 바로 확인할 수 있습니다. 머신러닝 모델을 개발하고 시각화하는 데 유용하며, 데이터 분석과 머신러닝 작업을 한 곳에서 효율적으로 수행할 수 있습니다. Google Colab은 구글에서 제공하는 클라우드 기반의 Jupyter Notebook 환경입니다. 무료로 GPU나 TPU를 사용할 수 있어 대규모 데이터셋이나 복잡한 모델 학습에 유용합니다. 또한, 다른 사용자와 공유 및 협업할 수 있는 기능도 제공합니다.

그러나 이러한 플랫폼들은 초등학생이나 중학생이 머신러닝을 이해하기 위하여 접근하기에는 어려움이 있습니다. 초등학교나 중학교에서 사용할 머신러닝을 위한 도구로는 Machine Learning for Kids(ML4Kids)가 적당합니다.

ML4kids는 어린이들을 위한 머신러닝 교육 플랫폼으로, 어린 학생들도 쉽고 재미있게 머신러닝의 기본 개념과 원리를 배울 수 있는 다양한 교육 자료와 도구를 제공합니다. 또한, 아이들이 머신러닝에 대해 흥미를 가지고 쉽게 접근할 수 있게 합니다. 플랫폼은 시각적으로 매력적인 인터페이스와 직관적인 학습 경험을 제공하여 어린이들이 머신러닝 개념을 이해하고 실험할 수 있도록 도와줍니다.

ML4kids에서는 다양한 학습 모듈과 예제 코드를 통해 머신러닝의 기본 개념을 소개합니다. 어린이들은 이를 통해 데이터의 분석과 시각화, 특성 추출, 모델 학습 등의 과정을 직접 체험하고 이해할 수 있습니다. 그리고 실생활 속 머신러닝 응용 사례를 제시하여 어린이들이 머신러닝의 활용 가능성을 보다 실감할 수 있도록 도와줍니다.

머신러닝을 체험해 보기 위하여 사이트(machinelearningforkids.co.uk)에 접속합니다.

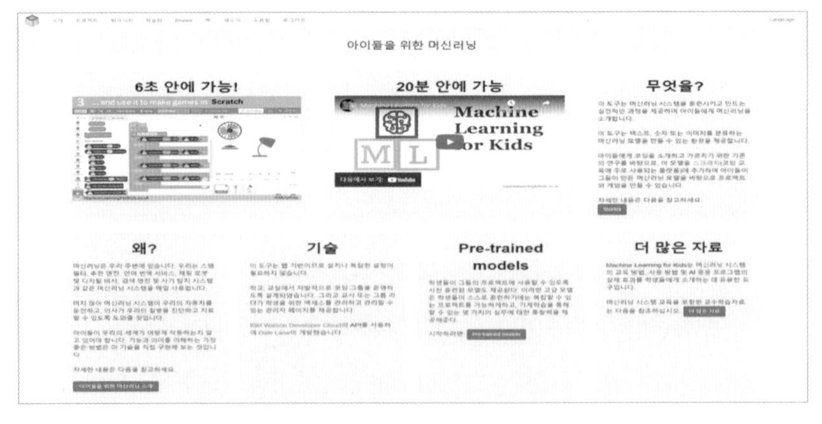

[그림 2-179] ML4Kids 사이트 접속

사이트에 접속하였는데 영어나 다른 언어로 보일 경우 상단 우측의 Language에서 한국어를 선택하면 됩니다. 이후 페이지에서 로그인 화면으로 넘어가는 경우가 있습니다. ML4kids에서 머신러닝을 체험하기 위해서 꼭 등록을 할 필요는 없지만, 계정을 생성하여 등록하면 여러 개의 프로젝트를 생성할 수 있으며 사용자가 삭제할 때까지 프로젝트가 유지됩니다. 또한 계정으로 등록이 되어 있으므로 온라인이 가능한 곳에서는 어디서나 프로젝트를 실행할 수 있습니다.

등록을 건너뛰고 '지금 실행해 보기' 버튼을 클릭하면 자동으로 로그인 상태가 되면서 프로젝트 생성 화면으로 넘어가게 됩니다. 이것은 등록된 계정으로 로그인이 된 것이 아니라 ML4Kids를 체험하기 위하여 일회성 계정으로 로그인된 것입니다. 로그아웃 버튼을 누르거나 활동 없이 일정 시간이 지나면 로그아웃이 되면서 생성한 프로젝트도 지워집니다. 그러나 수업시간에 체험하는 것으로는 큰 상관이 없습니다.

'+프로젝트 추가' 버튼을 눌러 프로젝트를 시작합니다. 머신러닝의 방식을 이해하기 위하여 포유류와 어류를 구분하는 프로젝트를 생성해 보겠습니다. 인식 방법은 이미지를 선택한 후 우측 하단의 만들기 버튼을 클릭합니다.

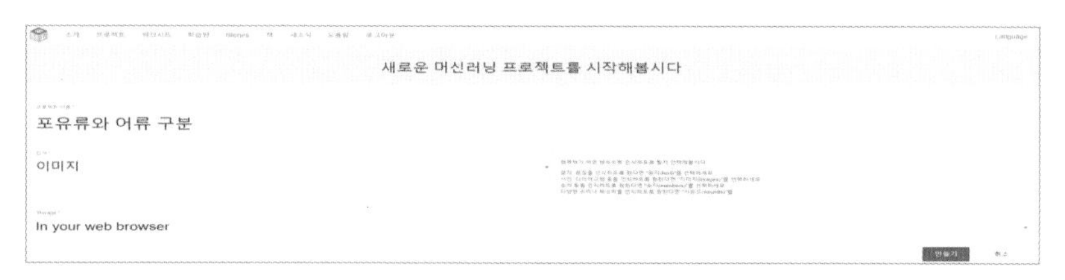

[그림 2-180] 프로젝트 생성

프로젝트가 생성된 것을 확인할 수 있습니다. 생성한 프로젝트를 클릭하면 훈련, 학습&평가, 만들기 메뉴가 있는 창으로 이동합니다. 인공지능이 포유류와 어류를 구분할 수 있도록 데이터를 입력해야 합니다. 이러한 과정을 훈련이라고 합니다.

[그림 2-181] 프로젝트 생성 후 훈련 메뉴

머신러닝을 학습시킬 때에는 레이블을 추가한 후 같은 내용을 학습시켜야 합니다. 우리는 이미지를 보고 포유류와 어류를 구분하는 인공지능을 만들 것이므로 레이블을 포유류와 어류로 만들어 줍니다. 다만 이 사이트에서는 한글을 지원하지 않으므로 영문으로 레이블을 만들어 주어야 합니다.

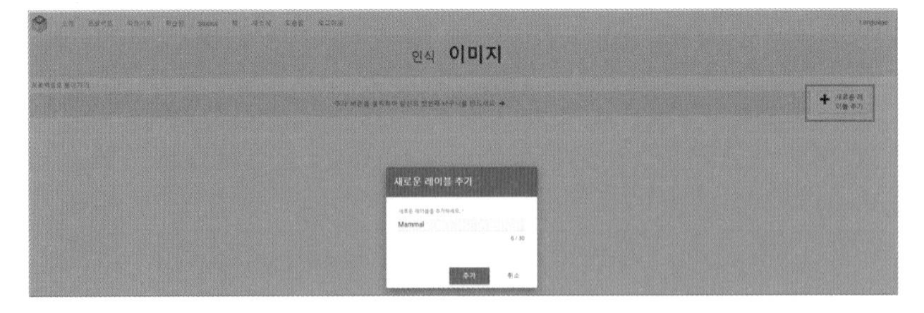

[그림 2-182] 레이블 추가

레이블을 추가한 후에는 레이블 그룹에 맞는 이미지를 올려야 합니다. 웹 → 데이터 추가를 눌러 이미지의 주소를 복사한 후 붙여 넣습니다.

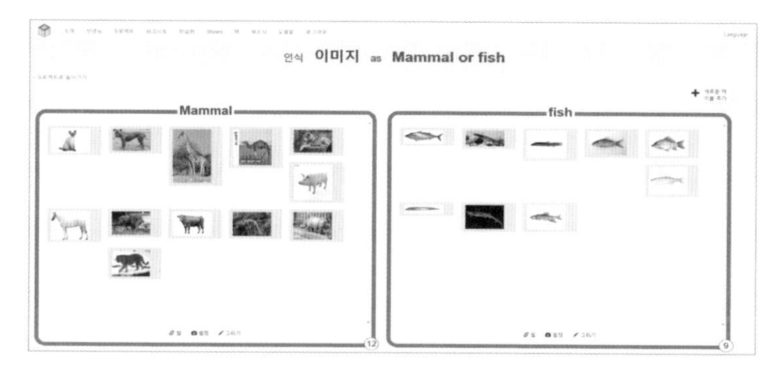

[그림 2-183] 데이터 입력

데이터를 모두 입력한 후에는 '프로젝트로 돌아가기' 버튼을 눌러 이전 메뉴로 돌아갑니다. 우리들이 입력한 내용으로 머신러닝이 잘 판단하는지 확인을 해봐야 합니다. '학습&평가' 버튼을 클릭한 후 머신러닝을 훈련시킵니다. 훈련을 마치면 모델이 잘 학습되었는지 확인하기 위해 이미지를 넣어봅니다.

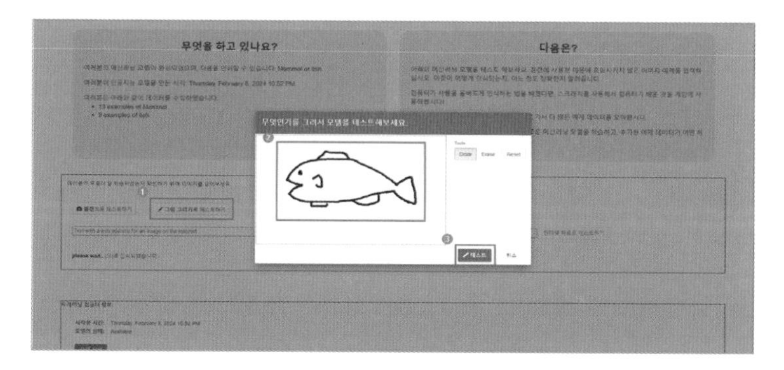

[그림 2-184] 머신러닝 모델 테스트

(3) 인공지능의 편향성

대기업에서 사람을 채용할 때 보통 1차에서는 지원서를 통해 선별합니다. 그런데 지원서가 워낙 많으면 혼자서 이 일을 하지 못하므로 여러 사람이 지원서를 검토하여 선별하게 됩니다. 여러 사람이 선별하다 보면 혼자서 선별하는 것보다는 공정하지 못한 결과가 나올 수 있습니다. 만약 혼자서 선별한다고 하더라도 장시간 서류를 검토하다 보면 피곤해져서 시간이 지날수록 집중력이 떨어질 우려도 있습니다. 이러한 문제를 보완하고자 대기업에서는 인공지능을 활용하여 서류를 검토하기도 합니다.

미국의 대표적 온라인 기업인 아마존은 인공지능을 이용한 채용 프로그램을 개발하였습니다. 머신러닝에 기반한 채용 프로그램이 약 5만 개의 키워드로 분석하여 최상의 조건을 갖춘 지원서를 선별해 주었던 것입니다. 인공지능이 서류를 검토하므로 사람의 수고를 덜어주는 것은 물론, 동일한 기준으로 서류를 검토하니 공정할 것 같습니다. 그런데 정말 그럴까요? IT 기업 지원자 중에는 남성이 압도적으로 많기 때문에 축적된 데이터 역시 남성에게 유리하였습니다. '여성'이라는 단어가 들어가거나 동호회 활동에 '여성 체스 클럽' 같은 말이 포함되어 있으면 채용 대상에서 배제되기도 하였던 것입니다. 이러한 문제가 불거지면서 인공지능을 활용한 채용은 폐기하게 되었습니다.

이와 비슷한 사례는 우리나라에도 있었습니다. 2020년 6월에 베타테스터를 모집하여 테스트한 후 12월 22일에 정식으로 출시한 인공지능 챗봇 이루다 서비스는 불과 3주 만인 2021년 1월 11일에 종료하게 되었습니다. 인공지능 챗봇은 사용자가 메시지를 보내면 인공지능이 그 내용을 분석하고 대답을 하는 원리이므로, 학습한 데이터를 토대로 자연스럽게 대화를 하게 됩니다. 그런데 챗봇 서비스 이루다가 장애인이나 성소수자에 대한 혐오 발언을 한 것이 문제가 되어 데이터베이스를 삭제하였던 것입니다. 현재는 새로운 데이터를 학습한 서비스가 시행 중입니다.

이 외에도 2016년에는 미국 사법부에서 인공지능이 얼굴을 인식하여 재범 가능성을 추정하는 프로그램을 사용하였는데 흑인이 백인보다 높은 위험도 판정을 받을 가능성이 두 배 가까이 되었습니다. 단지 피부색이 어둡다는 이유로 재범 가능성이 높게 나온다는 것입니다. 2016년 뉴질랜드에서는 인공지능을 이용해 여권 사진 심사를 자동화하였는데 눈이 작은 아시아인에 대한 학습을 하지 않아 타이완계 뉴질랜드인이 여권 갱신을 위해 사진을 업로드하면 눈을 감았다는 이유로 거부되는 일이 있었습니다. 눈을 뜨고 있었음에도 인공지능은 감은 것으로 판별한 것입니다.

인공지능 시스템은 대부분 대규모 데이터를 기반으로 학습되며, 이 데이터는 인간의 편견이나 사회적으로 형성된 편향성을 반영할 수 있습니다. 예를 들어, 훈련 데이터가 특정 인종이나 성별에 대한 편견을 가지고 있다면 학습된 인공지능 모델은 그러한 편견을 반영한 결정을 내리거나 정보를 제공합니다. 이는 공정성과 평등성 문제를 야기할 수 있습니다. 사람의 의사 결정 결과가 인공지능에 영향을 주는 것입니다.

2) 바다 환경을 위한 AI

앞에서 우리는 사람의 의사 결정이 인공지능의 학습에 영향을 주는 사례를 알아보았습니다. 학생들은 자신의 의사 결정이 인공지능의 학습에 어떻게 영향을 주는지 체험해 볼 수 있습니다.

바다 환경을 위한 AI는 코딩 교육 사이트인 code.org에서 운영하는 것으로, 학생들이 머신러닝의 개념을 이해하고 체험할 수 있는 사이트입니다. 바다 환경을 위한 AI는 머신러닝을 이용하여 데이터를 학습한 인공지능이 바다 환경을 개선하는 데 어떻게 활용이 될 수 있는지에 대한 아이디어를 제공하며, 해양 오염의 심각성에 대한 교육을 통해 환경 교육도 할 수 있습니다. 우리는 환경 교육과 더불어 학생들의 의사 결정이 인공지능 학습에 어떻게 영향을 주는지에 대하여 학생들이 체험하도록 할 것이며 이를 통해 합리적인 의사 결정 역량을 높이고자 합니다.

바다 환경을 위한 AI 사이트(code.org/oceans)로 접속한 후 '지금 해보기' 버튼을 눌러 사이트로 입장합니다.

[그림 2-185] 바다 환경을 위한 AI

처음에는 머신러닝이 무엇인지에 대한 설명 영상이 나옵니다. 머신러닝 설명 영상이 끝나면 '계속하기' 버튼을 클릭하여 다음 단계로 진행합니다. 교육과 관련한 영상은 수업을 진행하는 과정에서 수시로 등장합니다.

(1) 물고기와 물고기가 아닌 것 분류

제일 먼저 인공지능을 물고기와 물고기가 아닌 것으로 분류하도록 학습을 합니다. ML4Kids에서는 사용자가 레이블을 만들어 주었지만 바다 환경을 위한 AI에서는 '물고기'와 '물고기가 아닌 것'의 레이블이 제공되는 것입니다. 순차적으로 나오는 이미지를 보고 물고기인지, 물고기가 아닌지 사용자가 입력하여 인공지능이 학습하도록 합니다. 사용자의 결정에 따라 인공지능이 학습하는 것입니다.

5개를 올바로 학습시킨 후 '계속' 버튼을 눌러줍니다. AI가 학습한 내용에 따라 임의의 사물을 분석하여 물고기와 물고기가 아닌 것으로 분류할 것입니다. 5개만 학습하였을 때에는 오류가 많이 나는 것을 볼 수 있습니다. 인공지능은 사물이 물고기인지 쓰레기인지 구분하지 못합니다. 단지 사람이 학습시킨 결과의 패턴을 인식할 뿐입니다.

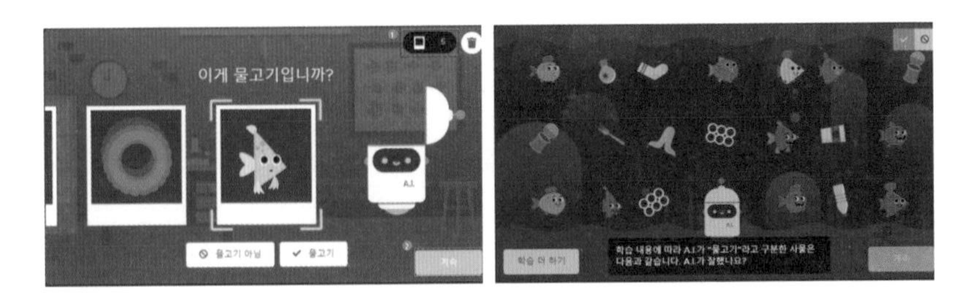

[그림 2-186] 5번 학습하였을 때 분류 결과

학습 더 하기 버튼을 클릭하여 10번, 20번, 30번, 50번을 학습하였을 때 분류한 결과가 어떤지 비교하여 봅니다.

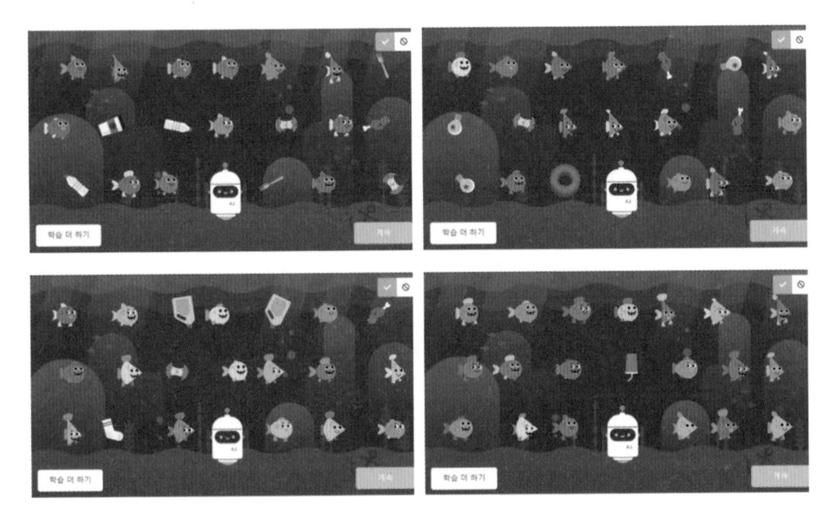

[그림 2-187] 10번, 20번, 30번, 50번 학습하였을 때 분류 결과

인공지능은 사용자의 선택으로 학습을 합니다. 실수로 잘못된 선택을 하면 인공지능은 그 실수를 반복하게 됩니다. 학습자의 선택으로 인공

지능이 학습을 하게 되는 것입니다. 결과의 정확도를 높이려면 더 많은 자료를 제공해야 합니다. 인공지능을 학습시키기 위해서는 정확하고 방대한 자료가 필요하다는 것을 알 수 있습니다.

(2) 해양 생물과 아닌 것 분류

앞에서는 학생들이 자신의 선택으로 물고기와 물고기가 아닌 것으로 분류하였습니다. 그런데 바다 생물은 물고기만 존재하는 것이 아닙니다. 앞에서의 분류 기준만 학습을 하였다면 인공지능은 물고기가 아닌 다른 해양 생물은 무엇으로 분류할까요? 아마도 물고기가 아니어서 해양 쓰레기로 분류하게 될 것입니다. 이러한 문제를 해결하기 위해 해양 생물과 아닌 것을 사용자가 선택하여 학습을 시켜야 합니다.

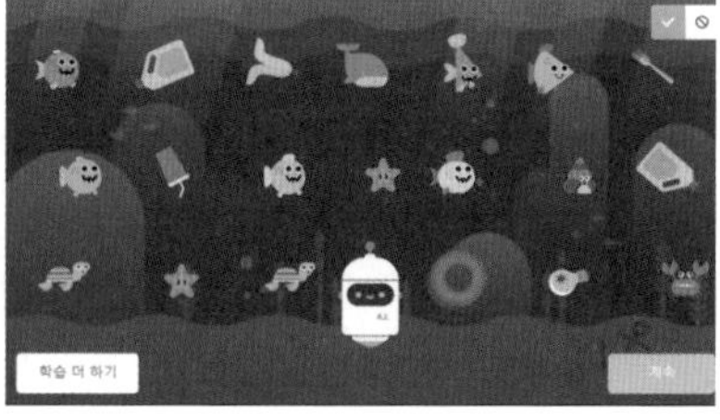

[그림 2-188] 5번 학습하였을 때 분류 결과

5번을 학습하는 동안 대부분 바닷속에 있는 것들만 나와 모두 해양 생물로 분류하였더니 인공지능은 해양 생물과 쓰레기를 구분하지 못하는 것을 확인할 수 있습니다. 학습 더 하기 버튼을 클릭하여 10번, 20번, 30번, 학생들이 올바로 선택하도록 한 후 인공지능이 해양 생물과 아닌 것을 잘 분류하는지 확인하도록 합니다. 이번에는 해양 생물을 해양 생물이 아닌 것으로 분류하였는지 오른쪽 상단의 아이콘을 눌러 확인합니다.

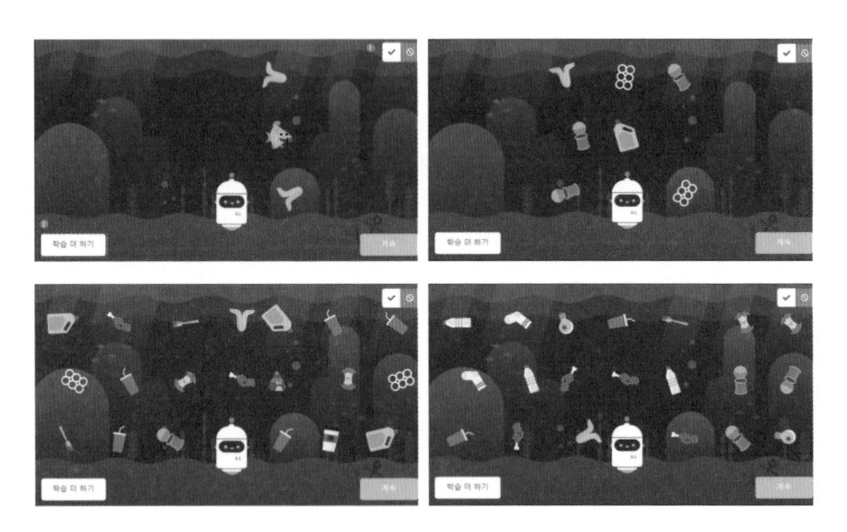

[그림 2-189] 10번, 20번, 30번, 50번 학습하였을 때 해양 생물이 아닌 것을 분류한 결과

(3) 추상적인 패턴 학습

머신러닝은 인공지능에게 새로운 패턴을 학습시킬 수도 있습니다. 물고기의 예시를 보여주며 인공지능에게 추상적인 단어를 학습시켜 보도록 하겠습니다. 메인 화면의 6개의 단어 중 하나를 선택합니다. 여기에서는 임의로 빨간색을 선택하겠습니다.

물고기들이 순차적으로 나오면 학생들은 빨간색 물고기인지 아닌지 판단하여 분류합니다. 그러면 인공지능은 학생들의 분류 패턴을 학습합니다. 이때 몸통만 빨간색 물고기를 빨간색 물고기로 분류할 것인지, 아니면 모두 빨간색인 물고기만 빨간색으로 분류할 것인지, 몸통은 다른 색이지만 지느러미와 같이 몸의 일부분에 빨간색이 있는 물고기를 빨간색 물고기로 분류할 것인지 등을 학생들이 선택하여 분류해야 합니다. 이 기준은 인공지능에게 알려주는 것이 아니라 학생들이 분류하는 패턴을 인공지능이 인식하는 것입니다.

[그림 2-190] 빨간색 선택 후 인공지능을 학습시키는 과정

인공지능에게 빨간색 물고기를 충분히 학습시켰으면 '계속' 버튼을 눌러 인공지능이 자동으로 분류하는지 확인합니다. 우측 상단의 정보 버튼을 누르면 인공지능이 어떤 기준으로 분류하였는지 확인할 수 있습니다.

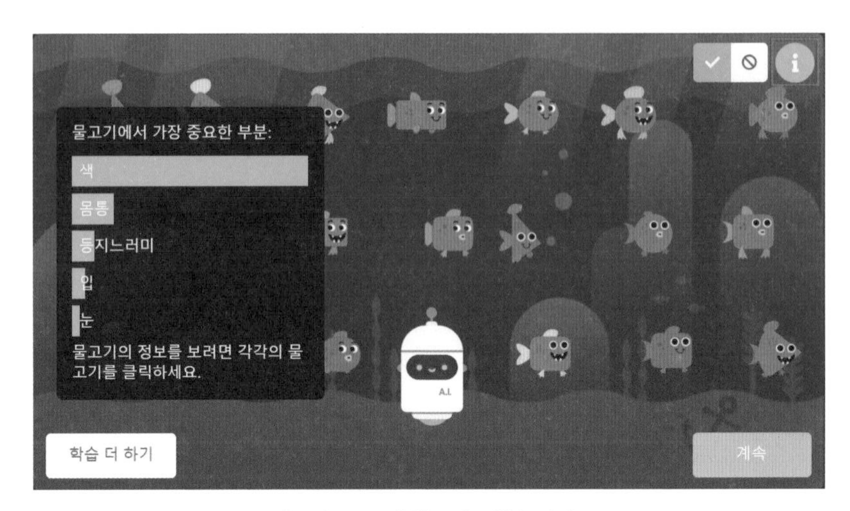

[그림 2-191] 인공지능 학습 결과

(4) 보다 추상적인 패턴 학습

이번에는 인공지능이 좀 더 추상적인 단어를 학습하는지 확인해 보도록 하겠습니다. 사납다, 맛있다, 배고프다, 화나다 등과 같이 추상적인 15개의 단어 중 인공지능에게 가르칠 새 단어를 하나 선택합니다. 여기서는 '행복하다'를 선택하겠습니다. 선택한 단어와 일치하는 물고기를 선택할지는 학생들의 순전한 의지입니다.

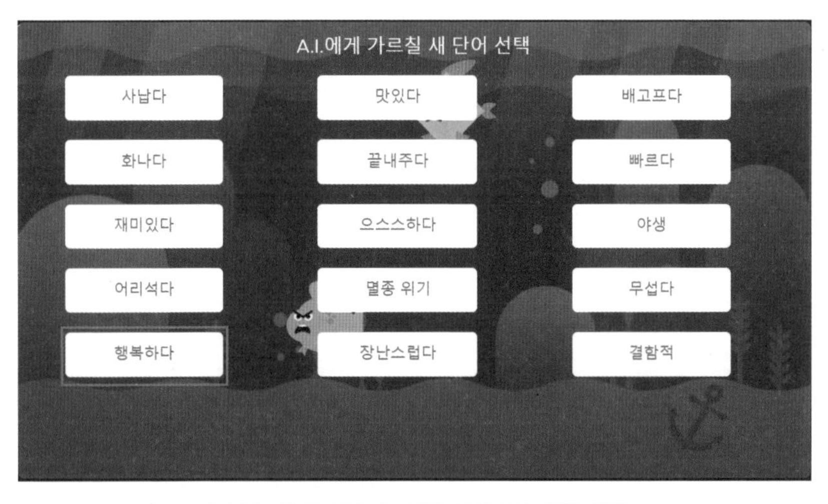

[그림 2-192] 보다 추상적인 단어 학습 선택 화면

물고기들이 순차적으로 나오면 학생들은 행복한 물고기인지 아닌지 판단하여 분류합니다. 그러면 인공지능은 학생들의 분류 패턴을 학습합니다. 학생들은 제시된 물고기의 형태나 표정, 색상 등을 고려하여 행복한 물고기와 아닌 물고기를 충분히 분류합니다. 분류한 후 결과를 확인하기 전에 학습지나 발표 등을 통해 학생들에게 무엇을 중요하게 판단하였는지 물어봅니다. 어떤 학생은 눈의 모양을 중요하게 판단합니다. 눈이 웃는 모습으로 보이면 행복한 물고기로 분류하였을 것입니다. 또는 입의 모양을 보고 행복한 표정인지 판단하기도 합니다. 어떤 학생은 물고기의 전체적인 색상이나 느낌으로 분류하기도 합니다. 자신의 판단 기준이 무엇이었는지 다른 친구들과 의견을 공유하는 것도 사회정서역량을 높이는 중요한 활동입니다.

계속 버튼을 눌러 인공지능이 잘 학습하였는지 확인해 봅니다. 실행 버튼을 누르면 인공지능이 행복한 물고기와 그렇지 않은 물고기로 분류합니다. 우측 상단의 정보 버튼을 누르면 인공지능이 어떤 기준으로 분류하였는지 확인할 수 있습니다. 또 각각의 물고기를 선택하면 그렇게 분류한 근거를 그래프로 보여줍니다.

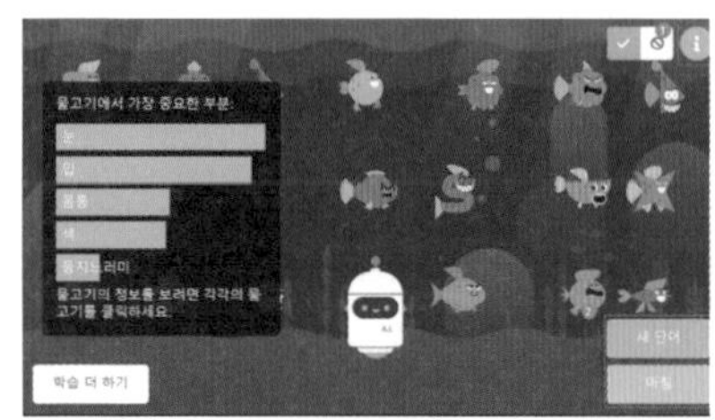

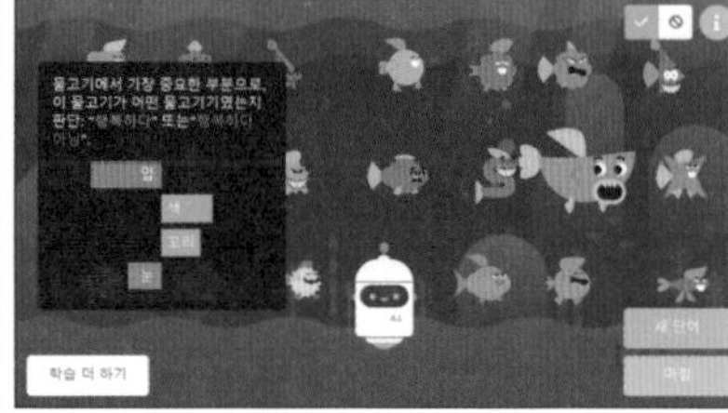

[그림 2-193] 보다 추상적인 단어 학습 결과 화면

같은 단어를 선택한 학생들끼리 결과를 공유하여 비교해서 보면 좋습니다. 똑같이 '행복하다'를 선택하였지만 관점에 따라 같은 모양과 표정의 물고기라 하더라도 누구는 행복한 물고기로 분류할 수 있고 행복하지 않은 물고기로 분류할 수 있기 때문입니다. 다른 사람의 생각을 존중하고 파악하는 것이 사회정서학습의 첫걸음이 될 수 있습니다.

결과가 만족스럽지 않다면 '학습 더 하기' 버튼을 눌러 인공지능에게 학습을 더 시킬 수도 있습니다. 또는 우측 하단의 '새 단어'를 클릭하여 다른 추상적인 단어를 가르거나 '마침' 버튼을 눌러 활동을 종료할 수 있습니다.

활동을 마치면 수료증 화면이 나옵니다. Enter Your Name에 학생들이 자신의 이름을 입력하고 제출하기 버튼을 누르면 수료증이 생성됩니다. 이미지를 내려 받아 선생님께 제출하거나 개인이 소장할 수 있습니다.

[그림 2-194] 수료 증명서

활동 후에는 학생들과 인공지능을 이용해 생김새로 물고기를 판별하여 분류하는 것이 공정한 일인지 토론을 해볼 수 있습니다. 학생들은 흔히 외모로 친구들을 판단하는 경우가 있는데, 바다 환경을 위한 인공지능 활동 토론을 통해 그것이 잘못된 행동임을 알게 해주어야 할 것입니다.

3) 책임 있는 의사 결정 역량 높이기

ML4Kids와 바다 환경을 위한 인공지능 활동을 통해 학생들은 자신의 의사 결정이 인공지능에 영향을 미치는 것을 체험하여 보았습니다. 책임 있는 의사 결정 역량은 단지 인공지능을 학습시키는 데에만 활용되는 능력이 아닙니다. 학생들은 매 순간 선택의 상황을 맞닥뜨리게 되는데, 자신이 선택한 바에 따라 말이나 행동 등이 달라지며 이것은 자신의 생활 방식이나 습관, 자존감 등 개인의 인격 형성에도 중요한 영향을 미칩니다. 예를 들어 학생들이 공부 방법이나 과목 선택 등 학업과 관련된 의사 결정을 할 때에도 의사 결정 역량이 필요합니다. 단순히 공부를 할 것인가, 놀 것인가를 선택하는 문제부터 자신의 관심사와 강점을 고려한 목표를 설정하고 그에 맞는 계획을 수립하는 등 자기 주도적으로 책임감을 가지는 행동까지 학업과 관련하여 무수한 의사 결정을 내려야 합니다. 수강 과목을 선택하거나 상급학교 진학 또는 학과 등을 선택할 때에도 의사 결정 역량이 필요합니다. 인생에서 중요한 순간의 결정은 그 학생의 인생의 방향을 결정하기 때문입니다.

아울러, 친구를 사귀거나 학교에서 선생님을 대하는 등의 대인 관계에서도 의사 결정 역량이 필요합니다. 친구들과의 갈등 상황에 당면하거나 중재자 역할을 할 때, 조별 과제 등 팀 프로젝트에서 역할과 책임을 정하는 등의 의사 결정을 할 때에도 책임 있는 의사 결정 역량이 요구됩니다.

이와 같이 중요한 책임 있는 의사 결정 역량은 일회성 프로그램만으로는 증진되기 어렵습니다. 다양한 프로그램을 통하여 책임 있는 의사 결정 역량의 중요성을 인식하는 것이 어느 정도 도움이 되지만 이는 부차적인 것입니다. 보다 직접적으로 역량이 높아지기 위해서는 학생들이 선택 상황이나 책임 있는 행동이 요구될 때 그것을 성실히 수행해야 합니다.

2007년에 개봉한 〈에반 올마이티〉라는 영화에서 남편의 행동을 이해하지 못한 주인공의 아내가 참다못해 "당신에게는 치료가 필요해"라며 집을 뛰쳐나가 한 레스토랑에서 스트레스성 폭식을 할 때 종업원으로 변신한 신이 아내에게 이렇게 말합니다. "누군가 인내를 달라고 기도하면 신은 그 사람에게 인내심을 줄까요? 아니면 인내를 발휘할 기회를 주실까요? 용기를 달라고 하면 용기를 주실까요? 아니면 용기를 내야 할 기회를 주실까요? 만일 누군가 가족이 좀 더 가까워지게 해달라고 기도하면 신이 '뿅' 하고 사랑의 감정이 느껴지도록 할까요? 아니면 서로 사랑할 기회를 마련해 주실까요?"

합리적인 의사 결정 역량은 지속적인 학습과 더불어 학생들이 의사 결정을 해야 하는 다양한 상황에서 어떠한 결정을 내리는 것이 합리적인 행동인지 스스로 숙고하며 결정하는 다양한 경험을 통해 이루어질 것입니다.

12. 자율주행 자동차의 윤리적 딜레마 마주하기

들어가며

나비효과에 대해 들어본 적이 있습니까? 나비효과는 나비의 작은 날갯짓처럼 미세한 변화, 작은 차이, 사소한 사건이 추후 예상하지 못한 엄청난 결과나 파장으로 이어지게 되는 현상을 말합니다. 무시해도 될 만큼 작은 차이나 미약하고 사소한 행위로 시작되었으나 연쇄적이고 점진적으로 조금씩 큰 파장을 일으키면서 결국에는 전혀 예상치 못했던 큰 변화를 초래하는 경우에 이 용어를 사용합니다.[7)]

우리는 매 순간 의사 결정을 하며 살아갑니다. 하지만 의사 결정이 불러올 영향력이나 결정의 책임감에 대해서는 간과하는 경우가 많습니다. 학생들이 자율주행 자동차의 개발자가 되어 윤리적 딜레마 상황을 마주하고 선택해 봄으로써 의사 결정이 가치관에 따라 달라짐을 알고, 올바른 가치관의 정립과 책임 있는 의사 결정의 중요성을 느낄 기회를 줍니다. 행동이 초래하는 결과에 대한 현실적 평가, 안전, 윤리 기준, 사회규범에 대해 생각해 보면서 자신과 타인의 안녕에 근거하여 현명한 결정을 내릴 수 있는 사람으로 성장하게 합니다.

7) ko.wikipedia.org/wiki/나비효과(위키백과)

1) 자율주행 자동차의 윤리적 딜레마 마주하기

(1) 자율주행 자동차 알아보기

무인자동차 또는 자율주행차는 운전자의 조작 없이 스스로 주행할 수 있는 자동차입니다. 무인자동차는 레이더, LIDAR(Light Detection And Ranging), GPS, 카메라로 주위의 환경을 인식하여 목적지를 지정하는 것만으로 자율적으로 주행합니다. 이미 실용화되고 있는 무인 운행 시스템으로는 이스라엘 군에서 운용하는 순찰용 무인 차량과 국외 광산이나 건설 현장에서 운용되고 있는 덤프트럭, 서울시에서 2023년 12월 세계 최초로 도입한 '자율주행 버스' 등이 있습니다. 미국 자동차공학회(SAE)에 따르면 자율주행은 레벨 0에서 레벨 5까지 총 6단계로 나뉩니다.

[표 2-9] 자율주행 자동차의 레벨

레벨	설명
레벨 0	운전자가 모든 판단을 하고 주행에 관련된 물리적인 행동을 한다.
레벨 1	차량이 가속/감속 조작을 담당하며 운전자는 조향을 담당한다.
레벨 2	첨단 운전자 보조 시스템(ADAS)으로 차로 유지 기능은 있지만 운전자가 핸들을 잡아야 한다. 2021년 현재 도로에는 2단계 자율주행에 해당하는 스마트크루즈 컨트롤과 차선 유지 보조 기능이 들어간 자동차들이 돌아다니고 있다. 운전대를 잡지 않으면 경고음이 울리며 수동으로 전환된다.
레벨 3	운전의 주체가 사람에서 컴퓨터로 바뀐다. 제한된 구간에서 운전자와 자율주행시스템(ADS) 사이에 제어권 전환이 수시로 이뤄진다.
레벨 4	완전한 자율주행차. 위험할 때에는 사람이 수동으로 조작해야 한다. 주행 중 운전자가 잠을 자거나 자리를 뜰 수 있는 수준이다.
레벨 5	위험 상황에서조차 사람의 개입이 필요 없다.

2023년 말 기준, 자율주행 자동차는 레벨 2와 레벨 3 수준의 기술이 상용화되어 있으며 레벨 4, 레벨 5 기술 개발 경쟁이 치열하게 진행되고 있습니다. 레벨 4 자율주행 자동차는 특정 조건 아래 운전자 개입 없이 주행이 가능하며 현재 여러 기업에서 시범 운행 및 상용화를 진행 중입니다. 주요 개발 현황을 살펴보면, 웨이모(Waymo)와 크루즈(Cruise)는 미국 캘리포니아와 샌프란시스코에서 자율주행 택시 서비스를 운영 중이며 포드(Ford)는 자율주행 배달 서비스 사업에 진출하였습니다. 아우디(Audi)는 2025년 레벨 4 자율주행 차량을 출시할 예정입니다. 레벨 5 자율주행 자동차는 모든 조건에서 운전자 개입 없이 완전 자율주행이 가능하며 아직 초기 개발 단계에 있습니다.

자율주행 자동차의 가장 큰 장점은 주행 속도와 교통 관리 자료가 일치하기 때문에 조절 장치를 더욱 고르게 하여 반복 정지를 피해 연료 효율에 도움을 준다는 것과 노인, 아동, 장애인 등 운전을 할 수 없는 이들도 이용할 수 있다는 것입니다. 이 외에도 장시간 운전으로 인한 피로를 해결해 주고, 교통사고의 위험을 크게 줄일 수 있는 것과 도로의 교통 흐름이 빨라지고 교통 혼잡을 줄일 수 있다는 장점이 있습니다. 그러나 만약 도로 위에서 주행하고 있는 차들 중 80% 이상이 무인자동차이고, 이들이 모두 자율주행을 하는 상황에서 사고가 난다면 누구에게 책임을 물어야 하는지 현재 법률적으로 정해져 있지 않습니다. 또 GPS 기반으로 주행을 하지만 인터넷 접속이 가능해진다면 해킹이 가능해져 해커들이 마음대로 조종이 가능하다는 위험이 있습니다. 윤리적인 문제와 도덕적인 문제 또한 큰 문제 중 하나입니다.[8]

(2) Moral Machine 알아보기

Moral Machine은 MIT 산하 Iyad Rahwan의 Scalable Cooperation 그룹이 개발한 온라인 플랫폼으로, 도덕적 딜레마를 일으키고 사람들이 2가지 파괴적인 결과 사이에서 내리는 결정에 대한 정보를 수집합니다. 제시된 시나리오는 트롤리 문제의 변형인 경우가 많으며, 수집된 정보는 향후 기계 지능이 내려야 하는 결정에 관한 추가 연구에 사용됩니다. 실험 설정에서는 시청자에게 자율주행 자동차가 보행자를 치려는 단일 시나리오에 대해 결정을 내리도록 요청합니다. 사용자는 보행자와 충돌을 피하기 위해 자동차가 방향을 바꾸거나 생명을 보호하기 위해 계속 직진하도록 결정할 수 있습니다. 등장하는 캐릭터는 유모차, 소녀, 소년, 임신부, 남자 의사, 여자 의사, 여자 운동선수, 여성 임원, 남자 운동선수, 남자 임원, 큰 여자, 큰 남자, 노숙자, 노인, 늙은 여자, 개, 범죄자 그리고 고양이 등 다양하게 제시됩니다. 이러한 다양한 캐릭터를 통해 연구자들은 다양한 사람들이 관련된 캐릭터를 기반으로 시나리오를 어떻게 판단하는지 이해할 수 있습니다. 우리는 테스트 결과를 통해 인간 보호(애완동물 대비), 코스 유지(방향 전환 대비), 승객 보호(보행자 대비), 더 많은 생명 보호, 남성 보호(여성 대비), 합법적으로 횡단하는 보행자를 아끼고(무단횡단과 비교), 사회적 지위가 높은 보행자를 아끼는 것 등에 대한 자신의 가치관을 확인해 볼 수 있습니다.[9]

8) ko.wikipedia.org/wiki/무인_자동차(위키백과)

9) ko.wikipedia.org/wiki/Moral_Machine(위키백과)

(3) Moral Machine 실행하기

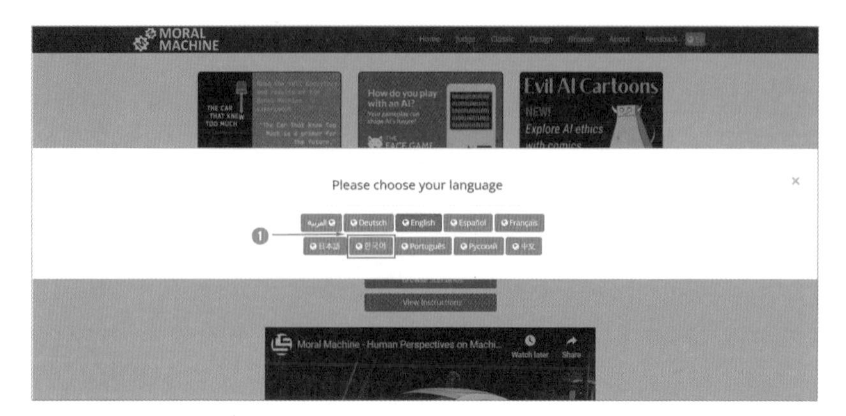

[그림 2-195] 모럴 머신 실행 언어 선택

검색엔진에 'Moral Machine' 혹은 '모럴 머신'을 검색하여 사이트(www.moralmachine.net)에 접속합니다.

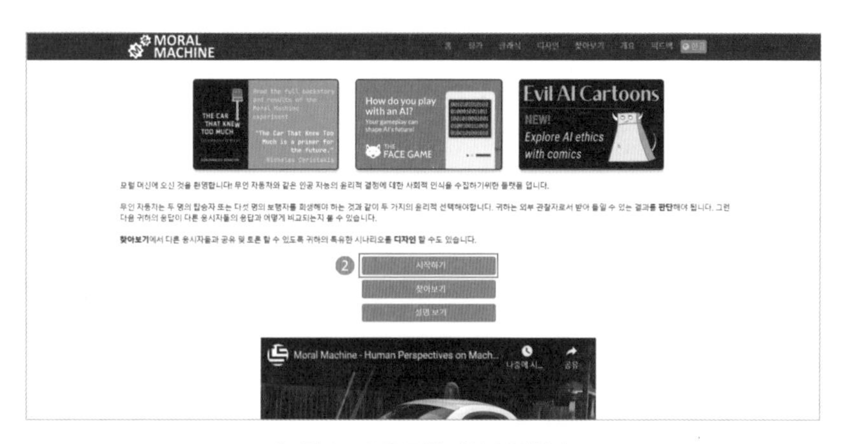

[그림 2-196] 모럴 머신 시작하기

사이트에 접속하여 사용하는 언어를 선택하고 시작하기를 클릭합니다.

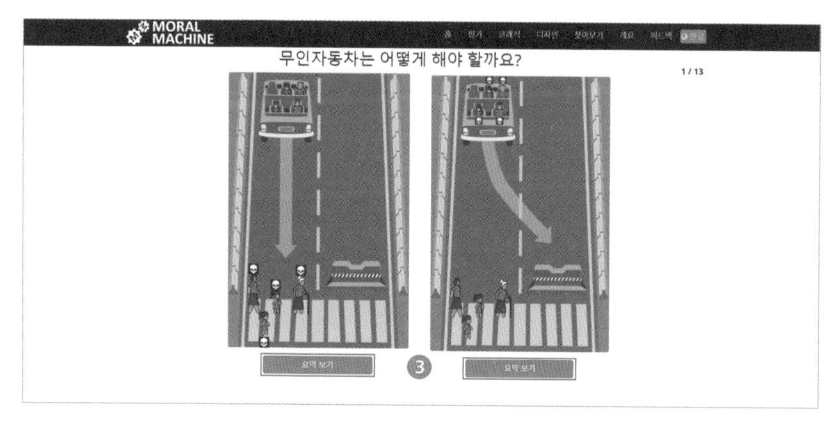

[그림 2-197] 요약 보기

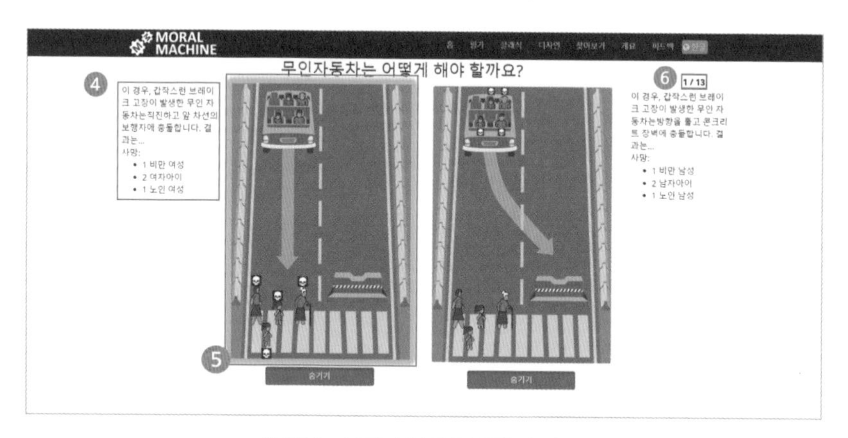

[그림 2-198] 시나리오 확인 및 선택

2가지 상황의 이미지가 주어집니다. ③의 요약 보기를 선택하면 이미지의 상황을 확인할 수 있습니다. ④와 같이 이미지의 양쪽에 나타난 시나리오를 확인합니다. 등장하는 모든 자동차는 무인자동차이며 인간 보호(애완동물 대비), 코스 유지(방향 전환 대비), 승객 보호(보행자 대비), 더 많은 생명 보호, 남성 보호(여성 대비), 합법적으로 횡단하는 보행자를 아끼고(무단횡단과 비교), 사회적 지위가 높은 보행자를 아끼는 것 등을 고려하여 더 나은 선택이라고 생각되는 것에 마우스 커서를 가져갑니다. ⑤와 같이 이미지의 테두리에 빨간색이 활성화되고 선택을 하면 다음의 상황으로 넘어가게 됩니다. 모두 13가지의 상황이 제시되며 ⑥을 통해 확인할 수 있습니다. 13가지 상황은 약 2,600만 개의 다양한 가능성 중 무작위로 제시되어 학생 간 시나리오가 모두 다를 확률이 높습니다.

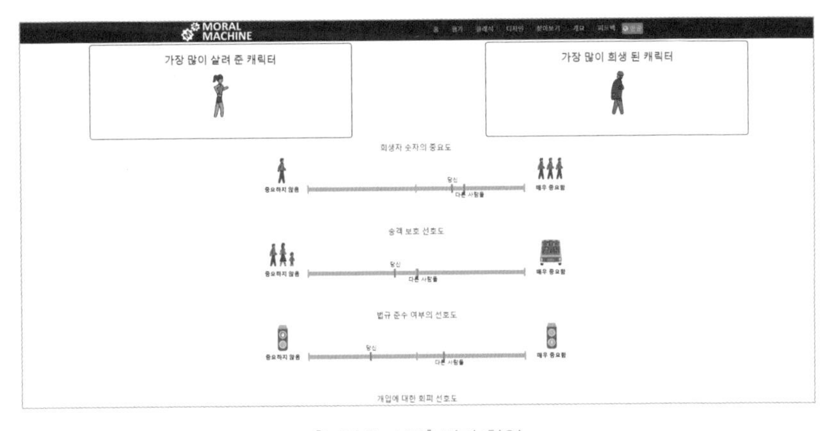

[그림 2-199] 결과 확인

13가지의 선택을 끝내면 다음과 같은 결과가 제시됩니다. 학생은 가장 많이 살려준 캐릭터와 가장 많이 희생된 캐릭터를 확인할 수 있습니다. 또, 희생자 숫자의 중요도, 승객 보호 선호도, 법규 준수 여부에 대한 선호도, 개입에 대한 회피 선호도, 성별 선호도, 연령 선호도, 체력 선호도, 사회적 가치에 대한 선호도 항목에 대하여 타인과 자신의 결정 결과를 확인할 수 있습니다.

학생과 활동을 할 때 교사는 다음의 몇 가지를 유의해야 합니다.

첫째, 교사는 활동 전 인간 보호(애완동물 대비), 코스 유지(방향 전환 대비), 승객 보호(보행자 대비), 더 많은 생명 보호, 남성 보호(여성 대비), 합법적으로 횡단하는 보행자를 아끼고(무단횡단과 비교), 사회적 지위가 높은 보행자를 아끼는 것 등을 고려해야 한다는 것을 미리 안내하는 것이 좋습니다. 안내 없이 학생이 시나리오만 확인하고 결정하는 경우 여러 가지 요인을 간과하게 되기 때문입니다.

둘째, 2가지 중 어느 것을 선택하는 것도 쉽지 않은 딜레마 상황을 만든 것이라는 것과 정해져 있는 정답이 없다는 것을 안내해 주어야 합니다. 간혹 옳은 답이 있다고 생각하고 정답을 찾으려는 학생이 있습니다. 자신이 무엇을 중요하게 생각하는지, 어떤 선택이 더 나은지를 고려하여 선택하도록 안내합니다.

셋째, 결과를 확인할 때 타인의 것과 자신의 것을 비교해 보지 않게 합니다. 다른 사람들의 선호도와 자신의 결정이 동시에 제시되니 다른 사람들과 유사한 결정을 했을 때 잘한 것으로 생각하는 경우가 더러 있습니다. 다른 사람들의 결정이 결코 정답이 아니라는 것을 꼭 안내해 주어야 합니다.

넷째, 활동이 끝난 뒤 소중하지 않은 생명은 없다는 것을 반드시 이야기해 주어야 합니다. 짧은 시간의 활동이지만 학생은 자신의 선택에 따라 희생되는 생명들을 생각하게 되고 어쩔 수 없이 생명의 경중을 평가하게 됩니다. 또, 결과지에 범죄자나 노인, 동물을 많이 희생시켰다고 나온 것을 확인하면 이들의 생명이 덜 소중하다는 그릇된 생각을 무의

식중에 갖게 될 수 있습니다. 우리는 책임 있는 의사 결정의 중요성에 대해 수업하기 위해 딜레마 상황에서 선택을 했을 뿐, 결코 소중하지 않은 생명은 없다는 것을 상기시켜 줄 필요가 있습니다.

다섯째, 선택 결과에 대한 발표 및 공유는 선생님께서 꼭 고민하고 진행해야 하는 활동입니다. 결과가 다양하고 모두가 생각하는 것이 다를 수 있다는 것을 알 수 있게 되는 경우도 있지만, 학급의 결과가 편향되어 나타나거나 학생들 사이 신임을 받는 학생의 결과가 발표되는 경우 발생될 수 있는 상황에 대한 충분한 고민이 필요합니다.

여섯째, 200개 나라의 사람들이 프로그램을 활용할 수 있도록 하여 자율주행 자동차 개발자들이 이를 참고해 자동차를 개발합니다. 우리의 의사 결정이 우리가 미래에 탈 자율주행 자동차에 영향을 줄 수 있음을 알고 책임감과 주인의식을 느낄 수 있게 해야 합니다.

2) 내가 경험한 나비효과 떠올리기

책임 있는 의사 결정 역량을 신장하는 모럴 머신을 통한 활동의 중점은 자신의 가치관을 확인하는 것보다 내 선택이 자율주행 자동차를 만들고, 이것이 실세계에 영향을 줄 수 있다는 것을 느끼는 데 있습니다. 모럴 머신 활동만 진행하는 경우 학생은 의사 결정의 중요성보다는 자신의 선택 결과에 더 집중하게 됩니다. 따라서 사후 활동이 필요합니다.

다음은 자신의 행동을 돌아보고 나의 나비효과를 학습지에 적어보는 활동입니다. 학생은 나비효과가 무엇인지 알고 자신의 의사 결정이 초래했던 결과를 떠올려 봅니다. 일상생활 속 작은 선택이 만들었던 큰 파장을 떠올려 보며 자신의 선택이 모여 삶의 방향을 결정하게 된다는 것을 이해할 수 있습니다. 이때, 고학년 학생도 어려움을 겪는 경우가 많으니 몇 가지의 예시를 제시해 주는 것이 필요합니다.

[그림 2-200] 농구 수업에 참여하지 못한 학생

예시 1) 지난 주말 부모님과 옷 가게에 갔다. 날씨가 추워지기 시작해서 여름용 치마를 저렴하게 팔고 있었다. 마음에 드는 치마를 발견했고 부모님께서도 잘 어울린다며 구매해 주셨다. 월요일, 새로 산 치마를 입고 학교에 갈 생각에 아침부터 기분이 좋았다. 그러나 학교에 가려고 보니 비가 내리고 있었다. 아빠는 비까지 내려 날씨가 더 쌀쌀하니 오늘은 따뜻한 바지를 입고 가는 게 어떻겠느냐고 이야기하셨다. 하지만 마음에 드는 새 치마를 입고 등교하고 싶었던 나는 별로 춥지 않다고 이야기하고 **치마를 입고 나왔다.** 등굣길은 조금 쌀쌀했지만 기분은 좋았다. 친구가 치마가 잘 어울린다고 칭찬도 해줬다. 좋았던 기분도 잠시, 월요일은 체육 수업이 있는 날이었다. 선생님께서 알림장에 체육이 있으니 운동할 수 있는 편한 복장을 입고 오라고 안내해 주셨지만 주말에 깜빡했던 것이다. 그동안 열심히 연습한 농구 기술들을 이용한 농구 게임이 있는 날이었는데 펄럭이는 치마에 신경이 많이 쓰여 결국 **농구 게임에 참여하지 못했다.** 즐겁게 게임하는 친구들을 보니 너무 속상했다. 집에 가는 길 비바람은 더욱 거세졌고 너무 추워 뛰어서 집으로 달려갔다. 뛰다 보니 또 치마가 펄럭였는데 우산도 들고 가방도 멘 상태로 치마까지 잡고 뛰려니 여간 어려운 게 아니었다. 이것저것 신경 쓰다 보니 앞의 물웅덩이를 보지 못했고 결국 물웅덩이를 밟아 운동화와 양말이 다 젖어버렸다. 집에 와 씻고 옷을 말리는데 **기침이 나온다.** 감기에 걸려버렸나 걱정이 된다. 아침에 바지를 입었다면 오늘 하루가 달랐을까?

예시 2) 아침에 커튼을 열어보니 눈이 많이 내렸다. 신나는 마음으로 누나 방에 달려갔다. "누나, 눈 왔어! 눈사람 만들러 가자!" 우리는 목도리와 장갑을 하고 밖으로 나갔다. 눈사람을 만들려는데 누나가 나를 말렸다. 일단 집 앞의 **눈을 먼저 치우고 눈사람을 만들자**고 했다. 어차피 집 앞에 있는 눈으로 눈사람을 만들면 되니 눈사람 먼저 만들고 그다음, 그래도 눈이 남아 있으면 그때 치우면 되지 않겠냐고 이야기했다. 하지만 누나는 나의 말을 들어주지 않았다. 시간이 지나고 눈을 치우면 얼어버릴 수도 있고 눈사람을 만들다 우리도 다칠 수 있어 위험하다고 했다. 하는 수 없이 빗자루로 **집 앞 눈을 쓸기** 시작했다. 누나와 같이 하니 금세 끝났고 우리는 치워놓은 눈을 뭉쳐 눈사람을 만들었다. 저 멀리 같은 반 친구 민수가 걸어오고 있었다. 그런데 갑자기 민수가 사라졌다. 도로에 있는 눈에 미끄러져 버린 것이다. 눈이 내리고 시간이 얼마 지나지 않았는데도 그사이에 얼어버리다니. **우리가 치우지 않았다면 우리 집 앞에서도 누군가 넘어졌을 거라는 생각**이 들었다. 앞으로도 눈이 오면 우리 집 앞 눈은 우리 가족과 집 앞을 지나가는 행인을 위해 먼저 치워야겠다고 생각했다.

[그림 2-201] 눈을 치우는 남매

3) 누구의 책임일까

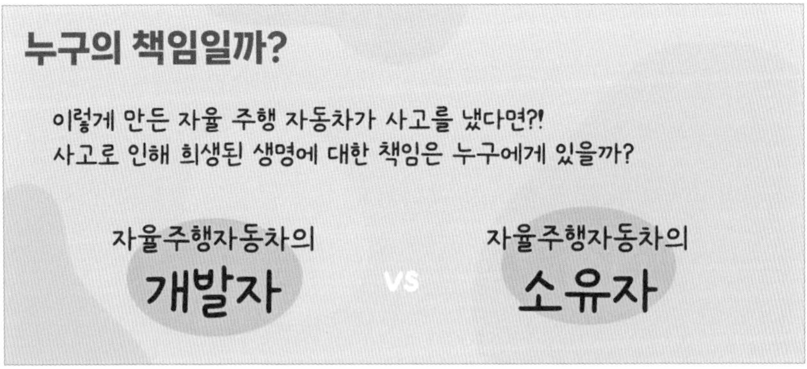

누구의 책임일까?

이렇게 만든 자율 주행 자동차가 사고를 냈다면?!
사고로 인해 희생된 생명에 대한 책임은 누구에게 있을까?

자율주행자동차의
개발자

vs

자율주행자동차의
소유자

[그림 2-202] 자율주행 자동차 사고, 누구의 책임일까

마지막 활동은 심화 활동으로 이렇게 개발한 자율주행 자동차가 도로 주행 중 사고를 내는 경우 그 책임이 누구에게 있다고 해야 할지 생각해 보는 활동입니다. 자율주행 자동차의 개발자와 자율주행 자동차의 소유자 중 누구에게 책임이 있는지 고민하며 학생은 책임이라는 덕목에 대해 다시 한번 생각하게 되고, 자신이 했던 활동이 단순한 자동차의 개발을 넘어 또 다른 문제로도 이어질 수 있다는 것을 인지하게 됩니다. 6학년 학생들과 수업을 해본 결과, 개발자의 책임이라는 학생, 소유자의 책임이라는 학생, 두 사람 모두 책임을 져야 한다는 의견과 안타까운 희생이지만 누구에게도 책임을 묻지 않아야 한다는 의견이 모두 나왔습니다. 활동을 진행할 때 학생들이 단순히 처벌과 책임에만 초점을 맞추기보다는 더 나은 사회가 되기 위해서 어떤 결정을 하는 것이 좋을지를 고민할 수 있도록 발문하는 것이 필요합니다.

4) 책임 있는 의사 결정 역량 함양하기

책임 있는 의사 결정 역량을 함양할 때에는 다른 사회·정서 역량에 비하여 보다 넓은 시각으로 자신과 타인을 넘어 지역사회와 지구촌까지 고려하는 주제 설정이 필요하다고 생각하였습니다. 자기 인식과 자기 관리 역량에서 나를 고려하고, 사회적 인식과 관계 관리 역량에서 타인을 고려하였다면, 결정의 중요성을 학습할 때에는 이것이 지역사회나 지구촌에 미칠 영향까지 고려하며 학습하는 편이 좋을 것이라 판단한 것입니다. 이에 따라 기존의 SEL 책임 있는 의사 결정 관련 활동에서 지역사회나 교실 속 문제를 해결하기 위한 토의 등 학생의 실생활과 보다 밀접한 시나리오 기반 논의가 많았으나, 지역이나 개인의 특성과 무관하게 모두가 고민해 볼 수 있는 문제를 구상하기 위해 Moral Machine을 선택했습니다.

Moral Machine을 실행하는 활동을 통하여 개인적 및 윤리적 기준에 따라 결정하는 기술, 개인·학교 및 지역사회에 영향을 미치는 책임 있는 결정을 내리는 기술을 사용할 수 있으며, 사고의 책임이 누구에게 있는지 고민하는 활동을 통해 결정을 내릴 때 발생하는 문제를 확인하고 대안을 마련하는 기술을 사용할 수 있습니다. 자신의 나비효과를 돌아보는 활동에서는 더 나아가 현재 선택이 미래에 어떤 영향을 미치는지에 대해 생각해 보는 기술을 사용하며 책임감과 주인의식의 중요성을 깨닫게 됩니다.

마치며

코로나 팬데믹과 디지털 전환이라는 2가지 큰 변화는 우리 학생들의 삶에 커다란 영향을 미쳤습니다. 코로나 팬데믹으로 인해 사회적 거리두기, 온라인 수업이 이루어지고 사회적 불확실성이 늘어남에 따라 스트레스, 불안, 우울과 같은 정신적인 어려움을 호소하는 학생들이 늘었습니다. 또한 디지털 전환으로 사이버 폭력, 게임 중독, 인터넷 과몰입 등과 같은 온라인의 부정적인 영향이 학생들의 마음 건강을 위협하고 있습니다. 더욱이 경쟁 교육 심화, 학업 평가 부담, 학교폭력 등의 교육환경 위기로 학생들의 사회·정서적 문제는 더욱 심화되고 있습니다.

최근 코로나가 진정되고 정상적인 학교생활이 이루어지고 있지만 사회성과 정서 발달에 어려움을 겪는 학생들은 여전히 많습니다. 그동안 친구들과 만나서 이야기 나누고 놀며 함께 공부하는 시간들이 많이 부족했던 탓에 소통, 공감, 관계 맺기가 어려워졌기 때문입니다. 앞으로 우리 학생들이 행복하고 건강한 미래를 만들어가기 위해서는 그동안 결핍된 시간들을 메울 수 있도록 사회정서역량 교육을 위한 적극적인 노력이 필요합니다. 학교는 사회정서학습에 중점을 둔 학교 교육과정을 편성, 운영하고 학생들이 사회정서역량을 갖추도록 지원해야 합니다.

사회정서학습은 이미 다양한 방식으로 소개되었지만 인공지능, 디지털 기술을 융합하려는 시도는 아직 많이 부족합니다. 디지털 기술에 익숙한 알파 세대 학생들에게 디지털 기기와 스마트 기기를 활용한 사회정서학습을 도입한다면, 당면한 학생들의 사회·정서적 문제를 해결하는 데 효과적일 수 있습니다. 디지털 기기를 통해 학생들은 자신의 감정을 인식하고 관리하는 능력을 향상시킬 수 있고, 온라인 플랫폼을 활용한 소통으로 협력과 팀워크를 배울 수 있습니다. 디지털 사회에 맞게 디지털 도구를 활용하여 학생들이 자기 인식, 자기 관리, 사회적 인식, 관계 기술, 책임 있는 의사 결정 역량을 키울 수 있다면 혁신적인 사회정서학습이 될 것입니다. 본 프로그램은 디지털 환경에서 디지털 도구를 이용한 사회정서학습으로 학생들의 사회적 기술과 정서적 감수성을 증진시키는 것을 목적으로 만들어졌습니다.

현재 학교 현장에서는 사회정서학습의 중요성을 인식하고, 학생들에게 익숙한 디지털 도구를 이용한 사회정서역량 교육 노력이 필요합니다. '생성형 인공지능과 함께하는 사회정서학습' 프로그램을 통해 디지털 사회를 사는 학생들에게 친숙한 디지털 기기를 활용하여 현재 학생들에게 시급하게 요구되는 사회성과 정서적 감수성을 키울 수 있을 것입니다.

앞으로 디지털 사회를 살아갈 우리 학생들이 생성형 인공지능과 디지털 기술을 건강한 소통과 상호작용의 도구로 사용하길 기대합니다. 디지털 기술을 통해 풍부한 정서적 경험을 쌓고, 서로 소통하고 공감하면서 사회성과 건강한 마음을 키우면 좋겠습니다.

또한, 우리 학생들의 행복하고 건강한 삶을 위해 고민하시고 애쓰시는 선생님들께 이 책이 작은 도움이 되기를 소망합니다.

생성형 인공지능과 함께하는 사회정서학습

마음이 건강해지는 미래교실